인문치료총서 16

인문치료의 이론적 전개

강원대학교 인문과학연구소 (엮음)
김익진, 엄찬호, 신성열, 유건상,
윤일수, 이민용, 이영의, 정락길 (지음)

강원대학교 출판부

책머리에

우리 인생은 마음의 문제나 삶의 문제를 만나 그것들을 해결해 가면서 살아가는 과정이라고도 할 수 있다. 그리고 현대 사회는 점점 더 복잡하고 변화가 심해지며 그 속에서 갈등이 여전하고 소외도 깊어지는 가운데 사람들의 스트레스와 심리적 문제도 그만큼 심해지고 있다. 우리에게는 그러한 문제를 해결하는 것이 중요하다. 그래서 요즘 우리 사회에서 힐링이나 치유, 테라피(therapy) 등의 용어가 많이 회자되고 있는지 모른다.

한편 인문학은 예로부터 인간을 위로하고 마음의 문제나 삶의 문제를 다루는 데에 나름의 해결책을 고민해왔다. 이런 면에서 인문학을 치유적으로 활용하여 현대인이 안고 있는 여러 마음의 문제들을 해결할 수 있다면 좋을 것이다.

이 책은 인문치료를 중점적으로 연구하며 인문한국(HK)사업을 수행하고 있는 강원대학교 인문과학연구소의 연구 성과를 모은 것으로서, 인문치료를 구성하거나 이와 긴밀한 관계에 있는 시 치료, 역사의 치유적 이해, 글쓰기, 내러티브, 철학치유, 영상치료에 관한 이론과 방법론을 다루고 있다. 여기에는 멜랑콜리와 우울증, 영상 자화상, 서사학, 정신분석학, 역사적 치유 모델 등에 관한 연구가 함께 녹아들어 있다. 이 책은 재소자, 군인, 학생, 일반인 등 다양한 대상에 인문치료적 접근을 시도한 경험에서 우러나온 인문치료의 이론과 방법에 관한 연구라고 할 수 있다.

이 책은 크게 3부로 구성되어 있다. 제1부에서는 문학과 영상의 치유적 기능과 그 의미를 다루면서 문학예술 중심의 인문치료 이론을 다루고 있다. 구체적으로 살펴보면 「멜랑콜리의 수용과 인식」에서는 현대 사회가 겪는 우울의 문제를 극복하는 문제에 접근한다. 그리스 시대부터 근대에 이르기까지 철학, 문학, 미술, 음악 등 다양한 분야에서 연구되어온 멜랑콜리는 서양 문화사 및 사상사를 이해하기 위한 핵심 개념 중 하나이다. 이 글에서는 표현예술치료에서와 마찬가지로 인문치료에서도 자기표현을 통해 멜랑콜리를 제어할 수 있도록 유도하는 것이 중요하다는 점을 강조하고 있다. 「시 쓰기를 통한 새로운 현실인식과 성장」은 영국의 시인 예이츠의 시를 인문치료의 구체적 방법 중의 하나인 시치료적 관점에서 접근한다. 이 연구에 따르면 예이츠는 시 쓰기를 통하여 내적 자아에 대한 집착에서 벗어나 내적 자아와 외적 자아를 함께 인정하고 양자의 조화를 추구하며 새로이 현실을 인식하고 성장하게 됨으로써 더욱 지혜롭게 변모했다. 이 글은 이런 예이츠에 대한 연구를 통해 시 감상 및 창작을 통한 개인의 변화라는 관점에서 시 치료를 통한 인문치료의 가능성을 고찰하고 있다. 한편 「영상 자화상의 치료적 특성」은 영상을 통한 인문 치료의 모색이 어떻게 가능할까 하는 문제의식에서 출발한다. 영상 전공 학생을 대상으로 이루어진 영상 자화상 만들기 수업에서 비롯된 이 글은 영상 활용 인문치료 방법의 하나로서 영상자화상 만들기의 치료적 가능성을 논하고 있다.

제2부에서는 내러티브를 중심으로 한 인문치료의 이론을 다룬다. 「철학치료에서의 의도와 내러티브」에서는 인문치료의 정체성

과 방법론에 접근한다. 인문치료의 개념들을 개발하는 작업의 한 예로서, 의도(intention)와 내러티브 개념을 인문치료의 맥락에서 검토하는 이 글은 의도와 내러티브가 인문치료에서 중요한 역할을 담당하고 있으며, 특히 사람들이 점차로 삶의 목적과 의미를 고려하지 않은 기술문명의 시대에서 그러하다는 점을 강조하고, 인문치료의 유형으로서 삶의 목적, 의도, 내러티브를 연결하는 목적론적 접근(teleological approach)을 강조한다.

「내러티브 중심 인문치료의 정신분석학적 근거」는 정신분석학적 방법을 내러티브 치료의 관점에서 조명해보고, 이를 통해 내러티브 중심 인문치료의 정신분석학적 근거를 찾아보려고 노력한다. 이 글에서는 심리적 문제들이 내러티브를 통한 문제 감정의 카타르시스와 병리적 개념의 수정·제거로써 치료될 수 있다는 면에서 정신분석학에는 초창기부터 내러티브 중심 인문치료의 핵심적인 두 측면, 즉 정서적 측면과 인지적 측면의 치유적 근거가 놓여 있었다는 것을 확인한다.

「사회개혁의 일환, 호모 나랜스의 글쓰기」는 학교폭력 가해자에 대한 네티즌들의 호모나랜스적 글쓰기가 지니는 문화적 의미를 밝히려고 한다. 이러한 연구결과를 통해 학교폭력 가해자에 대한 네티즌의 무분별한 글쓰기와 학교폭력 가해자를 바라보는 시각 차이를 수용하지 못하는 과정, 그리고 프로그램 제작사와 방송사의 이권 때문에 출연자의 인권침해가 이루어지는 양상을 살펴보았다. 이러한 연구 결과를 토대로 학교폭력 가해자에 대한 처벌 및 향후 관리에 대한 제언이 이루어진다.

마지막으로 제3부에서는 역사 속 인물과 사상을 통해 인문치료를 조명한다. 「동학의 치유 사상」에서는 당시의 국가와 사회 문제를 치유하고 새로운 세상에 대한 비전을 제시하는 한편, 불평등한 사회구조 속에서 고통받아오던 민중들의 마음을 치유하고자 하였던 동학사상을 인문치료적 관점에서 조명한다. 그리하여 황폐화된 마음과 소외된 인간성을 치유하고 사회를 근본적으로 변혁하고자 한 동학에서 인문치료의 배경과 치유적 관점을 연구한다.

「철학치유와 사임당」에서는 현대인의 정신적 문제를 신사임당(申師任堂)의 철학, 사상, 예술로써 치유적 관점에서 접근한다. 다변화하는 21세기, 문화예술의 시대에 사임당의 예술과 삶을 치유적 관점에서 살펴보고 이를 통해 현대인의 정신적 문제를 검토한다.

이 책의 출간으로 인문치료의 이론과 방법론을 심화시키고 체계화하는 데에 다소라도 기여하고, 그럼으로써 치유와 행복, 삶의 질적 고양에 관심이 많은 대중들의 기대에 조금이라도 부응하게 될 수 있기를 바란다.

2015년 6월

필자들을 대신하여 이민용 씀

| 차　례 |

제1부
문학과 영상 그리고 인문치료

멜랑콜리의 수용과 인식

시 쓰기를 통한 새로운 현실인식과 성장

영상 자화상의 치료적 특성

멜랑콜리의 수용과 인식

김 익 진

현대 사회에서 가장 문제시되고 있는 정신병리현상 중 하나인 우울은 그 증상의 정도와 종류가 무척이나 다양하다. 약물치료를 필요로 하는 급성우울증부터 잠깐의 산책으로 털어버릴 수 있는 가벼운 우울감에 이르기 까지 우리는 일상에서 이 우울과 함께 살아가고 있다.

흑담즙bile noire을 의미하는 그리스어를 어원으로 하는 멜랑콜리mélancolie는 본래 기질적인 병리현상을 지칭하는 말이었으며 현대 정신병리학에서 말하는 '우울증(depression)'과 그 의미를 공유하는 표현이었다. 멜랑콜리에 대한 논의와 연구는 그리스 시대부터 근대에 이르기 까지 철학, 문학, 미술, 음악 등 다양한 분야에서 진행되어왔다. 그래서 멜랑콜리는 서양 문화사 및 사상사를 이해하기 위한 핵심 개념 중 하나로 인식되기도 한다.

프랑스에서 문학과 멜랑콜리에 대한 논의는 흔히 낭만주의시대로 부터 상징주의에 이르는 19세기의 작품들이 대상이 될 때였다. 샤토브리앙이나 뮤세의 작품 속에 나타나는 감상적 멜랑콜리로부터 시작하여 극복해야할 사회의 권태적 요소로서 우울과 정면으로 맞서려는 보들레르 작품속의 멜랑콜리를 거쳐 데카당들의 세기말 병에 이르기까지 멜랑콜리에 관한 담론은 19세기 문학연구사의 도처에 그 모습을 드러낸다.

그러나 멜랑콜리와 문학의 복합적인 관계는 이미 근대의 여명기인 르네상스시대 이후 부터 18세기 초반에 이르는 넓은 의미의 고전주의시대에 형성된다. 고전주의시대에도 낭만주의자들의 의식에서처럼 예술적 잠재력과 에너지로서의 멜랑콜리가 존재했다.

그리스와 로마의 미적 가치와 그 방법론에 대한 모방을 기치로 삼았던 고전주의 시대의 멜랑콜리에 대한 인식을 이해하기 위해서 우리는 멜랑콜리라는 말이 생성되었던 그리스 시대에 멜랑콜리가 어떻게 이해되었는지를 살펴볼 필요가 있다. 건강한 육체에 건강한 정신이 깃든다는 신념을 가지고 있었던 그리스 사람들은 마음의 병의 원인을 육체적 부조화에서 찾으려고 했다. 히포크라테스는 멜랑콜리가 본질적으로 뇌의 이상으로 생기는 병이며 약물을 통해 치료해야한다고 주장하고 있다.

> 우리를 미치게 하고, 공포에 젖게 하고, 밤이나 낮이나 불면증에 시달리게 하고, 실수를 저지르게 하고 쓸데없는 불안에 떨게 하고, 멍하게 만들고 평소습관과는 다른 행동을 하게 하는 것이 바로 우리의 뇌다. 이 모든 현상들은 뇌가 건강하지 못하고 비정상적으로 뜨겁거나 차갑거나 습하거나 건조할 때 일어난다."

히포크라테스는 멜랑콜리의 원인으로 이런 내적 요인들 이외에도 장기간의 노동이나 외적 트라우마들이 요인이 될 수 있다고 지적하고 있다. 그는 이러한 원인을 제거하기 위해 헬레보네hellebore(원산초)를 주재료로 하는 약물을 복용하여 황담즙을 생성함으로써 흑담즙을 중화할 수 있다고 보았다. 그 이후 갈레노스를 비롯한 히포크라테스의 추종자들은 이들의 핵심이론인 체액설을 바탕으로 경구용 치료제의 개발에 몰두했다.

한편 이러한 의학적 견해에 대립하여 멜랑콜리를 육체적인 원인보다는 정신적이나 영적인 원인으로 보는 견해들도 있었다. 소크라테스와 플라톤은 히포크라테스의 이론에 반대하며 가벼운 신체적 손상은 의사가 치료할 수 있겠지만 정신적인 심각한 장애들은 철학자가 전담해야할 것이라고 주장했다. 이 두 입장의 조화를 시도한 아리스토텔레스는 병리현상의 원인에 있어 육체의 영혼에 대한 우위를 주장하던 히포크라테스의 경우나, 의사들의 병리분석을 단순한 테크닉적 차원의 접근으로 간주한 플라톤의 경우도 문제가 있다고 보았다. 마음이 뇌가 아닌 심장에 있다고 믿었던 그는 우울증을 삶에 있어 불편을 초래하는 병으로 인정하면서도 천재들에게는 일정량의 흑담즙이 필요하다고 말한다. 멜랑콜리는 병리현상이자 지적 자극의 원천으로 간주하는 이러한 이중적 견해는 로마제국시대까지 그 전체적인 맥락을 간직하며 다양한 변주의 형태로 나타나고 키케로와 세네카를 거쳐 갈레노스에 의해 집대성되기에 이른다.

중세의 초기와 중기 그리고 십자군전쟁 이후 중세 후기에 멜랑콜리에 대한 인식은 차이가 있다. 십자군전쟁을 통해 아랍의 문명이 기독교세계에 영향을 미치기 전까지 멜랑콜리는 다른 모든 문화적 혹은 종교적 상황들이 그렇듯이 고대와는 다른 방식으로 인식된다. 스토아적 기독교철학을 바탕으로 하는 중세의 멜랑콜리에 대한 이해는 그리스 로마의 유물론적 혹은 심신일체론적 이해 방식과는 근본적으로 다른 개념으로 부터 출발하기 때문이다. 중세에는 인간이 짐승과 다른 것은 인간에게 이성이 존재하기 때문인데 이 이성이 건강하지 못한 것은 신이 부여한 인간의 본래적 상태가 악마적 요인에 의해 손상되었기 때문이라고 생각한 성아우구스티누스의 의견이 지배적이었다. 그 중에서도 특히 신의 사랑과 은총에 대해 기쁨을 느끼지 못하고 항상 우울해하는 멜랑콜리환자들은 구원이 어려운 영혼들로 인식되었다. 그것은 아세디아acedia(나태, 무관심)라는 다른 말로 불리며 중세교회에서 정한 대죄들 중 하나로 인식되고 있었다. 모든 선에 대한 추구마저 포기하고 무기력에 빠지는 이 영혼들에게는 구원의 노력보다는 처벌이 효과적일 수 있다는 주장이 지배적이었다. 그래서 우울증 환자들은 쉴 새 없는 육체노동을 부과 받거나 그 악령을 쫒아낼 수 없다면 스스로 목숨을 끊어야했다. 현대 영어에서 '장애'를 의미하는disorder라는 말도 신이 내린 질서order에 어긋난 상태라는 의미로 만들어진 단어다. 세상의 질서를 근본적으로 어지럽힐 수 있는 개인의 이런 장애들은 바로잡아야할 중대한 문제였다. 중세의 멜랑콜리는 영혼의 심각한 결점이었고 그 어떤 생산적 의미도 지닐 수 없는 절대악들 중에 하나였다. 아세디아에 걸린 사람들 중에는 주로 식자층인 기독교의 교부와 수도사들이었다.

십자군 전쟁이전에 멜랑콜리가 스토아철학의 사변의학적 해석의 틀안에 있었다면 십자군 전쟁을 전후한 시기부터 멜랑콜리에 대한 인식은 그 이전보다 훨씬 실증적이고 과학적인 접근을 통해 이루어졌다. 십자군 전쟁이후 아랍의 천문학과 물리학이 유입되어 그리스 신화와 어우러지면서 멜랑콜리는 토성이라는 상징계를 통해 이해되기도 한다.

르네상스시기에 접어들면서 하늘님의 질서를 위협하는 저주로 여겨졌던 멜랑콜리는 인문주의적 관점의 해석에 따라 중세의 부정적인 시각을 점차 벗어나기 시작한다. 악마에 사로잡힌 것으로 여겨지던 우울증은 점차 신체적, 정신적 질병으로 인식되었다. 이 시기에 프랑스에서는 의사들이 "마녀의 왼쪽 옆구리의 짧은 늑골 아래에서 우울증이 걸리기 쉬운 사람들 특유의 나직이 울리는 소리"를 발견했으며 이에 따라 1583년에 성직자들에게 "우울증 환자, 정신이상자, 마법에 걸린 사람들에겐 악령을 몰아내는 의식보다 의사의 치료가 더 필요한 경우가 많으므로 의식을 행하기 전에 면밀히 진단하라" 는 명이 내려졌다. 중세의 교회적 권위의 확립을 위해 만들어진 다른 많은 미신들처럼 멜랑콜리에 대한 미신도 합리적 이성이 탄생하던 르네상스와 더불어 사라지게 된 것이다.

이제 마르실리아 피치노를 필두로 유럽의 많은 철학자들이나 작가들이 멜랑콜리가 인간을 섬세하고 예민하게 만들어 보다 많은 영감을 제공받을 수 있는 감수성이 형성되는 데 도움을 준다고 주장했다. 결국 중세동안에 잊혀졌던 멜랑콜리의 아리스토텔레스적 해석이 다시 각광을 받기 시작한 것이다.

르네상스에 폭발한 지적 호기심은 1600년도 초반기 바로크시대에도 많은 영향을 미친다. 종교전쟁 그리고 반복되는 기근과 전염병은 이 시대의 다른 문화적 현상에서와 마찬가지로 멜랑콜리의 수용에 있어서도 중대한 변수로 작용한다. 르네상스 시대부터 변화하기 시작한 멜랑콜리에 대한 인식은 가치의 다양성을 인정하던 바로크 시대에 피치노의 주장이 일반화되면서 스스로 천재라고 생각하는 사람들은 모두 멜랑콜리를 연기하는 상황에까지 이르게 된다. 멜랑콜리는 이제 여유있는 삶을 누리는 사람들의 일종의 지적 사치가 된 것이었다. 그리고 이 시기에는 멜랑콜리라는 주제에 대해 다양한 각도에서 접근하는 연구들이 쏟아져 나온다. 앙리 4세의 주치의였던 앙드레 뒤 로랑, 주르댕 기벨레 등 프랑스의 의학자들이나 로버트 버튼같은 영국의 신학자를 비롯하여 이탈리아나 스페인에서도 멜랑콜리에 대한 새로운 시각에서의 연구가 진행된다.

이 연구들 중에서도 멜랑콜리에 관한 관심의 정도를 측정할 수 있는 대표적인 출간물로는 1621년 출간된 로버트 버튼의 『멜랑콜리의 해부Anatomie de la mélancolie』를 들 수 있다. 파트릭 당드레는 이 책이 고전들 중에서 가장 뛰어나며 암시적이고 충격적인 개론서라고 평가하고 있다.

옥스퍼드의 신학교수였던 버튼의 책이 프랑스어로 번역 출간된 것은 최근의 일이지만 멜랑콜리에 대한 버튼의 백과사전적 분석과 자료는 프랑스의 17세기의 멜랑콜리에 대한 사회적 인식의 이해를 위해서도 유효하게 적용될 수 있다. 이 책의 기념비적인 가치를 강조하고 있는 미셸 들롱은 이 책이 멜랑콜리의 본질에 관한 질문을 던지면서 궁극적으로는 "자신의 상태[멜랑콜리]에 대해 기술하는 행위가 그 고통을 배가시키는 것인가 아니면 악으로 악을 치유하려는 의도가 될 수 있는가?" 라고 하는 쉽지 않은 문제를 흥미롭게 다루고 있다고 지적한다. 재미있는 사실은 버튼이 우울증이 나태와 무관심 그리고 혐오감에 빠지는 경향이 있다면 문학적 행위가 유용한 해독제가 될 수 있다는 가설을 세우고 있는 것이다. 버튼은 중세 교회가 그 가치를 부정했던 그리스의 유물론자 데모크리투스의 사상을 분석하는데 200쪽에 가까운 분량을 할애하면서 인간과 세계를, 중세 기독교적 세계관과는 달리, 불안전하며 모순에 가득 차 있는 것으로 주장하고 있는 그의 생각을 소개하고 있다. 그는 에라스무스의 『광기예찬』이나 셰익스피어의 『햄릿』 등 방대한 양의 문학적 관련문헌들을 인용하며 멜랑콜리에 대한 논의의 장을 마련한다. 버튼은 스스로 멜랑콜리의 정의를 내리지는 않는다. 그의 저서는 자신의 주장이나 논리가 전개된 연구서라기보다는 멜랑콜리에 대한 모든 분석을 모아놓은 거대한 목록집의 형태를 띠고 있다. 그가 모아놓은 의견들은 그리스 시대부터 그의 동시대에 이르기까지 의사와 문인, 예술가, 신학자, 철학자 등의 다양한 관점을 보여주고 있다. 그의 결론은 결국 멜랑콜리에 대한 예찬으로 방향이 설정된다. 멜랑콜리에 대한 그는 탈

중세적 시각은 사악함으로 인식되던 아세디아를 더 이상 사탄이 개입된 악으로 보지 않는다. 그에게 멜랑콜리는 사회적 역사적 상황이 만들어낸 인간의 어떤 상태다. 인간은 누구나 멜랑콜리적 요소를 지니고 있으며 멜랑콜리로 고통 받는 환자는 그 요소가 남들보다 많거나 혹은 환경에서 오는 자극으로 인해 그 요소가 활성화되어있을 뿐이다. 이제 그와 더불어 멜랑콜리는 단순한 병리현상이 아닌 사회적, 환경적 요인과 더불어 파악이 되어야하는 인간의 보편적 특질의 하나가 되면서 역사적 연구대상이 된다.

당대의 가장 존경받는 의사들 중 하나였던 앙드레 뒤 로랑의 경우는 버튼의 연구보다 앞선 것이지만 멜랑콜리를 보는 그의 시각은 그가 버튼과 동시대 사람임을 보여준다. 『우울증과 그 치료법』에서 그는 멜랑콜리와 멜랑콜리 환자를 구별한다. 그는 네 가지 체액설을 바탕으로 멜랑콜리가 나이와 계절에 상관없이 누구에게나 나타날 수 있는 증상이라고 말한다. 그는 네 가지 체질 중 멜랑콜리가 지배적인 체질을 "재간넘치는 우울질les mélancoliques ingénieux"라 표현하면서 아리스토텔레스의 해석을 인용한다. 그러나 그가 보기에 모든 우울질의 사람들이 모두 재간있는 사람들은 아니다. 그는 우울질의 사람을 크게 세 종류로 나눈다.

> 아리스토텔레스는 그의 『문제』에서 우울질의 사람들은 재간이 넘친다고 했다. 그러나 이 말은 제대로 이해해야만 한다. 왜냐하면 다양한 우울질의 사람들이 있기 때문이다. [...] 차갑고 속물적인 우울질은 몸이나 마음의 움직임이 아주 거칠고 세속적이며 게으르

고 이해력이 없다. 그것을 당나귀적 우울질이라 부른다. 열이 많고 불같은 우울질은 성마르며 무책임하다. 하지만 우울질 중에 다혈질적 성향이 약간 섞인 경우는 재간이 많고 다른 사람들보다 탁월하다.

이 재간 넘치는 우울질들은 집중력이 잘 흐트러지지 않고 상상력이 풍부하며, 기억력이 좋고 몸은 건장하여 일을 오래 할 수 있다. 이 우울질이 다혈질적 성향과 어우러지면 그것은 건전한 방향으로 분출되게 되는데 이를 '열정enthousiasme'이라고 부른다. 이 열정은 철학을 하게하고 시를 쓰게 만들며 미래를 예측할 수 있게 한다. 뒤 로랑은 결론적으로 이 세 번째 우울질을 "신적인 어떤 것quelque chose de divin"을 지닌 사람들이라고 말을 하고 있다. "신적인divin"이라는 형용사를 멜랑콜리와 접목시킨 뒤 로랑의 해석은 중세적 관점에서 볼 때는 충격적인 것이었다. 그가 시대적으로 버튼보다 한 세대를 앞서 산 사람임에도 불구하고 멜랑콜리의 해석에 있어 버튼과 동시대적 인식을 하고 있는 사람으로 볼 수 있는 근거가 여기에 있다.

그는 이 신적인 어떤 것을 지닌 사람들을 병자라고 생각하지 않는다. 그는 앞선 두 종류의 우울질들만을 치료의 대상으로 삼고 있다. 그에 따르면 망상에는 열을 동반하는 망상rêverie과 그렇지 않은 망상이 있는데 멜랑콜리는 열을 동반하지 않으면서 망상이 두려움과 슬픔을 동반하게 될 때를 말한다. 그에 따르면 망상이란 상상력과 이성의 기능이 저하된 영혼에서 나타나는 현상이고 항상 두려움과 슬픔이 동반된다.

멜랑콜리의 원인을 뇌의 기능저하에서 찾는 그의 사변적 논지는 현대의 관점에서 볼 때 호소력이 약하지만 멜랑콜리를 모든 인간에게 잠재해 있는 보편적 기질의 하나로 본 그의 관점은 로버트 버튼의 관점과 일치한다. 인간의 보편적 기질인 멜랑콜리는 그래서 사랑의 열병이나 건강을 향한 열망과 연결되기도 한다. 뒤 로랑은 제 10장과 12장에서 각각 다루고 있는 사랑의 열병으로 부터 유래되는 멜랑콜리와 건강염려증이 원인이 되는 멜랑콜리를 분석하고 있다. 저자는 사랑의 열병으로 생기는 멜랑콜리를 에로스적 멜랑콜리라고 명명한다. 시인들에게 그토록 많은 영감을 주었던 사랑의 신 에로스가 불러일으키는 멜랑콜리의 증세는 우리가 알고 있는 상사병의 증세와 일치한다. "눈물을 흘리고, 흐느끼며, 한숨을 쉬어대고 근심에 사로잡혀있으며 사람들을 피하고 고독에 빠져 사색을 하고 열정에 사로잡혔다가 얼음처럼 차갑게 식어 버린다." 심장이 뛰고 맥박이 불규칙하다. 이 사랑의 멜랑콜리는 잔인할 만큼 사람을 무력하게 만들어 결국 죽음으로 까지 이끌기도 한다. 뒤 로랑은 그리스 시대의 시인들이 노래한 사랑의 열병들을 나열하면서 위의 증세들을 설명한다. 인간의 이성과 판단력을 마비시키고 심지어 죽음으로까지 이끄는 이 사랑의 멜랑콜리는 위험한 병이다.

이론가라기 보다는 치료사로서의 능력을 인정받던 뒤 로랑의 경우 멜랑콜리에 대한 인식은 그 기저에 인간에 대한 경험적 인식을 바탕으로 하고 있다. 멜랑콜리에 대한 보다 근원적인 질문은 훌륭한 치료사이기도 했지만 왕의 주치의였고 무엇보다도 뛰어난 의학 이론가였던 주르댕 기벨레에게서 볼 수 있다. 17세기 네 가지 체액설에 대한 이론의 권위자로 통했던 기벨레는 멜랑콜리에 대한 설명을 할 때도 객관적이며 과학적인 논지를 펼친다. 그는 1500년이라는 긴 시간차에도 불구하고 문예전반에 걸친 박식함과 뛰어난 그리스어 능력으로 갈레노스에 의해 집대성된 체액설을 그 누구보다도 정확하게 이해하고 설명한다. 데카르트의 『방법론 서설』을 연상시키는 그의 분석방법과 글쓰기는 멜랑콜리에 대한 그의 논지가 17세기 고전주의 시대 내내 인용의 규준이 되는 계기가 되는 이유를 설명한다. 파트릭 당드레는 『세 주제에 관한 논집Trois Discours』 중 제 3주제 「멜랑콜리 체질에 관한 논의」의 목차를 그대로 인용하면서 그의 대상을 논증하는 방식이 얼마나 객관적이며 중립적이고 철저한가를 강조한다. 멜랑콜리를 분류하는 그의 방법론이나 다양한 문헌을 인용하는 그의 박식함은 기벨레가 학문적으로 철저한 객관적인 정신의 소유자임을 증명하는 요소들이다. 제 1장에서 전개하고 있는 멜랑콜리의 종류와 그 근원에 관한 문헌조사와 설명은 멜랑콜리에 대한 논의를 의학의 분야에서 뿐만이 아니라 철학과 예술의 차원으로 확대하고 있다. 그러나 이렇게 논의를 확대하고 있는 기벨레의 연구는 멜랑콜리를 거의 모든 정신병을 지칭하는 말처럼 느껴지게 한다. 그는 악어에게 잡혀 먹힐까 봐 두려워하거나 자신이 하늘을 어깨에 지고 있는 아틀라스라고 믿고 있는 환자들의 경우를 들며 이런 환상들이 모두 멜랑콜리의 원인인 흑담즙이 뇌에 영향을 미쳐서 일어나는 일이라고 쓰고 있다. 현대의 관점에서 본다면 정신분열로 분류

될 이런 경우들까지 멜랑콜리로 분류하고 있을 만큼 그가 보는 멜랑콜리의 범위는 넓다. 그가 예를 들고 있는 멜랑콜리 환자들은 주로 망상을 지니고 있는 환자들이다. 그 중에서도 죽음에 대한 두려움과 망상을 지니고 있는 경우가 많았다. 그는 그 원인을 아래와 같이 설명한다.

> 이 모든 것들이 일어나는 이유는 우울질의 흑담즙 때문일 수 있다. 흑담즙은 환자들을, 뒤에 가서 논증하겠지만, 소심하게 만드는 원인이다. 거의 모든 환자들이 죽음에 사로잡혀있기 때문에 이 죽음에 대한 환상이 정상을 벗어나게 되면 다가오게 될 죽음에 대한 두려움 대신 죽음을 현재 상태에서 마음에 새기게 되는 것이다. 그래서 의식적인 후회나 양심을 지니고 있는 사람들이나 행복한 삶의 모든 것이 부족한 사람들은 영원한 징벌을 받을 것을 두려워하며 종종 저주인 영혼의 죽음을 상상하는 것이다.

그 또한 앞서 살펴보았던 경우에서처럼 이러한 망상을 중세의 교회적 해석에서처럼 악마의 개입으로 보지 않는다. 환자들이 지닌 망상의 근본적인 원인을 건강염려증의 일종으로 보고 있다. 다시 말해 위에 살펴본 버튼이나 뒤 로랑의 경우와 마찬가지로 멜랑콜리를 개인의 신체적 혹은 정신적 문제로 보고 있는 것이다. 그의 멜랑콜리론 중 가장 우리의 흥미를 끄는 것은 멜랑콜리가 왜 예술이나 학문을 하기에 적절한가에 대해 논증하고 있는 제 8장의 내용이다. 그는 멜랑콜리가 예술이나 학문을 하기 위해 적절한 성격을 제공할 수도 있다고 말한다. 물론 모든 종류의 멜랑콜리가 다 이러한 자극원이 될 수 있는 것은 아니다. 그는 멜랑콜리의 형질을 크게 두 가지로 나눈다. 그리고 이 분류는 용어의 차원에서만 차이가 있을 뿐 앞서 살펴보았던 뒤 로랑의 분류와 흡사하다. 뒤 로랑이 분류했던 당나귀적 우울질이나 불같은 우울질을 그는 "반자연적인 멜랑콜리"하고 부른다. 떠 이 반자연적 우울질을 기질 자체가 우울질인 경우와 사회부적응적인 성격이 특질인 우울질로 나누면서 그는 이 두 종류의 우울질들은 남들과 "우아하게 소통할 능력이 없으며 이성이 부족하고 기억력마저 떨어져 성마르기 때문에 화를 잘 내고 생각이 짧으며 폭력적"이다 라고 말한다.이들에게 건전한 상상력과 창조적 예술혼을 기대하는 것은 힘들다. 그들의 상상력은 단순한 망상을 양산해낼 뿐이다. 나머지 세 번째 우울질은 뒤 로랑의 분석에서와 마찬가지로 다혈질적 성향이 섞인 우울질인데 이 우울질은 그야말로 "적당히 우울한" 사람들이다. 이 사람들은 흑담즙의 과다함이 정상치를 넘지 않는 사람들이지만 실연 등의 특별한 경험을 통해 일시적으로 멜랑콜리에 빠져버린 경우가 대부분이다. 그는 이런 종류의 우울질들이 바로 아리스토텔레스가 언급했던 예술혼의 자극제로서의 우울질이라고 강조한다.

이런 체질들의 절제된 검은색[우울감]은 그들의 장점과 접목되면서 그들의 영혼 이 고독을 좋아하게 되는 이유가 되며 또한 그들에게 두려움과 무지에 대한 자각 을 불러일으켜 그들이 공부를 사랑하며 일을 좋아하고 모든 책무를 기꺼워하게 한다.

프랑스 17세기의 멜랑콜리에 대한 대표적인 위의 글들은 아리스토텔레스가 주장한 멜랑콜리의 긍정적인 측면을 인정하고 이 주장을 자신들의 입장에서 논증하려고 노력한 연구들이다. 멜랑콜리가 중세의 악마적 기운이라는 관점에서 벗어나 인간의 보편적 특질 중의 하나로 인정받게 되는 과정은 의미가 있다. 그러나 이들의 멜랑콜리론은 여전히 기질론적 논리에 바탕을 두고 있다. 멜랑콜리가 개인의 기질적 문제뿐만이 아니라 환경적 문제가 복합적으로 불러일으키는 인간의 정서적 문제임을 주장을 만나기 위해서는 후기고전주의 시대를 거쳐 낭만주의 시대를 기다려야한다. 19세기 낭만주의의 도래와 더불어 자본주의가 발달하며 파생된 부작용들 중 인간의 행복을 본질적으로 위협하는 요소로서의 멜랑콜리, 물질중심주의의 사회가 부과하는 정서적 아픔으로서의 멜랑콜리는 사회의 불합리와 인간조건의 한계를 극복하려는 시인들의 뮤즈를 자극하는 창조적 에너지로서의 위상을 지니게 된다.

멜랑콜리에 대한 접근은 크게 두 가지로 진행되어왔다. 하나는 질병의 치유라는 목적에서 출발한 의학적 접근이며 다른 하나는 창작의 원동력으로서의 지적 자극에너지라는 관점에서 출발한 미학적 접근이다. 의학적 관점이 아닌 예술의 자극요소로서 멜랑콜리는 긍정적 이미지가 컸다. 고대부터 멜랑콜리는 천재성의 상징으로 여겨진 경우가 많았다. 멜랑콜리에 대한 접근은 대부분의 경우 우울증에 대한 병리학적 접근이라기 보다는 멜랑콜리가 지니고 있는 예술적 생산성에 초점을 맞추어왔다. 멜랑콜리는 창조를 자극하는 슬픔이며 생각을 촉진하는 절망으로 받아들여졌던 것이다. 특히 유럽의 낭만주의자들에게 멜랑콜리는 예술창작을 위한 절대적 요소로 받아들여지기도 했다. 그러나 여기에서 주목해야 할 사실은 멜랑콜리라는 성향자체가 예술의 창작혼이 된 것은 아니라는 사실이다. 멜랑콜리는 뮤즈를 더 가까이서 느끼기 위한 자극에 불과하다. 멜랑콜리의 실체를 파악하고 그것의 부정적인 면을 사회적인 차원에서 또 개인적인 차원에서 극복하려한 노력들이 문학을 비롯한 예술전반에 깔려있음을 간과하지 말아야할 것이다. 멜랑콜리의 극복을 위한 문학적 노력에 대한 분석은 현재 새로운 관심속에 진행되고 있는 문학을 활용한 치유행위에 적용될 수 있는 모델 개발에 토대가 될 수 있을 것이다. 멜랑콜리가 생산성을 자극할 수 있는 요소라면 우리는 우울증에 빠진 사람들이 발휘할 수 있는 생산성을 자극할 수 있는 방법을 찾아야할 것이다. 그 방법은 글이나 그림 혹은 음악 등의 자기 표현을 가능케 하는 다양한 문화예술적 표현 도구들이 활용될 수 있을 것이다.

장 벨맹-노엘은 『문학텍스트의 정신분석』에서 "모든 해석은 하나의 핵심을 가지고" 있지만 정신분석학적 독서에서 중요한 것은 "하나의 핵심적인 공식을, 다시 말해 일종의 방정식을 제공하는 것 보다는 텍스트의 여러 지점에서 표출되는 무의식의 동요들을 느끼게 하는 데 있다"고 말한다. 이 말에서 우리는 문학텍스트에 대한 정신분석이 거꾸로 문학텍스트를 통한 정신치료로 이어질 수 있음을 발견한다. 벨맹-노엘이 이야기하는 "무의식의 동요"를 공감하는 일은 텍스트를 통해 독자가 자신의 무의식을 발견할 수 있는 계기를 마련하는 행위와 다름이 아니기 때문이다.

우리는 여기서 다시 한 번 문학적 허구에 대해 생각한다. 멜랑콜리 환자, 즉 우울증 환자들에게 그 우울의 실체를 객관적으로 파악하게 하는데 문학적 허구는 중요한 역할을 할 수 있기 때문이다. 문학에 치료라는 말을 굳이 접목시키지 않더라도 문학의 한 주요 기능이 허구적 세계에서의 객관화를 통한 인간의 정서 치유에 있다는 데는 이론의 여지가 없다. 비극의 공포와 연민을 통한 카타르시스와 희극의 웃음을 통한 거리화 등은 자신의 정서상태를 객관화함으로써 그 실체를 파악하는 행위라는 점에서 자기 진단이며 또 그로 인한 심리적 혼란을 극복할 수 있게끔 한다는 점에서 자기치료라는 말을 적용할 수 있다.

인문치료적 관점에서 볼 때 17세기의 학자들이 분류한 멜랑콜리 환자들은 창조적 재능을 지닌 경우이거나 아니거나 모두 멜랑콜리라는 잉여에너지의 분출이 필요한 사람들이다. 표현예술치료에서와 마찬가지로 인문치료에서의 자기표현의 결과가 예술성을 지닐 필요는 없다. 그들이 문예적 재능을 지니고 있지 않은 경우라도 그들은 표현을 통해 멜랑콜리를 제어할 수 있도록 유도하는 행위 그것이 인문치료의 역할일 것이다.

참고 문헌

Bellemin-Noël, Jean, *La Psychanalyse du Texte Littéraire*, Natant, 1996, 『문학텍스트의 정신분석』, 최애영, 심재중 역, 동문선, 2001.

Burton, Robert, *Anatomie de la Mélancolie*, traduction de Bernard Hoepffner et Catherine Goffaux, José Corti, 3 vol. 2004.

Robert Burton *Anatomie de la Mélancolie*, choix et traduction de Gisèle Venet, Gallimard, coll. Folio Classique, 2005.

Dandrey, Patrick, *Sganarelle et la médecine ou De la mélancolie érotique*, Klincksieck, 1998,

Dandrey, Patrick, *Molière et la Maladie imaginaire, ou De la mélancolie hypocondriaque*, Klincksieck, 1998.

Dandrey, Patrick, *Les trétaux de Saturne*(2003)

Dandrey, Patrick, *Anthologie de l'humeur noire, Ecrits sur la mélancolie d'Hippocrate à l'Encyclopédie, Le Promeneur, Paris*, 2005,

Freud, Sigmund, Manuscrit E, juin 1894, in M.-Cl. Lambotte, *Esthétique de la mélancolie,* Paris, Aubier, 1984.

Starobinski, *Jean, Histoire du traitement de la mélancolie des origines à 1900,* J. R. Geigy S.A., Bâle, Suisse, 1960.

Magazine littéraire, octobre-novembre 2005, hors-série No.8, Les écrivains et la mélancolie.

솔로몬, 앤드류, 『한낮의 우울The Noonday Demon』, 민승남 옮김, 민음사, 2004.

김홍중, 『멜랑콜리와 모더니티』, 한국사회학 제 40집, 2006.

※ 이 글은 필자의 논문 「프랑스 고전주의 시대에 멜랑콜리의 수용과 인식 」, 『프랑스 어문교육. 31권 200p.』을 수정 보완한 것이다.

시 쓰기를 통한 새로운 현실인식과 성장
: 예이츠의 중기 시를 중심으로

유 건 상

시적일수록 더욱 현실적이다.
- 노발리스 (Novalis) -

1. 들어가며

예이츠(W. B. Yeats)는 초기시에서 신화를 통한 현실세계와 이상세계의 조화를 꾀하였다. 이러한 시도는 그의 이상적인 영원한 신화의 나라가 현실과 조화를 이루지 못함으로써 좌절된다. 그로 인해 야기되는 이원적 갈등은 그의 초기시의 특징을 이루는데, 아직 현실인식이 부족한 까닭에 성숙한 양상을 띠지는 못한다.

그러나 20세기에 들어서면서 예이츠는 그가 추구했던 이상이 속절없는 것이었음을 깨닫는 사건들에 직면하게 되고, 그로 인해 그의 시작(詩作) 태도는 변모하기 시작한다. 즉 모친과 절친한 극작가 싱(John M. Synge) 등 사랑하는 사람들의 죽음을 겪음으로써 삶과 죽음의 문제에 관심을 갖게 되고, 정치활동에 몸담게 되면서 조국 아일랜드가 처한 현실을 직시하게 되고, 아일랜드의 문예부흥 운동의 일환으로 애비 극장에 관계하면서 극에 이용되는 대중의 언어에 관심을 갖게 된다. 더욱이 23세 때 첫 만남 이후, 오랫동안 구애해 온 모드 곤(Maud Gonne)의 갑작스런 결혼으로 인한 실연은 시인으로 하여금 현실인식을 더욱 새로이 하게 만든다. 그는 자신이 이제까지 신봉했던 꿈과 환상의 세계에 환멸을 느끼고, 이 세상의 대립적 요소와 모순을 더욱 확실히 인식하게 됨으로써 인간의 삶과 운명 등 보다 실제적인 문제에 관심을 갖게 된다. 이러한 현실인식은 극적 긴장감의 결여라는 그의 초기시의 약점을 보완하게 하며, 그의 시를 이전보다 훨씬 더 사실적이고 객관적으로 변모하게 한다.

『일곱 숲에서』(1904)와 『초록 투구와 기타 시편들』(1910)에 이르면 그의 시는 현저한 변화를 보이기 시작한다. 우선 주제 면에서 환상적인 신화의 세계보다는 일상생활에서 일어나는 일들을 다루고 있으며, 시어 면에서 볼 때도 낭만적이고 모호한 시어보다는 대화형식의 일상 언어를 직접적으로 사용하여 보다 극적이고 구어적이며, 전체적으로 보다 확실하면서 덜 흐릿한 스타일의 시가 쓰여지게 되었다(Beum, 1969: 44-45). 문장도 이전보다 많이 간결해졌다. 예이츠도 이러한 자신의 시작태도, 특히 문체상의 변화에 주목하여 선명한 이미지를 갖게 되었다고 평가한다.

이러한 변모와 더불어 예이츠의 중기시는 그의 시의 특징인 상반물의 갈등상도 더욱 성숙된 모습으로 드러난다. 지금까지 외면적인 세계 속에 살면서도 내면적인 세계를 고수해 왔던 시인은 이

제 그 내면세계에서의 탈피를 추구한다. 이 탈피는 내면세계의 소멸이나 개조를 의미하는 것이 아니라, "내적자아"와 "외적자아"의 양립 내지는 조화를 뜻한다. 다시 말해서 외적자아의 가치를 자각함으로써 내적자아의 집착에서 벗어나는 것인데, 이것은 "자아와 반자아"의 대립이라는 양상으로 그의 중기시를 지배한다.

이러한 성장의 과정에서 시 쓰기는 중요한 매개가 된다. 시인은 이제껏 내면적인 세계를 추구해 왔지만 시 쓰기를 통하여 그곳에서의 탈피를 시도함으로써 내적자아와 외적자아의 조화를 추구한다. 말하자면 시인은 외면적인 세계 속에 살면서도 내면적인 세계의 가치만을 추구했던 상태에서 새로이 현실을 인식하고 외적자아의 가치를 깨달음으로써 내적자아의 집착에서 벗어나, 내면세계와 외면세계 둘 다를 인정하고 양자의 조화를 추구하는 보다 성숙한 상태로 성장·변모한 것이다. 이 글은 그 성장의 과정을 인문치료적 관점에서 접근한다. 제 2장에서는 인문치료의 방법론 중의 하나인 시치료를 창의적 글쓰기 측면에서 소개한다. 제 3장에서는 예이츠의 중기 시집 『초록 투구와 기타 시편들』, 『책임』(1914), 『쿨호의 야생 백조』(1919)에 나타나는 자아와 반자아의 괴리감 및 갈등을, 제 4장에서는 『쿨호의 야생 백조』, 『마이클 로바티즈와 무용수』(1921)에 드러나는 자아와 반자아의 갈등 및 조화의 모색을 다룸으로써 창의적 글쓰기가 어떻게 시인으로 하여금 새로이 현실을 인식하고 성장에 이르게 했는지의 과정을 살펴본다.

2. 인문치료와 창의적 글쓰기

인문치료는 현대인들의 정신적 위기를 극복하기 위해 인간의 인간다운 가치를 탐구하고 소외된 인간성을 회복하고자 하는 인문학의 여러 분야, 즉 문학, 철학, 역사, 어학, 예술 등의 통합적 활동이다. 다시 말해 인문치료란 정서적·정신적 문제들로 고통받고 있거나 혹은 그러한 고통에 노출될 가능성이 있는 개인이나 집단에게 인문학적 방법을 활용해 자아통찰과 인식론적 변화를 유도함으로써 정서적·정신적 건강을 확보하게 하는 통합적 위기 극복과정이다(강원대학교 인문과학연구소, 2009: 20).

인문치료의 방법론 중의 하나인 시치료는 독서치료와 글쓰기 치료이다. 말하자면 시 읽기와 쓰기를 통한 치료라 할 수 있으며, 최근에는 수용적인 읽기보다는 능동적이고 적극적인 쓰기가 많이 강조되고 있다. 시/문학치료는 협의적으로는 문학을 수단으로 하는 심리치료의 한 방법이며, 광의적으로는 문학을 수단으로 하여 인생의 목표를 설정하거나 삶의 위기를 극복하고, 더 나아가 인성을 함양하고 삶을 윤택하게 하는 치유책이다(변학수, 2006: 274-275). 그러므로 시치료의 목적은 개인의 변화라고 볼 수 있다. 그 결과 내재된 갈등을 해소하는 능력과 적응기능이 향상되는 것이다. 라이터(Sherry Reiter)는 시치료의 구체적인 목적을 "첫째, 생생한 이미지와 개념, 그리고 그것들이 불러일으키는 느낌에 반응하는 능력을 개발한다. 둘째, 자기이해와 정확한 자기인식을 증진시킨다. 셋째, 대인관계의 깨달음을 가져온다. 넷째, 현실을 직시하게 한다. 다섯째, 창조성과 자기표현 그리고 자부심을 개발한다. 여섯째, 긍정적인 사고와 창조적인 문제해결 능력을 키운다. 일곱째, 의사소통 능력, 특히 듣기와 말하기 기술을 강화한다. 여덟째, 다양한 자아의 양상을 통합하여 심리적 강건함을 가져온다. 아홉째, 억압하는 감정을 토로함으로써 긴장을 완화시킨다. 열째, 새로운 아이디어와 직관, 그리고 정보 등을 통해 새로운 의미를 발견한다. 그리고 마지막으로, 자유롭고 풍요로운 미의 가치를 경험함으로써 삶의 질을 향상시킨다"(170-71)고 설명한다.

사실 예로부터 많은 작가들이 글쓰기의 치유적 효능에 대해 이야기한 바 있다. 가령 셰익스피어(William shakespeare)는 『맥베드』에서 "슬픔에 언어를 주어라"라고 함으로써 감정 표현의 중요함을 역설한 바 있다. 바이런(Lord Byron)도 "시는 상상력의 용암으로, 그것의 분출이 지진을 막는다"고 노래함으로써 감정 표현의 효과에 대해 강조한다. 워즈워드(W. Wordsworth) 또한 「영생불멸의 노래」에서 적절한 감정 표현의 치유력에 대해 다음과 같이 노래한다.

> 나에게만 찾아 왔네 슬픈 생각이:
> 적시의 표현이 그 생각 제거해 주었네,
> 그래서 나는 다시 건강해졌네.

분노와 슬픔 같은 감정들은 표출되지 않을 때, 증후(症候)로 형성되어질 수도 있다. 글쓰기와 읽기 과정은 잠재적으로 폭발적인 심리 에너지가 분출될 수 있는 안전한 배출구를 제공함으로써 심리적·정신적 균형을 회복시켜준다(Heninger, 1978: 56).

헤닝어(O. E. Henninger)는 시치료의 원리를 환기와 카타르시스, 탐구, 지지, 적극적 숙달, 이해하기, 안전함 등으로 언급한다(1994: 555). 이를 부연 설명하면 첫째, 시는 우리의 내밀한 감정이나 생각을 표출하도록 환기시킴으로써 카타르시스를 경험하게 하고, 그 결과 치료효과를 가져온다. 둘째, 시는 우리의 무의식의 세계, 심층내면의 세계까지 들어가 자신의 모습을 직면하게 하거나, 갈등에 대해 정확하게 알게 한다. 셋째, 우리는 시를 통해 자신의 생각과 감정을 타인들과 공유함을 깨닫게 됨으로써, 용기도 얻고 자신감과 정신집중도 함양된다. 넷째, 우리는 시를 읽으며 시적화자의 감정과 욕구에 동일시됨으로써 감정을 변형시키거나 가라앉히기도 하며, 스스로 감정을 조절할 수 있게 된다. 그 결과 지금까지 부인하고 억제한 감정, 수용할 수 없었던 감정들을 시를 통해 표현하여 수용할 수 있게 된다. 다섯째, 우리는 시를 읽으며 시세계를 이해하게 되고 시인의 감정에 공감하게 됨으로써 자기이해를 더욱 깊이 할 수 있다. 여섯째, 우리는 문학적 활동을 통해 자신의 거칠거나 역동적인 내면세계를 부드럽게 표현할 수 있다. 그러므로 시는 비난이나 평가를 받거나, 수치심을 느끼지 않고도 소망을 표현할 수 있는 안전한 방법이다.

이러한 원리를 지닌 시/문학치료의 과정은 인지단계, 탐구단계, 병치단계, 자기에의 적용단계로 나누어진다(Hynes & Hynes-Berry,

2012: 33-42). 인지단계는 문학작품을 읽음으로써 자신의 감정을 새롭게 인지하고, 그것에 공명하는 단계이다. 탐구단계는 작품의 구체적인 세부사항에 대한 자신의 반응이나 생각에 대해 고찰하는 단계이다. 병치단계는 어떤 문제에 대해 이전에 가졌던 생각이나 감정을 그것에 병치하는 단계로, 이전의 생각과 감정을 바꿀 수 있는 가능성을 제공한다. 자기에의 적용단계는 자신과 문학작품 사이의 연관관계를 알게 하고, 이를 실제 세계에서 자신의 자아에 적용하게 하는 단계이다.

이러한 시치료 과정을 통해 우리는 더욱 창조적이고, 자신에게 도움이 되는 행동으로 나아감으로써 진정한 자아의 성장과 변화에 이른다. 그러므로 시치료의 궁극적인 목표는 시를 통한 진정한 자아의 성장과 변화이다. 그것은 또한 외적자아의 가치를 수용함으로써 자아성장을 이루는 예이츠의 중기시의 주제와 맥을 같이 한다. 왜냐하면 내면적인 세계만을 추구하던 시인이 시 쓰기를 통하여 내적자아에 대한 집착에서 벗어나 내적자아와 외적자아 둘 다를 인정하고 양자의 조화를 추구함으로써 새로이 현실을 인식하고 성장・변모하게 되었기 때문이다.

3. 자아와 반자아

예이츠가 반자아와 더불어 자주 사용한 이미지는 "가면"이다. 그는 가면이 내적인 본성에서 나오는 모든 것에 대한 정서적 대립이라고 말한다. 말하자면 가면은 내적자아에 대한 외적자아, "본자아"에 대한 "대자아", 또는 자아에 대한 반자아이다. 이러한 가면의 개념을 극화한 시는 『초록 투구와 기타 시편들』에 수록된 「가면」이다. 이 시에서 애인은 자신의 마음을 사로잡는 것이 상대방의 에메랄드 눈을 가진 찬란한 황금가면임을 인식한다. 그래서 애인은 그것과 상반될 수도 있는 가면 안의 상대방의 인격, 즉 자아를 알고 싶어 한다.

> "나는 그 안에 무엇이 있는지 알고 싶소,
> 사랑인지 아니면 기만인지."
> "그대의 마음을 사로잡아,
> 그 후 심장을 두근거리게 한 것은 가면이지,
> 가면 아래 가려진 것이 아니오."

여기서 표면에 드러나는 또 하나의 인격인 가면은 남들에게 비쳐지는 우리의 인격과, 우리가 남들에게 그렇게 보여지고 싶고 또 우리 스스로가 그렇게 되도록 노력하는 이상적인 인격을 포함한다. 그것은 또한 상처로부터 우리를 보호해 주는 갑옷이자 공격의 무기이기도 하다(Ellmann, 1979: 175-76). 다시 말해 이상적 자아 또는 사회적 자아라고 말할 수 있는 가면은 자아나 내적자아 또는 본자아와 대립되는 개념이지만, 그렇다고 해서 양자가 무관한 개념은 결코 아니다. 우리가 가면으로 무장한 한 인간의 인격에서 그의 자아를 정확히 구분해 낼 수 없듯이, 이상적 자아인 가면은 한 인간의 인격 속에서 현실적 자아와 서로 융합되어 그의 인격을 이루기 때문이다.

예이츠가 자아에 만족하지 않고 가면, 즉 반자아를 추구한 것은 그것이 이상적인 자아이기도 할뿐 아니라, 그가 구현하려 한 조화가 바로 이 양자의 갈등을 통한 "존재의 통일"(Unity of Being) 속에서 가능하기 때문이다. 그렇게 될 때 인간은 지고의 행복을 느낀다. 시인 자신도 설명하듯이 행복이란 한 순간에 창조되어서 계속적으로 새로워지는 본인이 아닌 다른 어떤 것으로 다시 태어날 때 얻어진다. 여기서 다른 어떤 것은 물론 다른 어떤 제2의 자아의 가면을 쓰고 있는 이미지, 즉 반자아이다(Yeats, 1962a: 334).

이러한 가면의 이미지는 『초록 투구와 기타 시편들』을 필두로 『책임』 이후 예이츠 시의 중요한 상징으로 나타난다. 「세 거지」에서 배고픈 늙은 백로는 잡어(雜魚)라도 잡아먹었으면 하던 차에, 물욕에 빠져 스스로 멸망하는 세 명의 거지를 보고는 송어에 관심을 두지 않는 것처럼 보일 때에만 그것을 잡을 수 있다는 진리를 터득한다.

> 아마 나는 송어 한 마리를 잡을 거야
> 무심한 듯 서있으면.

여기서 송어에 관심을 두지 않는 늙은 백로의 초연한 얼굴은 물론 그가 정말로 송어로 상징되는 물욕에 관심을 두지 않아서가 아니라 그것을 잡기 위한 계략으로 쓴 가면이다. 따라서 이 가면은 진정한 의미의 가면이라고 볼 수 없다.

초연함을 가장한 가면의 이미지는 「세 은자」로 이어진다. 늙어서 죽음이 가까운 세 번째 은자는 인간적 한계를 초월하지 못한 첫 번째 은자와 두 번째 은자가 사후의 세계에 대한 이야기를 나누며 두려움을 드러내자, 그들의 두려움 따위에는 무관한 듯 초연한 얼굴로 혼자 노래한다. 마치 삶과 죽음의 고뇌를 초월한 성자 같은 모습으로. 이렇게 볼 때 그는 예이츠가 "지복"(至福)의 순간에 느낀다고 간주한 "환상적인 즐거움"을 성취한 셈이다. 그러나 그가 나타내 보이는 초연함은 그가 그렇게 되고, 또 그렇게 보이기를 갈망하는 이상적인 가면일 뿐, 그의 진정한 정체인 자아는 사실상 "자신의 백 살의 나이에 어지러움"을 느끼는 범인(凡人)일 따름이다.

> 그[두 번째 은자]가 누더기와 머리칼을 뒤져
> 벼룩을 잡아 죽이는 동안, 세 번째 은자는
> 자신의 백 살의 나이에 어지러워,
> 한 마리의 새처럼 남몰래 노래했네.

결국 세 번째 은자 역시 자아의 안락만을 추구하는 두 명의 은자와 크게 다를 바 없으며, 송어를 낚기 위해 초연을 가장한 늙은 백로와 진배없다. 물론 두 명의 은자는 반자아인 가면을 인식하지조차 못한 인물들이며, 늙은 백로 역시 그것을 인식하고 썼을지라도 참된 자아를 찾기 위해서가 아니라 먹이를 잡기 위한 수단으로 이용한 것뿐이니 그것을 씀에 있어 아무런 갈등도 느끼지 않았을 것이므로, 그들보다는 세 번째 은자가 더 높은 정신적 차원에 도달한 것은 틀림없다. 그는 적어도 세월과 죽음, 그리고 그에 따른 사후의 문제 등 인간의 문제를 초극하지 못함으로 인한 갈등을 겪고 있으며, 그것을 초극해 의연히 받아들이고 싶은 소망으로써 가면을 택하였다. 그러므로 그가 가면을 썼을 때 그의 고통이 어떠했으리라는 것은 짐작이 간다. 그는 그것을 쓸 수밖에 없었던 자신에 대해 환멸을 느꼈을 것이고 그에 따른 갈등도 컸을 테지만, 동기가 순수한 만큼 완전을 향한 자기 연마를 계속할 것이므로 그는 점차 그가 쓴 가면의 모습에 가까워 질 것이다.

이처럼 반자아를 인식하고 그것을 찾기 위한 고행은 『쿨호의 야생 백조』로 이어진다. 「나는 그대의 주인」은 그 과정에서 겪는 갈등을 심도 있게 묘사한 작품이다. 이 시는 "히크"(Hic)와 "일레"(Ille) 두 사람의 대화 형식으로 구성된 극형식의 시이다. 이 시의 제목이 단테(Dante Alighieri)의 『새로운 인생』(1293)에서 유래되었듯이, 두 사람의 이름도 라틴어 대명사로 "이것"과 "저것" 혹은 "전자"와 "후자"를 의미한다. 그러나 이 시에서는 "한편"과 "다른 한편"으로 쓰인다. 히크는 현대의 젊은이들처럼 자기 자신을 찾으려는 "개별적인 지성"을 나타내고, 일레는 예이츠처럼 다이몬적 시인으로 반자아를 추구한다. 일레의 주장이 예이츠의 산문 『달의 친절한 침묵을 통하여』에 나타난 시인의 시론임을 감안할 때, 히크와 일레는 시인의 양분된 자아, 즉 이원론적으로 상징된 시인의 분신으로 볼 수 있다. 말하자면 히크는 본자아, 일레는 대자아로, 전자가 이미지가 아닌 자신을 찾고자 한다면 후자는 자신의 진정한 본성을 찾고자 한다. 이 서로 상반되는 두 자아가 합일되어 조화를 이루기 위해서는 갈등이 필연적이다.

일레가 추구하는 것은 시적 이미지로 그는 그것의 도움으로 반대자를 불러낸다. 이 반대자는 그가 구하는 모든 것을 보여주고 속삭여 주는 실체이다.

> 그리고 그것은 나와 가장 닮아 보이고, 진정 나와 흡사한 존재,
> 나와 전혀 같지 않은 것, 나의 반자아,
> 모든 상상할 수 있는 존재들을 실험한다오.
> 그리고 그 존재가 지금 이 형상기호 옆에 서서,
> 내가 구하는 모든 것을 해명하고 속삭인다오…

그것은 바로 그의 일부요, 분신이다. 그것은 그와 똑같지만 완전하게 똑같다고는 할 수 없는 그의 반자아이다.

하나의 인격이 그의 또 다른 인격인 반자아를 부르는 것은 조화를 향한 과정이다. 이 과정을 거쳐 완전한 인격에 도달할 때 우리는 앞서 언급한 대로 행복에 이른다. 그러므로 일레가 이미지를 찾는다는 것은 진정한 인격인 참된 자아를 찾아 행복에 이르겠다는 것을 의미한다. 반면에 히크가 추구하는 것은 이미지가 아니라 그 자신이다. 일레는 그 자신, 즉 현실적 자아의 표현이 당대인들의 희망이긴 하지만 그들의 작품에는 영감과 황홀이 없음을 지적한다.

그것은 요즈음 사람들의 희망, 그리고 그 희망의 빛으로
우리들은 점잖고, 예민한 정신을 찾아냈지만,
태연한 옛 솜씨는 잃어버렸소.
우리가 끌, 펜, 화필, 어느 것을 골라서 든다 해도,
우리는 단지 비평만 하거나 아니면 불완전한 창조를 할 뿐이오.

그들은 현실의 실제나 사실에만 의존하기 때문에 진정한 실체를 찾지 못한다. 따라서 그들은 창조하는 것이 아니라 단지 기록하는 셈인 것이다.

히크는 단테의 "움푹 파인 얼굴"을 예로 들어 과거에도 완전히 자신의 이미지를 찾은 사람이 있었다고 말한다. 일레는 단테의 움푹 파인 얼굴이 히크의 말대로 단테의 참모습이 아니라 그의 반자아의 이미지라고 대답한다. 그는 난잡한 생활 때문에 조롱을 받고 추방당하자 그에 대한 항거로서 자신의 얼굴과 정반대되는 움푹 파인 형상으로 자신의 얼굴을 조각했다는 것이다. 일레는 현실적 삶을 사랑했고, 그것에 기준한 행복을 발견했을 때 그것을 노래한 사람들을 경멸한다. 그들의 노래는 목적이 순수한 예술의 성취가 아니라, 부와 명성이라는 세속적 성취이므로 그것은 노래가 아니라 단지 행위이기 때문이다.

아니, 노래하는 것이 아니오.
속세를 사랑하는 사람들은 행동으로 속세에 봉사하고,

> 부자도 되고, 인기도 얻고, 권세도 잔뜩 누리기 때문에.
> 그러나 그들은 그림을 그리거나 써야 하오. 여전히 그것도 행위:
> 마멀레이드 속 파리의 분투.

일레에 의하면 키츠(John Keats)의 행복한 예술세계도 세상에 대한 그의 사랑에서 비롯된 것이 아니라, 불우한 환경에서 벗어나고픈 욕망에서 비롯된 것이다. 따라서 그의 행복한 노래는 그가 추구한 화려하고 기쁨 넘치는 세계의 이미지, 즉 반자아이다. 이렇게 서로 상반되는 자아와 반자아의 조화를 통한 시적 세계의 성취, 바로 그것이 일레가 열망하는 세계이다. 그러나 그것에 이르는 길은 멀고 험난하여 엄청난 고난을 감수한 후에야 그곳에 도달할 수 있다. 그것은 일레의 경우를 보면 알 수 있다. 그는 오랜 세월에 걸친 자기 연마와 고행으로 인해 비로소 반자아의 존재를 감지할 수 있게 되었다. 그러나 아직 그것과 동등한 입장에서 대화를 나누고, 대화를 주도적으로 이끌기보다는 그 존재의 속삭임을 듣는 수동적 입장이다. 또한 그것을 완전히 그의 것으로 한 상태도 아니다. 그러므로 그가 가야 할 조화에의 길은 아직도 요원하다.

4. 조화의 모색과 성장

이렇게 첨예하게 대립되는 자아와 반자아의 갈등은 『마이클 로바티즈와 무용수』에 수록된 「악마와 야수」에서 "회전체"의 이미지로 묘사된다. 이 시의 화자는 회전체 속을 선회하는 증오와 갈망이 뒤엉킨 마음 때문에 밤낮없이 고통을 겪어왔다.

> 밤낮없이 나를 괴롭히던
> 교활한 악마와 그 시끄러운 야수
> . . . .
> 비록 내가 회전체 속에서 오랫동안 선회했지만,
> 내 증오와 갈망 사이에서.

증오와 갈망이라는 이 두 개의 정념은 보다 완벽한 상태를 꿈꾸는 인간의 마음속에서 치열하게 대립하는 반자아와 자아에 해당하는 개념이다. 예이츠는 이것을 설명하기 위해 회전체라는 용어를 사용하였고, 또 이것을 "기본 회전체"와 "대립 회전체"로 구분하였다. 달리 "원추"라고도 불리는 이 회전체는 원추의 회전축을 따라 상하로 움직이는 직선운동과 그 축을 중심으로 도는 회전운동—회전축과 수직이 되게 절단했을 때 생기는 평면상의 운동—을 한다. 이 두 운동이 바로 공간과 시간, 객관과 주관을 대표하는 기본 회전체와 대립 회전체의 운동이다(Yeats, 1962b: 70). 이것들은 각기 태양과 달에 비유되어 전자는 이성과 도덕의 외부세계를, 후자는 상상과 심미의 내부세계를 대표한다. 이 두 개의 회전체는 언제나 동시에 서로 반대 방향으로 움직이므로 한쪽의 힘이 강화되면 그와 동시에 다른 한쪽의 힘은 약화된다. 따라서 양자는 서로 갈등과 긴장 관계를 유지한다(Ellmann, 1983: 153). 예이츠는 이 관계를 우리 인간의 심리활동에 적용하였다. 우리 속에 존재하는 기본 회전체가 강화되면 이성과 도덕의 객관적 조건이 강화되고, 대립 회전체가 강화되면 우리의 심미와 상상력의 주관적 조건이 강화되는 것인데, 양자가 동시에 강화될 수는 없고 한쪽이 강화되면 다른 한쪽은 약화된다.

바로 여기에서 갈등이 야기되는데 이러한 갈등에 따른 고통이 「악마와 야수」의 화자가 겪는 고통이다. 이 갈등은 양자가 통일되어 조화를 이룰 때 해소되며 그럼으로써 우리는 지복의 상태에 이른다. 이 시의 화자도 어느 순간, 그것에서 해방되어 순간적인 지복을 맛본다. 그는 지복의 상태 속에서 예술품과의 동화를 경험한다. 욕망에서 벗어남으로써 「세 은자」의 세 번째 은자가 그토록 갈망했던 죽음을 초월한 상태에 이른 그는 이미 오래전에 죽은 초상화 속의 인물들과 이심전심의 교류를 나눈다.

> 루크 웨딩 초상화의
> 죽음의 얼굴에 있는 반짝이는 눈이 내게
> 어서 오라고 하고, 오먼드 가족들은 모두
> 벽 위에서 고개를 끄덕인다.
> 심지어 스트래포드도
> 내가 그의 계획을 이해한 것을 알고는
> 기분 좋은 듯이 미소 짓는다.

이제 비록 그의 육체는 예술품 밖에 있으나 그의 영혼은 그 영역이 예술품 속으로까지 확장되어 그들과 정신적 교류를 나눌 수 있게 된 것이다. 「비잔티움으로의 항해」(『탑』, 1928)의 화자가 조화의 세계에 도달하기 위해 자신을 예술이라는 영원물로 변형시키고자 하듯이, 이 시의 화자도 예술품과 동화를 이룸으로써 정신적 예술화를 성취한 것이다.

증오에서 벗어난 그는 작은 호숫가에서 갈매기 한 마리가 원을 그리며 하강해 선회하면서 물보라를 일으키자, 거기서 새가 한 마리 나와 물을 가르는 것을 본다. 그에게 있어 새의 이미지는 중요하다. 그것은 시간도 슬픔도 없는 피안의 세계를 넘나들 수 있는 영적 매개체이다. 이러한 속성을 지닌 새가 그의 사심 없는 마음을 감지하고는 그와의 친화감을 그런 식으로 표현하였으니, 이때 그가 느낀 기쁨은 일체의 모순도 갈등도 없는 「저기에서는」(『3월의 만월』, 1935)의 세계에서 느낄 수 있는 질서와 조화의 기쁨일 것이다.

> 저기에서는 모든 원통의 테가 결합하고,
> 저기에서는 모든 뱀의 꼬리가 입에 물려 있고,
> 저기에서는 모든 소용돌이가 하나로 집중되고,
> 저기에서는 모든 행성들이 태양 속으로 사라진다.

이로써 그는 자연에 대한 승리를 이루었다. 그러나 그것은 정면적인 승리가 아닌 탓에 다시 원점으로 돌아온다. 좀 더 완벽한 승리, 즉 좀 더 완벽한 상태로 조화의 세계에 이르기 위해 원점으로 돌아 온 그는 이전과는 달리 마음의 안정을 얻는다. 이제 그는 편안한 상태에서 "성 안토니 일행"과 "황제들"로 상징되는 자아를 추구하는 삶과 반자아를 추구하는 삶 사이의 차이를 명상한다. 성 안토니 일행은 반자아를 인식하고 그것을 추구함으로써 자아와의 조화를 이루기 위해 고행의 삶을 보낸 결과 환희를 얻었지만, 일상의 안일만을 추구한 황제들은 왕관 이외에는 얻은 것이 없다. 화자는 물론 성 안토니 일행의 삶에 더 가치를 둔다.

예이츠는 이러한 환희의 상태를 「둥근 탑 아래」(『쿨호의 야생 백조』)에서 춤의 이미지로 나타낸다. 편안한 자아적 삶 대신 고행의 반자아적 삶을 택한 빌리 번(Billy Byrne)은 어느 날, 해와 달을 상징하는 금빛 왕과 은빛 왕비가 조화를 상징하는 둥근 탑 아래서 혼연일체가 되어 춤추는 꿈을 꾼다. 그들은 춤추는 사이에 무의식적으로 한 쌍의 지빠귀처럼 노래한다.

> 금빛 왕과 열정의 여왕은
> 손을 꼭 잡고 발꿈치 마주대고
> 바람결에 머리 흩날리며
> 별빛이 희미해질 때까지 노래 불렀지
> 그 왕비와 그 금빛 왕은
> 한 쌍의 지빠귀마냥 노래 부를 수 있었네.

오랫동안 갈망했던 자아와 반자아, 해와 달이라는 상반된 개념이 춤을 통해 통일되었을 때 소원을 이룬 자가 부르는 자연발생적인 노래, 바로 그것이 조화에 이른 자가 부르는 환희의 노래이다. 여기서 춤의 이미지는 조화를 상징한다. 그것은 예이츠가 『비전』에서 설명한 의지와 사고, 노력과 성취가 하나로 결합된 달의 제15상이다(1962b: 135). 춤과 하나가 된 무용수—금빛 왕과 은빛 왕비—는 바로 이 위상에 속한다. 잠에서 깨어난 빌리 번은 자아를 무시한 채 반자아만을 추구하는 삶은 무가치하다는 것을 깨닫는다. 진정으로 가치 있는 삶은 자아와 반자아가 통일된 조화로운 삶인 것이다.

춤의 이미지는 「마이클 로바티즈의 이중 비전」으로 이어진다. 마이클 로바티즈는 그의 내부에 대립되어 있는 두 개의 환상, 즉 어두운 달로 상징되는 "완전객관"과 만월로 상징되는 "완전주관"의 대립적 환상에 사로잡혀 진퇴양난에 빠져있던 차에 보름인 오늘 밤, 완전주관의 환상 속에서 스핑크스와 붓다 사이에서 꿈꾸듯이 춤추는 소녀를 본다.

> 폐허가 된 잿빛 성소 카젤 바위에서 나는 문득 보았다.
> 여자의 가슴을 하고 사자의 다리를 가진 스핑크스와
> 한 손은 부드럽게 하고, 또 다른 한 손은 치켜든
> 자비를 드리운 붓다의 모습을.
>
> 그리고 이들 한가운데서 놀고 있는 소녀를.
> 그녀는 인생 내내 마음껏 춤추어서
> 지금은 죽어 있으면서도
> 마치 무희를 꿈꾸는 듯이 보였다.

여기서 스핑크스는 "지성/ 서양/ 아폴로적인 것"을, 붓다는 "사랑/ 동양/ 디오니소스적인 것"을, 그리고 춤추는 소녀는 "존재의 통일과 예술의 이미지"를 상징한다. 소녀는 스핑크스와 붓다 사이에서 춤을 추는데, 이는 예술이 완전히 지적인 것도 완전히 감상적인 것도 아니며, 이 두 특질의 균형과 조화이기 때문이다. 말하자면 소녀는 양자의 특성을 조화롭게 겸비한 완벽한 예술, 더 나아가 자아의 완전한 실현의 상징이기 때문에 중간에서 춤을 추는 것이다. 소녀는 곁에 있는 스핑크스와 붓다보다 육체와 정신, 지성과 감성, 이미지와 사고를 조화시킴으로써 "생중사(生中死)"/ "사중생(中死生)" 경지에서 이원론적인 갈등을 극복할 수 있는 존재의 통일에 이르게 되는 것이다(한국예이츠학회, 2005: 280-281). 마이클 로바티즈가 고통 속에서 희구했던 조화의 상태는 지성과 감성, 객관과 주관, 그리고 자아와 반자아를 융화시켜 한 몸에 지닌 채 무아지경으로 춤추는 소녀의 모습으로 이루어진 것이다. 이러한 조화의 양상은 이후 후기 시에서 더욱 성숙된 모습으로 완성된다.

5. 나가며

지금까지 『초록 투구와 기타 시편들』, 『책임』, 『쿨호의 야생 백조』, 『마이클 로바티즈와 무용수』 등에 수록된 예이츠의 중기 시를 인문치료적 관점에서 살펴보았다. 인문치료는 인문학적 정신과 방법으로 마음의 건강과 행복한 삶을 위해 인문학 각 분야 및 연계 학문들의 치료적 내용과 기능을 학제적으로 새롭게 통합하여 사람들의 정신적 · 정서적 문제들을 예방하고 치유하는 이론적 · 실천적 활동인 바, 그 방법론 중의 하나인 시치료의 원리—시 감상 및 창작을 통해 삶의 위기를 극복하고 자아성장을 이룸으로써 타인과 세상을 새로이 인식하고 삶의 변화에 대처해 나갈 수 있는 힘을 기르는 행위—와 이 시기에 나타난 예이츠의 창의적 글쓰기, 즉 시작(詩作)을 통한 외적자아의 수용과 내적자아와의 조화의 모색 과정이 서로 부합하기 때문이다.

30대에 접어든 예이츠는 그간 추구했던 이상이 현실과 유리된 것임을 깨닫는 여러 가지 사건들에 직면하게 됨으로써 새로이 현실을 인식하게 된다. 이러한 과정은 시인으로 하여금 현실감의 결여라는 초기시의 단점을 극복하고 현실과 밀착된 시를 씀으로써 더욱 성숙된 시세계를 구축하게 하여 이전보다 더욱 사실적 · 객관적으로 성장 · 변모하게 한다. 예이츠는 자아와 반자아의 갈등을 통한 조화를 그의 중기시의 추구 대상으로 삼았다. 반자아는 현실적 자아에 대한 이상적 자아로 서로 상반되는 개념이지만, 한 인간의 인격에서 그의 정체인 자아를 그의 이상—즉 반자아—과 구분할 수 없듯이 양자는 서로 밀접한 관련을 지닌다. 이러한 속성을 지니는 자아와 반자아가 조화를 이루기 위해서는 갈등이 필연적이며 그것은 이전보다 더욱 극적인 긴장감을 띠며 전개된다. 예이츠는 그 갈등의 괴로움과 고통을 좀 더 구체적으로 나타내기 위해 「세 은자」와 「나는 그대의 주인」 등의 시에서는 가면의 이미지를, 「악마와 야수」에서는 회전체의 이미지를 사용하였고, 「둥근 탑 아래」와 「마이클 로바티즈의 이중 비전」에서는 갈등이 해소된 조화의 상태를 춤의 이미지로 묘사하였다. 이처럼 서로 상반된 요소의 갈등을 해소시켜 조화에 이르려는 노력은 이후에도 계속되어 후기 시에서 육체와 영혼의 갈등을 통한 조화라는 더욱 성숙된 모습으로 나타난다.

이렇게 볼 때, 예이츠의 중기시는 새로이 현실을 인식하고 자아의 성장을 이룸으로써 더욱 지혜롭게 변모했다고 볼 수 있으며, 이러한 주제는 시치료, 더 나아가 인문치료의 목적과 맞닿아 있다. 말하자면 예이츠는 창의적 시 쓰기를 통해 "시는 즐거움에서 시작해 지혜로움으로 끝난다"는 프로스트(Robert Frost)의 시론을 구현했을 뿐 아니라, "시인이란 자신이 발견한 진실에 대해 말하는 사람이며, 자신의 감당하기 어려운 고통이나 벅찬 기쁨을 안겨주었던 특별한 순간들에 대해 글 쓰는 사람들"이라는 민티(Judith Minty)의 시인론을 구현한 셈이다. 그러므로 이 글은 창의적 시 쓰기가 어떻게 시인을 새로운 현실인식 및 갈등의 치유와 성장으로 이끌었는가를 고찰한 것이다.

참고문헌

강원대학교 인문과학연구소 (편). 『인문치료』. 춘천: 강원대학교출판부, 2009.

변학수. 「시치료와 문학적 경험」. 『독어독문학』 제10집(2006): 267-300.

Beum, Robert, *The Poetic Art of William Butler Yeats*. New York: Ungar, 1969.

Ellmann, Richard. *Yeats: The Man and the Masks*. New York: Norton & Company, Inc., 1979.

Ellmann, Richard. *The Identity of Yeats*. London: Faber & Faber, 1983.

Heninger, O. E. "Poetry Therapy in Private Practice." *Poetry in the Therapeutic Experience*. Ed. A. Lerner. New York: Pergamon Press, 1978. 56-62.

Heninger, O. E. *Poetry Therapy in Private Practice: An Odyssey into the Healing Power of Poetry*. New York: Longman, 1994.

Hynes, A. M., & Hynes-Berry, M. *Biblio/Poetry Therapy: The Interactive Process-A Handbook*. 3rd ed. St. Cloud. MN: North Star, 2012.

Reiter, S. "Poetry Therapy: Testimony on Capitol Hill." *Journal of Poetry Therapy* 10-3(1997): 169-78.

Yeats, W. B. *Mythologies*. London: Macmillan, 1962a.

Yeats, W. B. *A Vision*. London: Macmillan, 1962b.

Yeats, W. B. *The Collected Poems of W. B. Yeats*. London: Macmillan, 1976.

※ 이 글은 필자의 논문 「예이츠의 중기시에 대한 인문치료적 접근 : 새로운 현실 인식과 성장」(『인문과학연구』 제35집 (2012): 581-603)을 수정 · 보완한 것이다.

영상 자화상의 치료적 특성

정 락 길

1. 들어가며

영상은 현대의 매체 환경을 규정짓는 핵심 키워드이다. 영상 이미지의 범람이 제기하는 다양한 문제들에 대해 우리 문화와 학계는 지난 20년 동안 많은 고민과 실천적 모색을 해왔고 그 속에서 소위 이미지 시대가 제기하는 인식론적, 심미적, 윤리적 문제를 두고 여러 진단과 연구를 수행해왔다. 이러한 진단과 연구가 성공적으로 진행되고 있는지에 대한 답변은 여전히 미지수이지만 영상으로부터 제기되는 사회 문화적 변화를 문명의 쇠락으로 파악하는 관점은 시대에 뒤떨어진 주장이 되었음은 분명해진 듯하다. 영상을 현대 사회 환경의 핵심적 키워드로 사유해야 한다는 시대적 요청은 영상을 단순히 해부학적 눈의 국소단위로 바라본다는 것이 아니라 환경, 육체, 마음의 통합적 관계로부터 영상의 문제를 사유해야 함을 의미한다 할 수 있을 것이다. 이미 체화이론은 인간의 시각이 눈으로 대표되는 해부학적 단위로 국소화되어 나타나는 순수 시각이 아니라 살아있는 시각(animated vision)이며 이러한 살아있는 시각 행위들은 생명체와 환경과의 진화적 결합(coupling)에 의해 이해되어야 함을 지적한바 있다(이영의, 43쪽).

이러한 시대적 흐름으로부터 인문학을 통한 마음 치료의 모색이라는 기치 하에 인문치료는 탄생 초기부터 영상을 인문치료의 주요한 분과로 선택하였으며 인문학적 사유와 영상과의 결합을 통해 마음 치유의 가능성을 모색하여 왔다. 프로이드로부터 구체화된 전통적인 마음 치료의 과정은 크게 개인의 과거로부터 형성된 상처와의 고통스런 대면과 주체적인 자기 성찰의 과정을 통해 이루어진다. 지금의 나를 형성하는 과거는 현재적 시점으로부터 끊임없이 무의식으로부터 회피되고 변장되어 진다는 것이 프로이드의 전언이며 인문치료 역시 이러한 대면이 쉽지 않은 과정임을 이미 제기하고 있다. 그래서 인문학의 콘텐츠를 매개로 한 인문치료적 접근은 인문학의 콘텐츠가 적절히 내담자와의 만남의 장에서 구조화되고 소통된다면 내담자의 방어기제를 느슨하게 하고 내담자 자신이 과거와의 대면을 자연스럽게 동시에 주도적으로 행할 수 있는 가능성을 열 수 있음을 주장해 왔다. 하지만 과거와의 대면, 과거의 사건을 기억해 내는 것 자체만으로 치료의 본질적인 목적에 다가섰다고 주장할 수는 없다. 왜냐하면 기억의 회복은 일종의 매개 변인으로 깊이 있는 소통을 향한 가치 있는 채널로서 기능할 뿐이기 때문이다.

어떻게 내담자와의 깊이 있는 소통을 향해 갈 수 있을까 ? 이러한 마음 치료의 목적에서 영상은 어떤 치료적 가능성을 제기하고 있는 것일까? 영상이 지닌 현재의 치료적 가능성은 다음과 같은 점에서 충분히 주장될 수 있을 것이다. 첫째로, 영상이 현 시대 문화 환경의 주요한 매체라는 점이다. 그래서 수용성과 접근성이라는 측면에서 중요한 이점을 지니고 있다는 사실이다. 두 번째로, 영상은 문자와 달리 무의식적 차원과 일차적으로 연관되어 있기 때문에 특히 치료의 중요한 매체로서 기능할 수 있다는 점이다. 왜냐하면 영상은 과거의 깊은 층의 기억(암묵 기억)의 시작을 알리는 자극제로서 기능할 수 있기 때문이다. 암묵 기억은 감각운동적이고 정동적(affect) 경험으로 이루어져 있으며, 의식으로 고정화되지 않은 신체화된 기억이다. (알프레드 비온은 자신의 치료 과정에서 '정감적 촉매' '알파요소' '베타요소'의 개념들을 사용해 사고되지 않은 영역인 베타요소가 원시사고의 영역인 알파요소와 어떻게 관계를 맺으며 이 과정에서 정감적인 경험을 일으키는 촉매의 중요성을 언급하고 있다. 비온의 사유를 적용한다면, 영상은 정감적 촉매로서 기능할 수 있는 응집적 매체로 정의할 수 있을 것이다. 조안 & 네빌 시밍턴 지음, 29 쪽) 그래서 잘 선택된 영상 이미지는 이러한 신체화된 기억을 향한 전언어적 매체로서 기능할 수 있다. 영상이미지는 인문치료의 공감과 통찰이라는 주요한 두 가지 통합적 치료 과정에서 위와 같은 활성화 과정의 중요한 중간 매체이기도 하다.

문제는 영상의 치료적 가능성을 어떻게 치료 과정 속에서 구체적으로 실천화 할 것인가에 있다. 암묵 기억이 뻗쳐 있는 지역은 상담자와 내담자 사이의 문제 해결의 출발점이고 이러한 정서적 흐름의 포착은 너무도 중요한 치료적 실마리이기도 하다. 이후의 논의에서 구체화되겠지만 영상은 정확한 의식적 개념이나 동일시적 핵심으로 고정되기 보다는 내담자의 정서적, 정동적(affectif)

회상의 분위기를 형성하면서 내담자와의 자연스런 공감의 관계로 나아가는데 유용하다. 이 논문은 영상을 통한 치료적 모색은 어떻게 가능할까 라는 문제의식에서 출발해 영상 전공 학생을 대상으로 진행한 수업의 실험적 결과들에 기반해 있다. 하지만 주요한 의도는 영상이 인문치료 내에서 유의미한 매체로 사용될 수 있는 가능성을 이론적, 실천적으로 제시하고 그 구체적 가능성으로서 영상자화상 만들기의 치료적 가능성의 탐색에 중점을 두고 있다. 영상 활용 인문치료의 하나의 가능성으로서 영상자화상 만들기는 통합적 치유론 으로서의 인문치료의 내용을 확장하고 튼튼히 하는 데 그 목적이 있음을 미리 밝히는 바이다.

2. 영상 자화상(visual self-portrait) 만들기의 이론적 배경

2.1 영상 자화상 만들기 실험 배경

영상자화상 만들기는 2012년부터 영상 전공 학생을 대상으로 한 '영화 치료' 교과목 수업과정의 일환으로 실행한 작업이다. '자기 성찰을 통한 자존감 고양'이라는 목표 하에 진행된 영상 자화상 만들기는 소위 '저널 치료' 혹은 '자서전적 글쓰기'의 방법에서 착안해 영상을 통해 이루어지는 자기 성찰적 가능성을 모색하고자 시도한 방법이었다. 이미 저널치료 혹은 자서전적 글쓰기에 대한 기존의 연구들이 공통적으로 제시하는 치료 효과는 삶의 경험 중 의미 있는 사건을 자발적으로 표현한 글을 통해 글쓰기의 주체가 감정을 털어놓고 타인과의 공감대를 형성하게 되며 타인에 대한 이해 능력을 신장시킬 수 있다는 점에 있음을 제시하고 있다(최숙기, pp. 201-211). 또한 이러한 글쓰기 작업은 자아 성찰, 과거 체험의 정리, 자기 인지, 자기 정체성 확립, 과거의 부정적 체험의 극복과 치료, 타인의 삶에 대한 경청을 통한 인간 이해, 새로운 전망의 획득이라는 여러 장점을 지니고 있음을 제시한 바 있다(고혜원). 영상 자화상 만들기는 이러한 자전적 글쓰기의 치료적 효용성을 영상 제작의 과정을 통해서도 실현 가능할 수 있다는 생각으로부터 기인한 방법이라 할 수 있다.

영화의 탄생이후 가속화된 다매체환경의 변화는 흔히들 영상의 등장이 문자 문화를 기반으로 한 출판문화에 타격을 가했고 독서와 글쓰기의 과정이 지닌 성찰적 가능성을 축소시켜 왔음을 비판적으로 고찰하고 있다. 그래서 영상은 매우 수동적이며 인간의 상상력이나 사고력을 약화시키는 매체로 평가 받아 왔다. 하지만 영상이 수용자들과 맺는 관계는 그리 단순하지 않고 오히려 문자, 이미지, 동영상, 음악 등등의 다양한 영상 매체의 자료들을 결합할 때 새로운 영상 읽기와 쓰기의 가능성이 발견될 수 있고 이러한 점에 대해서는 문화 교육 현장에서 이미 여러 번 언급된 사실이기도 하다. 마음 치료의 분야에서도 이미 영화나 영상은 내담자와의 자연스런 공감의 관계를 구축하고 그들의 삶과 통합된 상담의 도구로 적극적으로 활용되는 주요한 매체로 자리 잡고 있기도 하다. 하지만 영상 활용 마음 치료의 대부분은 현재 감상 중심의 활용에 머물고 있으며 영상이 지닌 매체적 특성을 적극적으로 활용한 제작 중심의 치료는 거의 부재한 것이 현실이기도 하다.

영상 자화상 만들기는 치료 분야에서 영상을 표현적인 측면에서 적극 활용하고자 하는 의도에서 기획되었다. 왜냐하면 내담자와 깊은 관계를 맺고 있는 영상은 문자보다도 개인의 내밀한 체험이 응축되어 있고, 그래서 내담자와의 자연스런 연상과 공감에 유용한 매체이기 때문이다. 중요한 점은 영상 제작 방식이 치료적 관점에서 잘 구조화 되어져야 한다는 점이고 그렇게 된다면 영상 역시 과거 상처의 대면, 자기 인지, 자기 성찰과 같은 치유의 성찰적 도구로서의 가능성을 지닐 수가 있기 때문이다. 요약하자면, 영상자화상 만들기는 크게 치료적 글쓰기로서의 자서전의 성격에 대한 고민과 소위 '다큐 에세이'라 불릴 수 있는 자전적 다큐멘터리 작품들로부터 착상을 얻어 통합적으로 구성한 영상 제작치료의 실천 방법이다. 문제는 영상을 치유 분야에서 활용할 때 영상이 내담자에게 건네주는 특수한 치유 속성에 대한 규명이 필요하다는 점이다. 글쓰기와 구별되는 영상을 활용한 치유의 특성을 제시하기 위해 우선 논문은 이론적인 관점에서 '영상 자화상'의 개념을 살펴보고자 한다. 그래서 논문은 영상 자화상 만들기의 모티브가 되었던 자서전적 글쓰기를 살펴 본 후 자서전적 글쓰기 치료와 변별되는 영상 자화상 만들기의 윤곽을 그려내면서 그 치료적 가능성을 이론적으로 검토하도록 하겠다.

2.2 자서전과 자화상

필립 르죈(Philippe Lejeune)의 정의에 따르면 자서전은 기본적으로 일인칭의 관점으로 쓰여진, 하지만 이인칭과 삼인칭의 시점이 배제되지 않는 회고적 자기 서사, 즉 화자(narrateur)와 저자(auteur)가 동일하다는 전제를 지닌 회고적 구성의 서사라는 사실이다. 르죈은 일기와 자서전의 차이를 두 가지 점에서 구분하고 있는데 자서전은 무엇보다 독자와 저자 사이의 어떤 계약(pacte)을 전제한다는 점이다. 반면에 비밀의 고백으로서의 일기는 타인과 독자의 존재를 배제한 글쓰기라는 점, 그리고 일기가 서사적 구성의 완결성에 치중하기 보다는 에피소드적 나열과 내면적 고백에 치중한다는 점에서 자서전과 구별되어 진다고 르죈은 주장하고 있다. 또한 자서전은 상호 보완적인 두 가지 움직임 속에서 서술되어 지는데 한편으로는 내적인 삶에 대한 저자의 방법적 관찰인 내사(introjection)의 움직임과 과거의 사실에 대한 퇴행적 시선인 회고(rétrospection)의 움직임으로 서술되어 진다는 것이다. 그리고 자서전에는 독자에 대한 의식에서 기인하는 미적 장식이 존재하고 현재의 나와 과거의 나 사이의 시간적 차이가 존재하며 고통스런 기억에 대한 억압이 존재한다. 마지막으로 자서전은 시대에 따라 부과되는 도덕적 검열이 존재하는 문학적 장르로서 정의되어 진다(필립 르죈, p.17).

특수한 문학 장르인 자서전을 문학 기호학적 입장에서 서술하고 있는 르죈의 자서전의 정의가 보여주듯이 과거의 기억을 소환

하는 회고적 기능과 내사와 같은 반성적 과정이 이러한 글쓰기 과정에 필수 불가결한 요소로서 제시되고 있음을 확인할 수 있다. 그래서 캐슬린 아담스(Kathleen Adams)는 자서전 쓰기의 과정 속에 존재하는 회고적 기능과 반성적 과정 자체의 치유 속성을 주목하여 '저널치료'를 마음 치료의 중요한 한 분야로서 제시하고 있다. (자서전과 일기는 무엇보다 사적인 정도의 차이에 의해 구별되어 진다. 자서전이 출판을 목적으로 하기에 상대적으로 서사적 완결성과 자기 미화, 시대적 제도와 그 사회 속에서 살아갈 수밖에 없는 개인의 공적, 사적 검열을 그 특징으로 한다면 일기는 개인의 감정을 기록하거나 개인의 마음 속 깊은 곳에 숨겨져 있는 감정을 표현하는 가장 원초적인 자기애적 성향이 농후한 장르라는 점에서 자서전과 구별된다고 할 수 있다. 조성웅, pp. 362-363.) 하지만 자서전과 일기는 자기 배설적 기능, 자기 인지적 기능 그리고 자아의 내면적 성찰을 통해서 자기 인식을 확장해 나갈 수 있다는 점에서 반성적 치유 가능성을 지니고 있으며 이러한 점이 캐슬린 아담스가 주목하고 있는 저널치료의 가능성이다. 저널 치료에서 저널은 철저히 사적인 일기와 달리 글쓰기 자체가 상담의 자료와 매체로서 사용되고 어떤 의미에서 상담자를 독자로 한다는 점에서 에고티즘이 강한 일기와는 변별되어진다고 할 수 있을 것이다. 그녀에 따르면 '저널 치료'는 다음과 같은 치료적 효과가 있다. 우선, 자서전의 형식을 빌은 글쓰기의 치료적 효과는 마치 서예를 통해 자신을 단련하는 행위처럼 글쓰기 행위 자체의 치료적 효과가 존재한다. 그리고 이러한 글쓰기에서 자기 내면이 드러나게 되고 이러한 내면에 대한 객관화의 작업이 자연스럽게 진행되게 된다는 것이다. 그래서 자서전적 글쓰기를 통해 자기 이해의 행위, 자기 수용의 과정 그리고 불안이나 슬픔, 추함이 표현되어지는 자기 개방의 과정이 진행되어 진다고 기술하고 있다(캐슬린 아담스).

우리는 간단히 자서전 쓰기의 치료적 효과를 글쓰기 행위 자체의 치료적 요소, 자기 인식, 객관화, 자기 개방성 등으로 정리할 수 있을 것이다. 그런데 논의의 흐름상 문학 장르 내에서 엄밀한 의미의 자서전과 자화상의 차이에 대해 간단히 살펴 볼 필요가 있다. 왜냐하면 영상 자화상은 엄밀한 의미의 자서전이 전제하는 서사적 충실성을 상당부분 결여하고 있기 때문이다. 자서전은 글 쓰는 주체가 중립적이고 침묵적인 시간성을 하나의 인과적이고 순서적인 방향으로 시간화하는 것으로 시간의 경험을 이해 가능한 방식으로 구체화 하는 것에 방점을 두고 있다. 그래서 자서전에 중요한 것은 연속적인 에피소드들이 어떻게, 왜, 결론으로 이끌려지는 가의 문제가 중요하다. 그런데 문학 장르로서 미셸 보주르(Michel Beaujour)에 의해 정의된 자화상은 회고적 시선에 따른 연속적이고 일관적인 이야기의 구성에 치중하는 자서전과는 다르게 단편적이고 불연속적이며 성찰과 해설, 그리고 여담에 끊임없이 종속되는 특징을 지닌 장르이다. 보주르는 『글쓰기의 거울, Miroirs d'encre』 이라는 저작에서 몽테뉴의 『수상록』, 루소의 『고독한 산책자의 몽상』, 말로의 『반회고록 Antimémoire』, 바르트의 『롤랑 바르트가 쓴 롤랑 바르트』의 자전적 글쓰기를 연구하여 문학적 자화상 이론을 제기하고 있다. 그에 따르면 문학적 의미에서의 자화상은 자서전과 동일한 의미를 지니고 있지 않은 장르로서 흔히 에세이, 혹은 명상록(méditiation)에 해당되는 장르라고 할 수 있다. 이러한 장르의 특성은 무엇보다 일관적인 연대기적 서사(사건들의 연속적인 배열)를 지니지 않는다는 점에서 자서전과 구별되어 진다. 또한 문학적 자화상은 주제적인 지향성에 기반 하는 연상적인 순서, 예를 들면 '노화와 죽음' '무한' '누이' 등등의 제목 하에서 회상과 꿈 그리고 저자의 소망(환상) 혹은 사유 등이 분화되어 나타난다는 것이다. 마지막으로 자서전이 회고적 관점에 치우쳐 있다면 문학적 자화상은 현재적 시점에 중심을 두고 있다는 것이다. 보주르에 따르면 문학적 자화상은 기억과 망각의 그물 안에서 지각, 감각, 감정과 경험의 비연대기적인 내면성의 광범한 공간에 위치하고 있다고 정의하고 있다(이가야).

2.3 영상 자화상

앞에서도 간략히 언급했듯이 영상 자화상은 자전적 글쓰기에 대한 기존의 치유적 성과와 영상의 치유적 활용 가능성의 모색이라는 고민이 결합되어서 태동된 시도임을 진술한 바 있다. 그런데 영화에서도 역시 이러한 자서전의 성격과 유사한 방식으로 작품 활동을 하는 작가들이 존재한다. 프랑스의 일군의 중요한 영화 작가들의 작품에는 개인의 상처와 고민을 영상을 통해 드러내는 치유적 성격의 영화들이 존재한다. 아녜스 바르다(Agnès Varda), 장 뤽 고다르(Jean-Luc Godard), 알렝 카발리에(Alain Cavalier), 크리스 마르케(Chris Marker), 샹탈 아케르만(Chantal Akerman) 등은 기존의 고전적 다큐멘터리들이 지닌 정보 전달에 중심을 둔 교육적이고 계몽적인 성격의 다큐멘터리와 달리 현실과 세상에 대한 영화 작가의 주관적 시선은 물론, 작가의 개인적 경험과 기억, 나아가 작가 자신을 다큐멘터리 텍스트의 일차 재료로 삼는 자전적 다큐멘터리(auto-documataire)를 실천해 왔다. 이러한 다큐멘터리의 카메라는 카메라를 자신의 눈과 펜으로 삼아 자족 혹은 무명의 개인의 과거를 응시하면서 개인의 삶에 침전된 이야기를 드러내는 기능을 수행한다는 점에서 자전적 다큐멘터리라고 불리어 왔다. 작가 자신이 서사를 이끌어 간다는 점에서, 하지만 모호한 일인칭 시점으로 전개되는 자전적 다큐멘터리는 일기, 편지, 여행기, 앙케이트등 다양한 형식을 통해 개인 경험과 기억, 세상과 영화에 대한 고민과 성찰까지 포함하는 작가의 사유와 정서를 주요한 텍스트의 재료로 삼는 치유 성격의 영화들이다.

그들의 작품은 물론 자기 반영적이고 성찰적인 시선을 통해 구성되는 개인적이고 내밀한 자기 고백의 차원에만 머물지는 않는다. 작가의 경험과 그의 내밀한 기억, 그리고 그의 시선에 의해 탐구되고 해석되는 세상과 현실을 작품은 복잡한 방식으로 교차하며 표현하고 있다. 그런데 이들의 실천에서 유의미하게 살펴보아야 할 점은 첫째 이러한 자전적 다큐멘터리에서 서사 방식이 글쓰기의 서사 방식과 다르게 나타난다는 점이다. 한편으로 내레이터의 목소리나 자막은 이미지를 설명하고 이미지가 읽혀져야 하는 방향성을 제시한다. 다른 한편으로 이미지 자체가 관객의 구성적 과정에 정보를 제공하기도 하고 중요한 정서적 느낌을 전달해 주기도 한다는 점이다. 이러한 점에서 이러한 작가들의 다큐멘터리는 자서전적 글쓰기의 일인칭 시점을 벗어나 있고, 제작주체의 시점으로 즉각적으로 환원되지는 않는다. 물론 다양한 이미지들은 작가의 내면의 반영이기도 하지만 서사적 일관성과는 다른 모호한 반향들을 지니고 있다는 점에서 자서전적 글쓰기와 달리 이미지가 중요한 역할을 한다는 점이다. 그래서 이러한 장르들은 다큐 에세이에 가깝다고 할 수 있다. (다큐 에세이는 크리스 마르케(Chris Marker)의 영화들에 대해 앙드레 바쟁(André Bazin)이 '다큐를 이용한 에세이(un essai documenté par le cinéma)'로 명명한 이후 다양한 영화 작가들이 이미지와 텍스트 그리고 말과 음향의 자유로운 충돌과 변주에 의해 제작한 일련의 영화들에서 기인한다. 이러한 다큐 에세이는 객관성과 공공성이라는 다큐멘터리의 정형화한 특성을 극복하고 일기, 편지, 여행기, 메이킹 필름(making film), 반영적 성찰성을 특징으로 하는 미장아빔(mise en abyme) 형식의 빈번한 차용, 역사적 자료 필름, 정지 이미지, 디지털 합성 이미지를 혼융해 세상과 현실에 대한 질문과 그 속에서 살아가는 작가 자신에 대한 질문이 열린 방식으로 전개되는 실험적 장르라고 할 수 있을 것이다. 차민철, p.53.)

그런데 우리가 위에서 살펴 본 보주르의 문학적 자화상론은 비록 문자와 영상 이미지라는 표현 물질의 차이에도 불구하고 이러한 다큐 에세이의 특징과 거의 유사한 성격을 띠고 있다. 보주르는 특히 일련의 문학자화상에서 장소성을 강조하고 있는데 그의 논의는 다음과 같다.

1. 생각을 하는데 있어서 이미지는 필수 불가결하다 : 그러므로 자발적인 회상은 이미지에 도움을 청한다.
2. 회상은 유사성과 대립성 그리고 근접성의 관계를 적용하는 여러 시퀀스들과 관계 맺어진 장소의 여정에 따라 행해진다.
3. 회상은 시퀀스들의 순서와 규칙에 따라 조장된다.
4. 결국, 공통된 의미 속에 위치해 있는 기억과 상상력은 변증적이고 유사성의 원칙에 따라 실행되어 진다. (이가야)

보주르의 주장이 제시하듯이 그의 문학적 자화상론은 이미지의 연상성을 강조하고 있고 사건의 연대기적 서술성 보다는 장소성, 장소와 연관된 사물의 묘사, 이러한 묘사와 현재적 시점과의 지속적인 교환, 개인과 세계에 대한 이미지의 파편적 개입 등을 주요한 특징으로 한다. 이러한 특징은 영상 자화상의 형식에서 여실히 드러나는 특징이기도 하다. 삼년간에 걸쳐 영상 자화상 만들기 과정을 수행하면서 학생들의 작품을 관찰해보면 그들의 작품들은 사건 중심의 서술이라기보다는 주로 구체적인 장소들을 중심으로 전개되며 이러한 장소와 연관된 가족과 사물들의 이미지(가족들의 사진, 침대, 자주 가는 골목, 가족과의 추억이 깃든 장소, 어릴때의 나무, 인형, 카페 등등) 로 구성되어 있다. 이러한 이미지들은 파편적(일관적인 서사적 원리에 따른 구성이 아니라는 의미에서)이며 이미지들과 관련된 텍스트와 그들 자신의 목소리가 현재적 시점에서 이미지의 의미를 연관시켜 포착하게 해준다.

영상 자화상은 시간, 공간, 재현 대상에 있어서 그래서 다음의 표와 같은 특성을 지니고 있다.

〈표 1〉

시 간	비 연대기적, 기억의 소환에 있어서 파편적
공 간	장소의 중요성
재현 대상	(자신과 연관된) 가족, 사물들

영상 자화상에서 나타나는 중요한 특징은 서술이 일관적인 방식으로 전개되기 보다는 장소의 지속적인 변화를 그 특징으로 한다는 점이다. 또한 사물들, 풍경, 가족의 모습들이 다양한 방식으로 재현되어 나타나는데 이러한 이미지들은 제작 주체의 어떤 주제 하에 자유로운 연상 방식으로 포착된 이미지들이다. 또한 이러한 이미지들은 영상 자화상을 구성한 자의 장소와 사물들에 대한 개인적 애착과 불안이 깃들여 있는 이미지들이고 모호한 방식으로 노출되어 있는 자신의 삶과 사회와 환경과의 관계에 대한 자기인식이 응축되어 있는 이미지들이라고 할 수 있다.

3. 영상 자화상 만들기의 과정

'자기 성찰을 통한 자존감 고양'이라는 의도 하에 시행된 영상 자화상 만들기는 총 9회기의 과정을 통해 진행되었다.

〈표 2〉

1	단편영화 감상 (〈비〉, 〈산책〉, 〈불청객〉)
2	영상 자서전 만들기의 기획의도 설명
3	자신에게 관련된 이미지의 자유로운 구상 - 주제의 결정
4	기획서 작성 - 발표
5	영상의 포착
6	영상의 연결(1차 편집)
7	최종 편집 : 효과 넣기 - 음악, 문자, 다양한 미적 장식의 과정
8	영상 상영 - 발표하기 (발표문 작성)
9	최종 글쓰기 : 자신의 제작과정에 대한 거리화된 글쓰기

영상 자화상 만들기의 첫 번째 과정은 세 편의 단편 영화를 감상하고 이 영화의 인상과 의미에 대해 함께 이야기를 나누는 것으로 시작한다. 세 편의 단편 영화는 요리스 이벤스(Joris Ivens) 감독의 1929년 다큐멘터리 작품 〈비, Regen〉와 2011년 학생 작품 쉬 젱이(Shi Zhengyi)의 〈불청객, Intruder〉, 그리고 2012년 박 민선의 〈산책, A Walk〉이라는 학생 작품이다. 〈비〉는 암스테르담의 비오는 풍경을 거울, 물, 창문과 같은 반영적인 이미지를 통해 구성한 작품이다. 매우 익숙한 우리 주위의 풍경들이 이미지

로 전환되었을 때 낯선 이미지로 다가설 수 있으며 학생들 자신들에게 반성적 가능성과 새로운 의미를 생성해낼 수 있음을 이야기하기 위해서 선택한 작품이다. 쉬 젱이의 〈불청객〉은 대학에 입학하여 도시로 떠나가는 여학생에게 어머니가 자신의 애인을 소개시키고 이러한 변화에 대한 주인공의 저항과 불안을 독특한 내면적 영상으로 표현한 성장통을 다룬 학생작품이다. 마지막으로 〈산책〉은 아버지와 단 둘이 살던 대학원 재학 중의 여학생이 아버지의 상을 치르고 아버지 유품의 정리, 여러 고지서등의 사무 등을 처리하는 과정, 버려진 개와의 만남 등의 1박 2일에 걸친 자잘한 애도 후의 일상을 담담한 방식으로 다루고 있는 작품이다. 세 작품의 공통적 특성은 20분이 안 되는 짧은 소품과 같은 단편들이라는 점이다. 우선, 영상 자화상 만들기를 처음 접하는 학생들에게 영상 자화상 만들기의 형식을 적절히 보여주는 작품들을 소개함으로써 전체적인 윤곽을 그려내도록 하기 위해 이러한 작품 감상 시간을 마련하였다. 또한 학생들의 졸업 작품에 해당하는 두 작품(〈불청객〉과 〈산책〉)을 선택한 이유는 변화와 상실에 대한 느낌이 동세대로서의 학생들과 교감을 이룰 수 있을 것이라 생각했고 이러한 작품들이 영상 자화상 만들기의 치유적 의미를 제안하고 있다고 생각했기 때문이다. 이 영화의 감상 이후 마음에 드는 작품에 대해 나누어준 노트를 통해 학생들의 감상평을 간단히 쓰게 하도록 하면서 첫 번째 과정을 마무리 하였다. (많은 학생들을 대상으로 했기 때문에 충분한 상담시간이 절대적으로 부족하여 노트로 대신 하였다. 인문치료의 회기 과정에서 영상자화상 만들기를 시행할 시에는 충분한 상담시간이 이 회기에 필요할 것이라 생각된다.)

표 2의 2에 해당하는 과정은 학생들에게 영상 자화상 만들기의 기획의도를 설명하는 시간이다. 제작 과정에서 중요한 것은 작품의 완성도에 있는 것이 아니라 자신이 감당할 수 있는 최대한의 성실성과 솔직성을 가지고 영상을 만들어 보는 것임을 주요한 원칙으로 제시하였다. 이러한 영상 만들기를 통해 자신의 독자적이고 고요한 면을 발견하겠다는 결심이 중요하며 이 과정동안 자기방어로부터 자신의 억압적 요소를 해방시키는 도약의 과정이 되기를 제안하였다.

표 2의 3에 해당하는 과정은 자신에게 관련된 이미지의 자유로운 구상을 통해 주제를 결정하도록 제안했던 과정이다. 자유로운 구상을 강조한 이유는 주제의 선택에 있어서 상담자(필자)의 의견이 개입되어서 부담감을 줄 수도 있다고 판단하였으며 학생들의 입장에서의 저항과 방어의 기제를 완화하여 자연스런 참여를 이끌기 위해 의도되었다. 그래서 무엇보다 자기와 관련된 이미지의 자유로운 구상을 강조하면서 자신의 일상과 이미지의 관계, 혹은 과거의 기록된 이미지들을 관찰하면서 이야기 할 주제를 선택하도록 제안하였다. 표 4의 과정은 기획서의 작성에 해당한다. 주제의 선택이후 기획서를 작성하게 하였는데 이 과정은 수업에 참여한 학생 모두에게 의무적 사항이기도 하였다. 그 이유는 무엇보다 이러한 과정의 공식성을 강조하여 집단 역동을 이끌어내고 최소한의 책임성을 부여하기 위함이었다. 그리고 발표는 지원자에 한

하여 시행하도록 하였는데 발표의 과정 자체가 자기 인지와 주제를 구체화하는데 도움이 된다고 생각했기 때문이다.

표의 5,6,7의 과정은 구체적인 영상 자서전의 제작과정이다. 편집 과정은 자기 이야기에 대한 서사적 연결을 행하는 과정이고 이미지의 선택 자체는 자신의 구체적인 고민의 핵심이 부각되는 과정이다. 그리고 문자나 음성 그리고 음악의 효과 넣기는 타인에 대한 자기 보여주기 속에 나타나는 자기의 드러남의 정도(거리화), 자기 미화의 방식이 구체화되는 과정이다. (지나친 영상 장식 효과, 과도한 음악사용 등은 자기 노출에 대한 두려움이자 이 두려움에 대한 저항, 혹은 위장으로서의 자기 미화일 수도 있다. 이러한 효과들을 가급적 사용하지 않기를 권장하였으나 많은 학생들이 이러한 효과를 사용하였다.) 마지막으로 공개적인 영상 상영을 실행하였다. 대부분의 학생들은 5분 이내의 영상들을 상영하였으며 이 영상의 감상 후 영상에 대한 학생들의 발표가 진행되었다. 또한 영상 이미지들의 구성방식, 진행하고자 하는 이야기, 제작 과정들에 대해 발표문을 작성하게 하였으며 이 발표문에 기반해 발표가 진행되도록 하였다. 마지막으로 학기말에 영상 자화상 만들기의 전체 과정에 대해 하지 못한 이야기, 잘 못 진행된 이야기, 어려움 등에 대해 발표 후기에 해당하는 최종적인 글쓰기를 제출하도록 하였으며 이 과정은 자신의 제작과정에 대한 거리화된 기술을 행하는 시기이고 영상 자서전 만들기의 마무리 과정이라 할 수 있을 것이다(학생들의 개방성에 정도에 따라 편차가 존재하지만 마지막 후기의 글쓰기는 발표 시간에 이야기하지 못한 다양한 이미지들에 대한 자기 자신과의 관계, 그리고 내적인 고백들로 이루어지고 있다.).

4. 세 가지 예

영상자화상 만들기의 과정동안 학생들의 작품들은 크게 세 부류의 유형으로 분류할 수 있다.

〈표 3〉

첫 번째 유형	학교와 풍경, 비어있는 시간 동안 자신들이 자주 가는 장소들로부터 학교생활과 친구들과의 관계를 이야기하는 부류
두 번째 유형	자신의 고민을 친구와 같이 대담 형식으로 만드는 연출된 다큐 형식이나 허구로 만드는 방식
세 번째 유형	자신의 상처를 감추거나 혹은 은밀하게 드러내는 작품들(풍경과 과거 사진으로 이루어진 구성)

세 부류의 유형들 중 상당수가 (물론 무관심한 태도로 자신을 철저히 감추고 있는 작업들도 존재한다.) 충분히 주의와 관심을 요하는 주제들을 다루고 있지만 한편으로는 발표자의 의도적인 무능력(수업이라는 상황 때문에)과 다른 한편으로는 충분히 개방적이지 않은 학생들에게까지 지나친 관심을 보이는 것은 오히려 역효과의 우려가 있어 적절한 수준에서 영상 자서전 만들기에서의 상담을 중지하였다. 하지만 열려 있는 태도로 유의미한 변화를

보여준 세 명의 학생들을 중심으로 영상 자서전 만들기의 치유 사례를 검토하도록 하겠다.

4.1. A 양 - 에니메이션과 실사 사진이 결합된 7분 분량의 작품

A 양은 2년간 발표자의 수업을 수강하였으나 개인적으로 찾아와 이야기한 적이 거의 없던 학생이었다. A 양은 발표자의 질문과 대화에 심한 부끄러움을 타고 자기표현에 서툰 내성적인 학생이었다. 영상 자서전 만들기 기획을 제안했을 때 처음에는 개인적으로 찾아와 반드시 만들어야 하는 지를 물어보며 자신을 표현하고 드러내는 작업에 필연적으로 요구되는 자기 노출에 대한 작은 저항감을 드러내고 있었다. 하지만 개인적으로 찾아와 물어보고 있다는 점은 자기의 고민을 드러내고 싶다는 생각과 거부의 생각이 반반씩 갈등하고 있는 상황이라 생각하였고 학생 자신이 표현할 수 있는 것은 아무거나 가능하다고 조언하면서 불안과 부끄러움으로부터 벗어나도록 자극을 주면서 편안하게 준비하라고 조언하였다. 또한 지금의 상황에서 최대한의 솔직성으로 자신을 구성해 내는 것이 중요하고 자신이 없는 것에 대해서는 이야기 하지 않아도 된다고 조언하였다.

A 양은 자신이 직접 이미지를 그리는 애니메이션 방식을 선택하였다. 여기에 자신의 과거 사진과 가족과의 모습이 담긴 사진 이미지, 그녀의 개인적 가족 관계 사진들이 함께 편집되어 구성되어 있다. 아버지를 중심으로 하는 그려진 이미지와 사진 이미지가

결합된 영상을 통해 아버지가 IMF로 실직하신 후 힘들었던 가족의 위기, 무능력한 아버지에 대한 원망과 갈등, 자신의 자존감의 상처 등을 때로는 자막 형식으로 대부분은 후기의 글을 통해 표현하고 있다. 특히 아버지의 모습(정면 사진 한 두 장을 제외하고 대부분 뒷모습, 모자를 쓴 모습들 이었다.)을 사진을 중심으로 구성한 마지막 애니메이션 장면들은 A양 자신이 고민 끝에 선택한 사진들이었고 이 사진을 선택하고 관찰하는 과정을 통해 아버지에 대한 복잡한 감정을 표현하면서 아버지와의 화해를 시도하고 있었다.

무엇보다 자기 작품을 사람들 앞에서 발표하는 것에 대해 A 양은 주저하고 있었다. 발표자는 우선 자신이 아직도 전혀 수용할 수 없다면 발표를 굳이 하지 않아도 된다고 조언하였다. 그리고 발표 자체가 힘들다면 자신이 보여줄 수 있는 한도 내에서 발표를 구성하면 된다고 조언하기도 하였다. 아직 충분히 소화하지 못한 자신의 가족사를 이야기한다는 것은 많은 용기를 필요로 하는 것이라고 판단했기 때문이다. 발표 시간 동안 A양은 자신의 감정을 이기지 못해 눈물을 흘리고 (어릴 때의 자신의 모습과 아버지의 사진에서) 발표는 매끄럽게 이어지지는 않았지만 그 자체 충분히 성공적 이었다. 발표 후의 후기를 쓰도록 권장하였고 여기에서 두 번의 글쓰기 과정이 함께 진행되었다. (발표 글과 발표 후기 글) 첫 번째 글쓰기가 주제를 선택하는 과정에서 이루어지는 제작의도에 대한 글쓰기라면 마지막 글쓰기는 제작 후기에 해당되는 거리화 된 글쓰기인데, 첫 번째의 글쓰기 동안 A 양은 자신의 개인적 상처와 가족의 상처를 드러낸다는 사실에 대한 망설임과 부끄러움을 어렴풋하게 표현하였고 제작 결심을 하기까지의 어려움에 대해 이야기하고 있었다. 그리고 제작 후기의 글쓰기는 제작 과정 동안 느꼈던 자신의 내면과의 대화, 가족 구성원들과의 대화, 여전히 어렵고 망설여지는 아버지와의 관계가 비교적 선명하고 구체적으로 진술되고 있었다.

4.2. B 군 - 학교 주변, 기숙사의 방, 그리고 누나와 자신의 사진으로 구성된 7분여의 작품

B군은 군대에서 복학하여 뒤늦게 대학생활을 하는 학생이었다. 학교 공부에도 진지하고 열심히 임하는 성실한 학생이었으며 친구들과도 정기적으로 만나 축구도 하고 즐겁게 지내는 외향적이고 유쾌한 학생이었다. 영상 자화상 만들기를 제안 했을 때 별 주저함 없이 주제를 정하였다고 이야기 하였다. 최초의 기획서에 따르면 자신의 학교 생활과 기숙사 주변의 풍경 그리고 자신과 너무 가까운 친 누나의 이야기를 담아 볼 것이라고 이야기 하였다.

B군의 영상은 스탠드 불빛이 비치고 있는 좁은 기숙사 방의 모습을 보여주면서 시작된다. 가끔 씩 학교에서 자신이 주로 움직이는 공간을 동영상으로 촬영한 장면들 사이로 자신의 누나의 모습을 교차해서 편집하여 놓았다. 어린 시절의 단란했던 가족의 모습들, 마당에서 뛰어 놀던 오누이의 모습, 어렸을 적 살았던 집의 모습, 현재의 누이의 모습이 담긴 사진이 교차되어서 구성되어 있

었다. 그러다가 갑자기 백혈병에 걸려 초췌한 누나의 모습이 비추어지고 어린 시절의 자신의 모습이 나타난다. 이러한 영상의 배치 위에 때로는 자막의 문자로 친누나의 투병과 힘든 치료의 과정 그리고 마침내 완치되어 있는 누나의 모습이 나타난다. 최초의 발표에서는 주로 이러한 내용들의 서술을 통해 누나와의 끈끈한 우애를 중심으로 영상 자서전을 구성하고 있었다. 발표 도중에 B 군은 어린 시절의 사진들이 겹쳐지는 장면에서 잠시 발표를 중단하였으며 아마도 그 당시 누나가 겪었던 투병과정의 고통이 생각나서 그러하리라고 짐작하였다. 발표는 누나와 카카오 톡을 통해 나눈 이야기를 하며 자신이 누나와 우애 있게 잘 지내고 있음을 기술하고 있었고 그리고 이제는 멋있는 애인을 가지고 있는 누나의 삶이 행복하게 되었으면 하는 바람과 함께 끝이 났다.

발표 후기 글에는 발표에서 하지 못했던 좀 더 내밀한 B군의 이야기가 담겨있었다. B군의 영상에는 외롭고 쓸쓸한 풍경들이 자주 등장하고 투병 이전에 함께 즐거웠던 오누이의 사진과 달리 외로운 모습의 B군의 스틸 컷이 두 장 삽입되어 있다. 후기 글에서 B군은 8살 때 누나의 발병 후 어머니와 아버지로부터 관심을 받지 못했던 자신의 상처를 이야기 하고 있었다. 한 때 게임중독과 이유 없는 가출을 했던 청소년기의 방황을 고백하고 있었다. 그리고 누나의 완쾌 후 누나와의 대화를 통해 자신이 뒤늦게 대학 입학 공부를 시작했음을 그리고 이제 그러한 상처로부터 자신이 극복되어진 듯 하다고 이야기하고 있었다.

4.3. C 양 - 식구들과의 제주도 여행 , from—to

C양은 필자의 수업을 처음 듣는 학생이었다. 조용하고 내성적인 성격의 학생이었다. 영상 자서전 만들기 수업의 진행 방향에 대해서 선배들에게 이미 들어 잘 알고 있었고 기획서는 엄마와 언니와 함께 떠난 제주도의 영상을 영상 자서전 만들기에 맞추어 편집하고자 할 것이라고 이야기 하였다. 영상에서 C 양은 거의 등장하지 않았으며 제주도의 풍경과 엄마와 언니의 모습들이 주로 보여 지고 있었다. 그리고 중간 중간에 차를 타고 드라이브 하면서 촬영한 하늘의 풍경을 보여주는 장면들이 있었다. 발표 시간동안 C양은 제주도의 어디를 갔었던 풍경이었고 여기서 언니와는 어떤 이야기를 나누었고 엄마와 걸었던 길들이 참으로 아름다웠다는 조금은 무미건조한 이야기들을 전하고 있었다. 아마도 가족의 어떤 의미 깊은 이야기가 담겨 있는 영상일 것이라고 짐작은 했지만 발표자는 간단히 엄마와 언니와의 관계에 대한 지극히 평범한 질문을 던지었고 편집하는 데 어느 정도의 시간이 들었는지 하는 일반적인 질문과 고생했다는 격려의 말로 끝맺음을 했다.

C양이 이 영상 자서전의 구체적인 이야기를 전해준 것은 발표 후기를 통해서 였다. 그녀의 원래 제목은 'from - to -'라는 제목이었다. 원 제목에는 발신지와 수신지가 표기되어 있지 않았다. 발표 후기에 보낸 제목에는 명확히 'from 우리 to 아빠'라는 제목으로 바뀌어 있었다. 얼마 전 돌아가신 아빠를 기억하며 떠난 남겨진 가족의 고별사와 같은 영상이었음을 고백하고 있었다. 영상

들 하나하나는 소름이 끼치도록 자신에게 유별난 의미를 지닌 것이었으며 또한 이 영상은 다른 사람이 이해하지 못하더라도 언니, 엄마 그리고 자신에게는 중요한 의미로 다가서는 영상임을 서술하고 있었다. 그녀는 이 영상들 사이에 아빠의 사진을 교차 편집하고 싶었지만 그럴 용기가 나지 않았다는 사실을 고백하고 있었다. 짐작컨대 '영상 자화상 만들기' 1회기에 보여준 단편 영화 〈산책〉을 보고 이러한 영상을 기획한 듯한 C양의 작품은 애도의 과정의 어려움을 잘 보여주는 작업이기도 했다.

5. 나오며 : 인문치료 프로그램으로서 영상 자화상 만들기에 대한 제언

학생들이 구성한 영상자화상의 예들이 보여주듯이, 그리고 영상자화상의 이론적 정의에서 살펴보았듯이 영상자화상은 장소성, 주제 중심적, 비 연대기적, 파편적이며 가족, 주위의 사물들을 그 주요한 대상으로 구성하고 있다는 특징을 보여주고 있다. 영상자화상에서 장소성의 중요성은 개인들의 영상 하나 하나가 추상적인 공간이라기보다는 개인들의 삶과 밀접히 연관된 구체적인 공간으로 이 장소는 개인 각자의 정서적 인지적 투자가 이루어지는 그러한 공간, 메를로- 퐁티를 인용해서 정의한다면 신체화된 공간임을 의미한다. 그리고 주제 중심적이라 함은 영상 자화상의 이미지들, 예를 들면 B군의 '누나'의 이미지들의 구성이 보여 주듯이 누나와 관련된 여러 가족의 모습과 사물들 등등의 그러한 이미지들이 계열적으로 연관되어 진다는 점이고 이 계열들이 결합은 영상 구성자의 연상의 작동방식에 따라 파편적이라는 점이다.

그래서 학생들이 구성한 영상자화상에서 공통적으로 발견 가능한 사실은 과거의 사건의 경험의 서술이나 묘사에서 글쓰기의 서술과 묘사와 같은 정확성을 발견할 수는 없다는 점이다. 물론 이미지의 연결이라는 편집의 과정을 통해 영상자화상의 영상들은 개인의 은밀한 서사를 어느 정도는 구성하여 전달하고 있다. 하지만 이러한 영상들의 주요한 특성은 개인의 기억과 연관된 대단히 사적인 정보들을 포함하고 있다는 사실이다. A 양의 아버지 사진, B군의 어린 시절의 어떤 사진, C 양의 여행 사진들은 말로 표현되지 않는 상담자가 반응할 수 없었던 그들의 기록의 흔적들이기도 하다. 롤랑 바르트(Roland Barthes)는 그래서 사진 이미지를 소통적 차원에 존재하는 스튜디움(studium)과 개인의 존재론적 차원으로 존재하는 푼크툼(punctum)으로 구분한 바 있다(메를로-퐁티는 『지각의 현상학』에서 추상적인 기하학적 공간에 대립되는 육체적 공간을 현상학적 의미에서 제시하고 있다. 그에 따르면 공간 지각은 대상들을 기하학적 차원에 연관시키면서 이루어지는 공간적 구성 작업이라는 사실을 우선 인정하고 있다. 하지만 이러한 구성작업에 형성되는 공간은 메를로-퐁티에 의하면 관념적이고 추상적인 공간이다. 그에 따르면 진정한 인간의 공간의 경험은 신체가 세계와 연관된 구체적인 공간으로 거기에서 공간은 항상 주체가 어떤 장소 속에 고정되면서 자신의 세계에로의 연관성이 이루어짐을 주목한다. 그래서 항상 구체적인 주체에게 그 공간, 즉 장소는 끊임없이 정박점이 유동하면서 형성되는 정서, 인지, 지각의 장임을 주목하고 있다. Maurice Merleau-Ponty, p. 49.). 게다가 영상은 구체적이고 직접적이기에 상담자가 적절히 개입하지 못한다면 역으로 말하기와 글쓰기보다 더욱 내담자의 저항을 불러일으킬 수도 있다는 점이다. 영상 자화상 만들기를 제안했을 때 자유롭게 영상제작을 해도 된다고 말을 했음에도 불구하고 학생들은 자기 자신을 보여준다는 사실에 거부감을 표현하였으며 자신의 얼굴과 육체가 드러난다는 사실에 주저함을 드러내기도 하였다(여학생의 경우, 많은 영상들에 정면 쇼트, 클로즈업 보다는 롱 쇼트와 엇각에서 촬영된 화면, 풍경이나 사물을 담은 장면을 통한 대치 등이 빈번히 사용된다는 점은 아마도 이러한 사실을 드러내는 것일 것이다.). 그래서 필자는 되도록 학생 각자가 가장 이야기 하고 싶은 어떤 주제로 제목을 정하도록 권장하였으며 또 다른 한편으로 좋아하는 풍경이나 거리 등등 자신의 기억과 연관된 장소로부터 영상을 구성해보자고 제안하였다.

위에서 주목했듯이 포착된 영상이 품고 있는 고유한 푼크툼은 단지 영상만으로 구성되어 질 때 쉽게 공유되지 않는 난점이 존재한다. 내담자와의 공감으로 부터 내담자의 자기에 대한 어려운 통찰로 나아가는 치유의 방향을 제시해온 인문치료에서 영상은 내담자와의 공감의 장을 형성하는데 충분한 이점을 지니고 있다. 서두에서 지적했듯이 영상자화상의 영상들은 정확한 의식적 개념이나 동일시적 핵심으로 고정되기 보다는 내담자의 정서적, 정동적 회상의 분위기를 형성하면서 내담자의 자연적 공감을 일으키는데 유용하다는 장점이 존재한다. 그러나 동시에 상담자에게는 이러한 영상들이 지니고 있는 상대적인 주관적 폐쇄성에 대한 민감한 반응과 영상으로부터 내담자 자신들의 이야기들을 이끌어내는 세심한 방법적 기술에 대한 체화가 요구된다는 점이다. 바로 이러한 점에서 영상을 활용한 인문치료의 프로그램 구성에 있어서 몇 가지 유의할 점을 제시하면서 이 글을 마치도록 하겠다.

4장에서 기술하였듯이 영상 자화상 만들기에는 크게 발표하기(말하기), 영상 만들기, 글쓰기의 세 가지 과정이 결합되어 있다. 발표하기의 과정은 인문치료 프로그램 구성의 과정에서 상담 초기의 과정에 해당한다고 할 수 있다. 다만 발표하기(말하기)의 과정이라 명명한 이유는 우선 '영상 자서전 만들기'의 과정이 공식적인 수업의 일환 이었다는 한계 때문이다. 상담에서 적극적으로 내담자의 이야기를 끄집어내고자 하는 이유는 이러한 말하기의 과정이 사적인 말의 폐쇄성으로부터 자신의 경험과 고민을 외현화(externalization) 할 수 있다는 점, 타인들과의 문제의 공유 그리고 상담자에게는 내담자의 문제를 탐색하는데 중요한 지표로서 기능할 수 있기 때문이다. 결과론적으로 말한다면 발표하기(말하기)의 과정이 수업의 일환이었다는 점, 즉 치료 상황에서 공동적 문제의 공유를 가능하게 하는 집단이 아니라는 점(예를 들면 가족치료 집단, 알콜 중독자 집단 등등)과 이 과정이 교육적 목적과 치료적 목적이 모호하다는 점은 발표하기 과정을 치료적 과정에 체계적으로 통합하는 데 난점이 있었음을 밝히는 바이다. 그래서 '영상 자화상 만들기'에서의 발표하기 과정은 학생들에게 많은 부담으로 다가섰고 또한 이 시간이 학생들에 따라 많은 편차가 존재하면서 진행되기도 하였다는 점은 보완되어야 할 문제라고 생각되어진다. 하지만 영상 활용 인문치료 상담에서 발표하기의 일방적 방식이 아니라 상호 피드백적인 장을 프로그램화 한다면 이러한 문제는 어느 정도 해소될 것이라 생각된다. 또한 단편영화의 적절한 선택, 그리고 다양한 이미지의 활용으로부터 내담자 자신의 삶과 이미지를 연결하도록 유도하는 과정, 이러한 과정으로 부터 자신의 자화상의 이미지를 구상해가는 과정이 체계적으로 구조화된다면 영상을 활용한 인문치료의 가능성을 충분히 보여줄 수 있다고 생각된다.

두 번째로 사유해야할 점은 영상 자화상 만들기 과정에서 내담자들의 작업의 결과물로 나타나는 영상의 특수성의 문제이다. 위에서 살펴보았듯이 영상을 인문치료에 활용할 때 이미지는 언어적 표현 과정과 다르게 작동한다는 점에 유의해야 한다. 즉, 이미지는 언어적 규칙과 다른 방식으로 소통되고 전달된다는 점이다. 부연하자면 우리는 본 세계를 언어로 설명하지만 언어와 보는 것 사이에는 차이가 존재하며 하나의 이미지는 해석될 수는 있으나 (이미지가 대단히 사적이기에 이에 대한 성급한 상담자의 해석은 오히려 역효과를 불러 일으킬 수도 있다. 그래서 특히 영상 자화상 만들기에서 해석은 최소한일 필요가 있으며 일차적으로 동감과 경청의 태도가 중요하다고 할 수 있다.) 그 이미지 전체를 언어로 다 표현 할 수는 없다. 그래서 제작된 영상 하나하나에 상담자는 세밀한 반응이 요구되고 동시에 이러한 이미지들과 내담자 개인의 삶과의 연관성에 대한 다리 놓기(bridging) 작업이 필요하다고 할 수 있을 것이다. (심영섭은 감상영화 치료에서 브리징을 내담자의 현실에 다리 놓는 기술로 정의하고 있다. 그녀는 순반향 브리징과 역방향 브리징, 그리고 브리징의 실패시 궤도 수정의 단계로부터 다시 브리징하기의 과정을 영화치료의 핵심적 치료과정으로 제기하고 있다. 영상 자화상 만들기에서도 역시 상담자에게 세심한 브리징의 과정은 영상이 지닌 특수한 치료적 과정의 적절한 기법이라 생각되고 치료 효과를 얻어내는데 있어서 상담자가 항상 고민해야할 기술이라 생각되기에 그녀의 정의를 그대로 사용하였다. 심영섭.)

마지막으로 글쓰기 작업과 영상자화상 만들기 과정과의 통합의 문제가 존재한다. 4장에서 영상자화상 만들기의 과정을 설명하면서 글쓰기 과정을 2회에 걸쳐 진행하였음을 기술한 바 있다. 이러한 글쓰기 과정을 배치한 일차적 이유는 학생들의 영상 작업을 세세하게 반응하고 상담할 수 없었던 물리적 시간의 한계 때문이다. 하지만 또 다른 이유는 이러한 글쓰기 작업을 통해 학생들 자신이 기획의도를 생각하게 하고 영상 자화상에서 구성한 이미지들에 대해 자신의 삶과의 연관성을 인지시키고 생각하게 하는 반성적 시간의 과정을 부여하기 위함이었다. 이러한 의미에서 이 과정은 수업이라는 한계에서 비롯된 간접적 상담의 성격을 지닌 과정이라고 할 수 있다. 아마도 이러한 과정은 영상을 활용한 인문치료

프로그램에서 재구성되어 영상과 내담자와의 브리징 과정으로 구체화되고 개선될 필요가 있다할 수 있을 것이다. 하지만 마지막 과정에 해당하는 영상 제작 후기 글쓰기 작업은 영상을 활용한 인문치료에서 적극적으로 인문치료의 통합적 방법의 구축이라는 관점에서 사유될 필요성을 새삼 느꼈던 과정이기도 하다. 학생들의 제작 후기 과정에서의 글쓰기는 자기인지, 자기 객관화, 현재로부터 감정의 정리 등등의 치료의 통찰적 성격이 잘 드러났던 과정이었기 때문이다. 이 후기작업의 글쓰기는 영상 구성의 주관적 폐쇄성을 반추해내고 정서적 요소들이 응축된 영상들 자체를 자신의 기억과 교응하여 서사화시키는 객관화 작업이라는 점에서 성찰적 기능이 풍요롭게 진행되었던 과정이었으며 영상에 국한된 치료방법으로서가 아니라 진정한 인문치료의 통합적 가능성을 확인할 수 있었던 과정이라는 점에서 향후 인문치료 치료 프로그램의 다변화에 중요한 시사점을 던져 주는 과정이라 할 수 있을 것이다.

참고 문헌

고혜원, 2014,「성찰적 글쓰기의 과정과 효용성에 관한 연구」,『어문논집』 제 60집,

심영섭, 2011,『영화치료의 이론과 실제』, 학지사.

이가야, 2008, 「자서전 이론에 대한 몇 가지 고찰」, 『프랑스 문화예술연구』 제 23집, 283-311.

이강화, 2006,「임상철학에 대한 인문학적 접근: 영화치료」, 『철학논총』 제 42집, 233-255.

이양숙, 2011,「자기서사를 활용한 글쓰기 교육의 필요성과 방법에 대한 연구」, 『한국 문학이론과 비평』, 제 50집(15권 1호), 169-189.

이영의, 2011,「인문치료모형으로서의 체화이론」, in 『인문치료의 이론과 원리』, 강원대학교 인문과학연구소 엮음, 인문치료 총서 7, 산책.

조안 & 네빌 시밍턴 지음, 2008, 임말희 역, 『알프레드 비온 입문』, NUN.

조성웅, 2013, 「일기와 심리치료적인 기능 : 스탕달의 경우」,『프랑스 어문교육』 제 43집, 361-382.

차민철, 2014,『다큐멘터리』, 커뮤니케이션 북스.

최숙기, 2006,「자기 표현적 글쓰기의 교육적 함의」, 『작문연구』 제 5집,

최병우, 2006,「전자매체시대의 독자」, 『독서연구』 제 16호,

캐슬린 아담스, 1992, 강은주/이봉희 공역, 『저널치료』, 학지사.

필립 르죈, 1998, 윤진 옮김, 『자서전의 규약』, 문학과 지성.

Maurice Merleau-Ponty, 1945, Ph nom nologie de la perception, Gallimard, Paris.

Roland Barthes, 1980, La chambre claire-Note sur la photographie, Cahiers du cin ma/Gallimard Seuil, Paris.

※ 이 글은 필자의 「영상 활용 인문치료의 가능성 모색 : 영상자화상 만들기」(『인문과학연구』, 2015.4)의 일부를 수정 보완한 것이다.

제2부
내러티브와 인문치료

철학치료에서의 의도와 내러티브

내러티브 중심 인문치료의 정신분석학적 근거

사회개혁의 일환, 호모나랜스의 글쓰기

철학치료에서의 의도와 내러티브

이 영 의

1. 들어가기

1980년대 초 현대 철학치료가 출범한 이후로부터 철학치료란 무엇인지, 철학치료를 어떻게 해야 할 것인지에 대한 논쟁들을 통해 다양한 견해들이 표출되어왔다. 그 질문들은 철학치료의 정체성과 방법론에 관한 것인데, 그것들에 대한 견해의 다양성은 쿤적인 의미에서 본다면 패러다임의 부재이다. 한편으로, 패러다임의 부재는 철학치료가 학문적으로 충분히 발전하지 못했음을 보여주는 학문적 미성숙을 의미한다. 그러나 쿤의 패러다임 개념은 원래 경험과학의 분야들에 적용하기 위해 고안된 것이며 철학치료는 어떤 의미로도 경험과학의 분야로 볼 수는 없기 때문에 패러다임의 부재는 다른 관점에서 해석될 수 있다. 즉 다른 한편으로 패러다임의 부재와 견해의 다양성은 신생 학문이 발전하기 위한 풍부한 영양소를 상징한다. 철학치료가 패러다임의 부재를 이렇게 보았을 때 현재의 상황에서 필요한 것은 그 다양성을 이론적으로나 방법론적 차원에서의 학문적 성숙으로 변환시키기 위한 여러 가지 개념들을 개발하는 것이다.

이 글의 목적은 그런 개념들을 개발하는 작업의 한 예로서, 의도(intention)와 내러티브(narrative) 개념을 철학치료의 맥락에서 검토하는 데 있다. 이 글은 의도와 내러티브가 철학치료에서 중요한 역할을 담당하고 있으며, 특히 사람들이 점차로 삶의 목적과 의미를 고려하지 않은 기술문명의 시대에서 그러하다는 점을 강조하고, 철학치료의 유형으로서 삶의 목적, 의도, 내러티브를 연결하는 목적론적 접근(teleological approach)을 추천한다. 나중에 본문에서 자세히 논의되겠지만 목적론적 접근은 철학치료의 정체성을 확보해줄 뿐만 아니라 의도와 목적을 내러티브와 연결시켜줌으로써 방법론적 차원에서 철학치료에 문학적 방법을 도입할 수 있는 길을 제시하는 장점을 갖고 있다.

이 글은 다음과 같은 순서로 진행된다. 2절은 앤스콤(Anscombe)이 제시한 의도 개념의 세 가지 용법을 중심으로 철학치료의 맥락에서 의도를 분석한다. 3절은 철학치료의 적절한 모형으로서 삶의 목적과 의도에 초점을 둔 목적론적 모형을 제시한다. 나는 실천추리에 기반을 둔 폰 리히트(von Wright)의 이론을 중심으로 그 문제점을 지적하고 수정된 모형을 제안할 것이다. 4절은 지금까지 논의된 의도와 목적 개념을 매킨타이어(MacIntyre)의 이론을 중심으로 치료적 맥락에서 내러티브와 연결함으로써 철학치료의 목적론적 내러티브 모형을 제시한다.

2. 의도와 목적

철학치료의 맥락에서 의도를 논의하는 이유는 무엇인가? 이 질문에 대답하기 전에 먼저 의도라는 용어의 의미를 살펴보는 것이 순서일 것이다.

앤스콤(Anscombe, 2000)은 매우 통찰력이 있지만 난해한 의도 이론을 제시했는데, 그녀에 따르면 의도라는 개념은 일상어에서 다음과 같이 서로 다른 의미로 사용되고 있다.

① 행위하려는 의도(intention to act): "기웅이는 달리려고 의도한다."

② 행위 속의 의도(intention in acting): "기웅이는 건강을 유지하려는 의도로 달린다."

③ 의도적 행위(intentional act): "기웅이는 의도적으로 달린다."

위의 세 가자 용법 중 ①과 ②는 직접적으로 의도와 연관되어 있기 때문에, 앤스콤은 주로 ①과 ③ 간의 차이점을 분석하는 데 치중했다.

앤스콤의 의도 이론은 많은 철학적 통찰력을 담고 있지만, 여기서는 우리의 주제와 관련된 것들에만 논의를 집중하기로 하자. 첫째, 앤스콤은 의도와 예측을 구분한다. 의도와 예측이 미래의 사태를 지칭하기 때문에 유사하게 보이긴 하지만 그 두 개념은 용법을 정당화하는데 큰 차이를 보인다. 예를 들어, 누군가 "아플 것 같아"라는 예측을 했을 경우, 그 말을 정당화하기 위해 필요한 것은 그 말이 참이라는 것을 보증하는 증거이다. 그러나 누군가 "산책할 거야"라는 의도를 표현했을 때 그 말을 정당화하기 위해 필요한 것은 "왜 그 말이 참이 되는 것이 유용하거나 매력적인지"를 보여주는 이유이다.[1)]

둘째, 앤스콤에 따르면 지향적 행위는 왜-질문(why-question)이 주어지고 그 질문에 대한 긍정적 대답은 행위에 대한 이유를 제공하는 행위이다.[2)] 예를 들어, 당신이 한 밤중에 거실에서 친구와 커피를 마시다가 갑자기 바닥에 커피 잔을 떨어뜨렸다고 해보자. 친구가 당신에게 왜 컵을 바닥에 떨어뜨렸냐고 물어 보았을 때 당신은 거실 창문을 통해 어떤 얼굴이 보였기 때문이라고 대답할 수 있다. 이 경우 당신의 행위는 의도적 행위가 아니므로 그 질문에 대해 주어질 것으로 기대되는 것은 당신이 커피 잔을 거실 바닥에 떨어뜨린 이유를 제시하는 설명이 아니라 커피 잔을 거실 바닥에 떨어뜨림을 '결과'로 만드는 원인을 제시하는 설명이다. 당신이 커피 잔을 떨어뜨린 것은 의도적 해위가 아니라 당신의 놀람에 의해 야기된 인과적 행위이다. 여기서 우리는 행위를 설명하는 두 가지 설명 유형, 즉 인과적 설명(causal explanation)과 비의도적 설명, 즉 의도적 설명(intentional explanation)을 구

1) G. Anscombe(2000), p. 6.
2) Ibid., p. 9.

분할 수 있다.[3)]

위에서 거론된 두 가지 통찰력은 이유 개념과 관련되어 있다. 한편으로, 의도는 의도된 행위에 대한 정당화의 맥락에서 이유를 필요로 하며, 다른 한편으로 의도는 의도된 행위에 대해 제기된 왜-질문들에 대한 의도적 설명을 필요로 한다.

이제 우리는 앞에서 제기된 질문, 즉 인문치료의 맥락에서 왜 의도를 논의해야 하는가라는 질문에 다음과 같이 대답할 수 있다. "의도 개념은 특정 유형의 철학치료, 특히 사람들의 행위를 이해하는 데 초점을 두는 철학치료에서 중요한 역할을 한다." 필자는 2008년부터 군장병, 미혼모, 죄수 등을 대상으로 철학치료를 실천하고 있다. 약 7년 동안의 철학치료 기간을 통하여 드러난 것은 바로 그들의 문제는 대부분 그들의 행위가 앤스콤의 의미에서 의도된 것도 아니고 의도적인 것도 아닌 것처럼 생각하고 있다는 점에서 발행한다는 것이었다. 상담을 통하여 나와 내담자들은 그들의 삶의 방향을 중요한 방식으로 결정했던 어떤 특정한 행위에 대해 거의 주의를 기울이지 않았던 것을 알아차릴 수 있었다.

여기에 그 점을 잘 보여주는 하나의 사례가 있다. 미혼모자가족복지시설에 입소한 17세 미혼모가 있다. 그녀는 15세에 가출해서 같은 처지에 있는 친구들과 어울려 살다가 임신을 하여 시설에 입소하게 되었다. 어린 나이에 임신을 한 관계로 우울증을 겪고 있었기 때문에 심리치료를 받고 있지만 그다지 진전이 없었다. 시설

3) 비인과적 설명에는 의도적 설명 이외에도 목적론적 설명(teleological explanation)도 있다. 목적론적 설명은 3절에서 자세히 논의된다.

에서 철학치료를 추천하여 나를 만나게 되었고 상담 초기에 자연스럽게 그녀의 가출이 대화의 주제가 되었다. 왜 가출했는가라는 나의 질문에 그녀는 가출한 이후 한 번도 진지하게 그 생각을 해 본 적이 없었다고 했다. 한 참후 그녀는 자신이 가출했을 당시를 생생하게 기억해냈다. 그녀의 재혼한 어머니가 여느 때와 마찬가지로 양부와 심하게 말다툼을 하고 있었고 그녀는 그 공간을 탈출하고 싶어서 겉옷만 걸친 채 집을 나왔고 그 후로 다시 집에 돌아가지 않았다. 그것이 전부였다. 우리의 대화는 그녀가 집에 다시 돌아가지 않은 이유를 살펴보는 단계로 이동했다. 나는 그녀에게 앤스콤이 구분한 의도 개념의 세 가지 용법을 소개했고, 그녀는 자신의 가출은 비의도적인 행동이지만 집에 돌아가지 않은 것은 분명히 의도적 행동이라고 말했다. 그러나 상담이 진행되면서 자신의 첫 번째 행동도 무의식적 충동에 의한 것이 아니라 의도적 행동이었음을 깨닫게 되었고 최종적으로 의도를 이해하게 되었다. '의도'의 내용은 내담자의 사생활과 관련된 부분이 많아 여기서는 공개하지 않겠다. 중요한 점은 그 내용은 그녀가 그동안 어렴풋이 가정하고 있었던 것과는 상당히 달랐다는 것이고, 자신의 진정한 의도를 알게 됨으로써 그녀의 현재의 상황을 바라보는 그녀의 관점이 달라졌다는 점이다.[4]

앤스콤이 강조했듯이 의도는 앞에서 말한 세 가지 용법에서 행위들과 연관되어 있으므로 그것을 고려하지 않고서는 행위들을

4) OOO(2014), pp. 3-5.

적절히 이해하기 어렵다. 이런 의미에서 의도는 행위를 설명하고 이해하기 위한 필요조건이다. 위의 사례에서 그 미혼모는 처음에는 자신의 첫 번째 행위의 의도를 알지 못했기 때문에 3년 전 가출한 자신의 행위를 이해하지 못했고 그 결과 비극적으로 다시 집에 돌아가지 않았다. 놀랍게도 나와 상담한 상당수의 내담자들이 자신에게 매우 중요한 행동들의 의도를 애써 무시하거나 전혀 모르고 있었다. 이점은 반성적이지 못한 삶의 대표적인 예이다. 나는 상담 경험을 통해 그런 현상이 미혼모뿐만 아니라 젊은 대학생들, 병사들, 죄수들에게서 발견된다는 점을 깨닫게 되었다. 이는 속도가 깊이를 지배하는 우리 시대의 병리 현상이다. 소크라테스가 말했듯이, "반성되지 않은 삶은 가치가 없다".[5] 철학치료의 중요한 과제 중 하나는 반성적 삶을 살아가는 법을 제시하는 데 있으며, 특히 행위의 의도에 대해 반성함으로써 행위의 의미와 목적을 이해하도록 유도하는 데 있다.

철학치료 이론가들의 일차적 과제는 그들의 신생분야의 정체성을 확립하는 데 있을 것이다. 다른 무엇보다도 역사적 이유로 이론가들은 철학치료의 정체성을 직접적으로 드러내지 못하고 간접적으로 제시하는 전략을 취했다. 여기에는 이유가 있는데 그것은 철학이 삶의 문제를 다루고 그것을 넘어서 마음의 병을 치료할 수 있는 가능성을 심리치료가 충분히 활용하고 있었기 때문이다. 이

5) Plato(2005), Apology, 38a.

런 사정은 심리치료 학파 중 철학적 성향을 보이는 대표 주자들, 예를 들어 인지치료(Cognitive therapy), 합리적 정서 행동치료(Rational emotive behavior therapy), 실존치료(Existential therapy), 의미치료(Logotherapy) 등을 살펴보면 금방 이해할 수 있다. 실제로 그런 심리치료 학파들은 철학과 심리학의 중간 영역에 걸쳐있다.

철학치료의 정체성에 대해 이론가들 사이에 의견이 분분하다. 전통적으로 철학치료의 정체성을 논의할 때 이론가들이 취하는 전략은 심리치료와의 차별성을 강조하는 것인데, 그들이 생각하는 심리치료는 일반적으로 프로이트의 정신분석이었다. 잘 알려져 있듯이 프로이트의 정신분석은 신경증과 정신증과 같은 현재의 정신적 문제를 치료하기 위해 그것들을 야기한 과거의 무의식적 원인을 추적한다. 따라서 프로이트의 정신분석은 앞에서 말한 행위에 대한 인과적 설명의 전형에 속한다. 그러나 철학치료의 정체성을 심리치료와의 차별성을 통해 확보하면서 오직 정신분석만을 고려하는 것은 정당치 못한 방법이다. 왜냐하면 정신분석은 인과적 설명에 의존하고 철학치료는 의도적 설명이나 목적론적 설명에 의존한다고 주장하는 것은 옳지만 심리치료에는 프로이트의 정신분석과는 달리 비인과적 설명에 의존하는 학파들이 있기 때문이다. 따라서 철학치료의 정체성은 기존의 전략과는 다른 차원에서 추구되어야 한다.

의도 개념은 철학적으로 중요한 또 하나의 개념인 목적(purpose, telos) 개념과 연관되어 있다. 아리스토텔레스에 따르면[6] 건초, 칼을 포함한 인공물, 식물, 동물, 인간을 포함한 모든 존재는 목적을 갖고 있다. 따라서 어떤 존재를 이해하려고 한다면 그것의 목적과 관련하여 설명할 필요가 있다. 이런 점에서 목적 개념은 철학치료에서 의도와 비슷한 역할을 한다. 철학치료의 맥락에서 어떤 사람에게 왜 특정 행위를 했는지를 묻는다면 그는 그 행위를 하게 된 이유를 포함한 의도적 성명을 제시하거나 아니면 그는 자신의 행위의 목적을 포함한 설명, 즉 목적론적 설명을 제시할 것이다.

이처럼 의도와 목적은 철학치료에서 사람들의 행위를 이해하는 데 있어서 필수불가결한 역할을 담당한다. 그리고 행위를 설명하는 데 있어서 의도를 중심으로 하는 의도적 설명과 목적을 중심으로 하는 목적론적 설명이 있는데, 그런 설명들은 행위의 물리적 원인을 추구하는 인과적 설명과 구분되어야 한다.[7] 철학상담의 맥락에서 의도적 설명은 특정한 의도 개념을 전제하며, 목적론적 설명은 특정한 목적 개념을 전제한다. 그렇기 때문에 행위에 대한 이 두 가지의 비인과적 설명 유형이 동일한 구조를 갖는가라는 의문이 제기될 수 있다. 예들 들어, 폰 리히트는 실천추리에 기반을 둔 목적론적 모형을 제안하면서 목적을 일종의 의도로서 해석했다.

6) Aristotle(1984), Physics II. 8, 199b.

7) 물리주의자들은 모든 것은 물리적 현상에 수반하기 때문에 인간 행위는 인과적으로 설명되어야 한다고 주장한다. D. Davidson(1980), Jaekwon Kim(1993) 참조할 것.

3. 목적론적 모형

앞에서 지적했듯이 인간 행위를 설명하는 데 있어서 중요한 두 가지 설명 모형이 있는데 그것은 인과적 설명과 비인과적 설명(의도적 설명과 목적론적 설명 등)이다. 인과적 설명은 피설명항인 현상들이나 사건들 간의 인과 관계를 추구한다. 예를 들어 지난 저녁파티에서의 내 친구의 예기치 않은 행동을 설명하기 위해서는 그 행동을 야기한 것으로 추정되는 원인들을 알아야 하는데, 그 원인들과 결과로서의 내 친구의 행동 간 인과 관계는 근본 원리나 일반법칙의 형태로 표현되어 있다고 가정된다. 여기서 말하는 일반법칙의 예로서는 갈릴레오의 낙하법칙이나 뉴턴의 법칙들, 그레샴의 법칙(Gresham's law) 들이 있고, 일반 원리의 예로서는 다윈의 진화 원리, 프로이트의 쾌락 원리 등이 있다. 인간 행동을 설명하는 데 관련된 근본 원리나 일반법칙은 신경생리학으로부터 생물학, 사회학, 심리학 차원에 걸쳐 제시될 수 있으며, 대체로 물리과학의 엄격한 법칙 형태보다는 보다 느슨한 이론이나 모형의 형태로 대체되어 나타난다.

헴펠(Hempel)은 설명에 대한 과학적 이론을 제시한 것으로 유명하다. 헴펠의 이론은 몇 가지 설명 모형들을 제시하고 있는데 그 중 연역 법칙적 모형(deductive-nomological model)을 살펴보자. 연역 법칙적 모형은 다음과 같은 구조를 갖고 있다.[8]

---

8) C. G. hempel(1965), p. 249.

• 연역 법칙적 설명 모형

$C_1, C_2, \ldots, C_k$	선행 조건들의 진술	}	설명항
$L_1, L_2, \ldots, L_r$	일반 법칙		
E	설명해야 할 경험적 현상의 기술	}	피설명항

연역 법칙적 모형은 논리경험주의의 전성기를 거쳐 1950년대까지 과학적 설명에 대한 표준적 모형으로서의 영광을 누렸고 그것은 자연과학의 영역을 넘어서 사학, 심리학과 인간의 사회적 행위를 다루는 사회과학분야들에도 적용되었다. 그러나 연역 법칙적 모형은 전성기 동안에도 다양한 비판들에 직면했는데 여기서는 그 중 대표적인 드레이(Dray)의 비판을 살펴보기로 하자. 드레이는 연역 법칙적 모형은 사학과 사회과학에서의 거론되는 대상인 인간 행동들과 사건들을 설명하는 데 적용될 수 없다고 비판하면서, 구체적으로 역사적 설명에서는 연역 법칙적 모형이 당연시하는 것처럼 역사적 사건들을 포섭하는 일반법칙을 구성하기 어렵다고 비판했다, 드레이는 행위에 대한 연역 법칙적 모형의 대안으로서 행위에 대한 합리적 설명으로서 동기적 이유(motivating reason)를 활용하는 설명을 추천했다. 그가 추천하는 동기적 설명의 목적은 “수행된 것이, 아마도 어떤 법칙들과의 일치 속에서, 단순히 특정한 시기에 수행된 것이 아니라 주어진 이유 때문에 수

행된 것이라는 점을 밝히는 것이다."[9] 드레이가 제안한 합리적 설명은 포괄법칙들이 아니라 행위 원리들에 호소한다. 헴펠은 드레이의 비판에 대해 대답하면서 행위 원리들은 왜 행위자가 실제로 특정한 행위를 했는지를 설명하지 못하기 때문에 그것들에 대한 호소하는 설명은 설명력이 없다고 지적했다.[10]

헴펠의 설명 이론, 특히 연역 법칙적 모형을 둘러싼 논쟁을 자세히 다루는 것은 이 글의 주제와 범위를 벗어난다. 여기서는 연역 법칙적 모형은 인간 행위를 설명하는 데 적합한 모형이 될 수 없다는 입장을 받아들이고 더 이상의 논의 없이 다음과 같은 사항들을 철학치료를 위한 실천적 요청으로서 수용하기로 하자.

① 인간 행위는 고유한 유일성과 반복 불가능성을 갖고 있으며, 그 때문에 인과적으로 설명될 수 없다.

② 특정 상황에서 한 행위자의 행위는 그 상황뿐만 아니라 이전의 역사에도 의존하기 때문에 인간 행위에 대한 과학적 일반화는 불가능하다.

③ 목적 지향적 행동을 설명하기 위해서는 의도와 동기를 거론해야 하며 그 결과 의도적 설명이나 목적론적 설명이 필요하다.

---

9) W. Dray(1957), p. 124.
10) C. G. Hempel(1965), p. 472.

이제 본격적으로 행위에 대한 목적론적 설명을 검토해 보기로 하자. 목적론적 설명의 특징은 특정 행위를 수행하게 된 이유나 목적을 보고함으로써 그 행위를 설명하는 데 있다. 표준적인 목적론적 설명은 행위자, 행위자의 행위, 목적론적 결합사로 구성된다. 목적론적 설명의 구체적 형태로서 다음의 예를 살펴보자.

④ 김철수는 자신의 실추된 명예를 회복하기 위해서 자살을 감행했다.

위의 진술은 "... 하기 위해서"라는 목적론적 결합사를 포함하고 있다. 위의 설명은 다음과 같이 다른 목적론적 결합사들을 이용하여 구성될 수도 있다.

⑤ 김철수는 자신의 실추된 명예를 회복하려는 목적으로 자살을 감행했다.

⑥ 김철수는 자신의 실추된 명예를 회복하려는 의도로 자살을 감행했다.

헴펠이 제시한 연역 법칙적 모형이 일정한 구조를 가진 것처럼, 우리는 위의 진술들을 아우르는 목적론적 설명의 구조를 제시할 수 있다. 폰 리히트(1971)는 실천추리(practical inference, PI)에 기반을 둔 목적론적 설명의 구조를 제시했다.[11)]

• (PI)

A는 p를 달성하려고 의도한다.
A는 a를 하지 않고서는 p를 달성할 수 없다고 생각한다.
그러므로 A는 a를 수행하는 것에 착수한다.

위의 구조에서 나타나는 변항, A, a, p는 각각 ④~⑥에서의 "김철수", "자살 감행", "실추된 명예의 회복"을 의미한다.

위의 구조에서 볼 수 있듯이 목적론적 설명의 피설명항은 특정한 행동이나 행동과 관련된 사건이다. 폰 리히트에 따르며 행동은 두 가지 측면, 즉 내적 측면(inner aspect)과 외적 측면(outer aspect)을 갖고 있다.[12] 행위의 내적 측면은 외적인 구현 뒤에 위치하는 지향성이나 의도 또는 의지이다. 외적 측면은 다시 두 가지로 나뉘는데, 근거리(immediate) 외적 측면은 손을 드는 것과 같은 근육 활동이고 원거리(remote) 외적 측면은 창문을 여는 것과 같은 근육 활동이 원인이 되어 나타나는 사건이다.

폰 리히트는 인과적 설명과 목적론적 설명의 차이점을 다음과 같이 보았다.[13] 첫째, 인과적 설명은 보통 과거를 언급하며 그것의 표준적 형태는 "E(결과)가 발생했다, C(원인) 때문에"이다. 이와 반면에 목적론적 설명은 미래를 언급하며 그것의 전형적 형식은 "그것을 일으키지 위해서 이것이 발생했다"이다. 둘째, 단순한

11) G. H. von Wright(1971), p. 96.
12) Ibid., pp. 86-87.
13) Ibid., p. 83.

경우에 인과적 설명에서 C와 E를 묶는 결합사는 충분조건을 표현하는 데 비해 목적론적 설명의 경우 그것은 필요조건을 표현한다. 폰 리히트가 보기에 진정한 목적론적 설명은 규칙적 관계의 타당성에 전혀 의존하지 않는다.

지금까지 보았듯이 폰 리히트가 제시한 목적론적 설명은 이 글이 추구하는 철학치료를 구현하는 데 매우 적합한 모형을 제공한다. 그의 이론은 인간 행위를 설명하는 데 있어서 인과 개념이 아니라 목적 개념에 의존하기 때문에 이번 절의 서두에서 제시된 철학치료의 실천적 요청에 매우 잘 부합한다. 그러나 이런 장점에도 불구하고 폰 리히트의 목적론적 설명 이론은 행위 설명이론으로서 한 가지 중요한 문제를 안고 있다.

문제는 (PI)의 두 번째 전제에 있다. (PI)의 두 번째 전제, 즉 "A는 a를 하지 않고서는 p를 달성할 수 없다고 생각한다."는 진술은 "... 하지 않고서는"(unless)라는 결합사를 포함하고 있다. 둘째 전제에서 "a를 수행하는 것"은 "p"를 달성하기 위한 필요조건이다. 이는 곧 우리의 예에서 김철수는 자신의 감행하는 자살시도가 실추된 자신의 명예를 회복하는데 충분치 않다는 점을 알고 있었다는 것을 의미한다. 이런 상황에서 김철수가 과연 자살을 감행했다고 보아야 하는가? 만약 실추된 명예를 회복하는데 있어서 자살보다도 더 중요한 행동이 있다고 생각되었더라면 그는 자살을 감행하지 않았을 것이다. 이런 이유로 우리는 둘째 전제를 표현하는 데 있어서 문제가 되고 있는 결합사 "unless" 대신에 다른 결합사를 사용할 수 있다. 여기에는 그것을 위한 다양한 방식이 있을 수 있는 데 예를 들어 베커만(Beckermann)은 다음과 같이 충분조건을 반영하는 방식으로 둘째 전제를 표현할 것을 주장한다.[14)]

⑦ A는 a가 자신이 p를 달성하는 데 있어서 적절한 수단이라고 생각한다.

위의 진술에서 “a를 수행하는 것”은 “p”를 달성하기 위한 충분조건에 해당한다. 그렇다면 목적론적 설명은 다음과 같은 구조로 표현될 수 있다.

- (PI*)

A는 p를 달성하려고 의도한다.

A는 a가 자신이 p를 달성하는 데 있어서 적절한 수단이라고 생각한다.

그러므로 A는 a를 수행하는 것에 착수한다.

(PI)와 (PI*) 중 어느 것이 더 나은 목적론적 설명의 구조인가? 이 질문에 대한 대답은 행위 상황에 따라 달라져야 할 것으로 보인다. 즉 상황에 따라 그것들은 모두 건전한 논증을 제공할 수 있

---

14) A. Beckermann(1979), p. 349.

다. 우선, 우리의 앞선 예에서 김철수는 자신이 감행하는 자살시도가 실추된 자신의 명예를 회복하는데 충분치 않다는 점을 알고 있었지만, 동시에 그는 자신이 어떤 행위를 하더라도 자신의 목적을 달성할 수 없다는 사실을 알고 있었다고 가정해보자. 이 경우 그는 자신의 실추된 명예를 회복하기 위한 충분조건이 아니라 여러 필요조건 중 하나로서 자살을 시도할 수 있다. 이와 다르게 김철수는 자살이 자신의 실추된 명예를 회복하기 위한 충분조건이라고 굳건히 믿고 주저하지 않고 자살을 감행했을 수 있다. 여기서 나타나듯이 목적론적 행위 설명의 구조는 상황에 따라 결정될 것이지 선험적으로 고정될 필요는 없다.

베커만은 (PI)를 비판하면서 충분조건을 반영하는 자신의 모형을 제안하기 위해 다음과 같은 반례를 제공했다.

⑧ 안철수는 담배 가게에서 담배를 구입하기 위한 의도로 차들이 빠른 속도로 달리고 있는 도로를 횡단했다.

위의 전제를 (PI)에 대입하면 다음과 같은 구체적인 실천추리가 나타난다.

- (PI−1)

안철수는 담배를 구입하려고 의도한다.

안철수는 차들이 빠른 속도로 달리고 있는 도로를 횡단하지 않고서는 담배를 구입할 수 없다고 생각한다.

그러므로 안철수는 도로를 횡단하는 것에 착수한다.

위에서 제시된 둘째 전제와 결합된 정상적인 상황에서 정상적인 사람이 차들이 빠른 속도로 달리고 있는 도로를 횡단하지 않고서는 담배를 구입할 수 없다고 믿을 것이라고 보기에는 무리가 있다. 물론 여기에는 상당한 애매성이 있다. 즉 '정상적인' 사람이 '정상적인 상황에서' '일반적' 담배를 구입한다는 표현에서 피할 수 없는 애매성이 있다. 따라서 그런 애매한 표현을 해석하는 방식에 따라 베커만이 제시한 예는 (PI)에 대한 반례가 될 수 있거나 그렇지 않을 수도 있다. 예를 들어, 안철수는 담배 가게가 시내 곳곳에 위치하고 있는 도시에 살고 있다고 가정해보자. 그 경우에 안철수가 도로를 횡단하는가의 여부는 편의성의 문제에 불과하며, 분명한 것은 그는 위험한 도로를 횡단하지 않고서 약간의 불편함을 감내하면 담배를 구입할 수 있다는 것이다. 그러나 다른 상황에서는 ⑧은 훌륭한 반례가 될 수도 있다. 예를 들어 안철수는 쿠바산 최고급 시가인 "Gurka Black Dragon"의 애호가이며 그 담배는 그가 사는 도시의 한곳에서만 판매하는데 그 담배 가게가 바로 도로 건너편에 위치하고 있다고 가정해 보자. 이 경우 안철수가 매우 위험하지만 자신이 좋아하는 담배를 구입하기 위해 도로를 건너는 것은 충분이 이해가 된다.

지금까지의 논의를 종합하면 행위에 대한 목적론적 설명의 구조는 행위 상황에 따라 (PI) 또는 (PI*)일 수 있다. 그 두 가지 구조는 둘째 전제에서 각각 행위가 목적을 달성하기 위한 필요조건과 충분조건을 표현하고 있다는 차이점을 보인다. 그렇기 때문에 그 모형들을 철학치료에 작용하기 위해서는 먼저 내담자의 행위 상황이 그 중 어느 것에 적합한지를 파악하고 그 다음에 적용해야 할 것이다.[15] 이는 곧 목적론적 철학치료에서 내러티브의 필요성을 시사한다. 즉 내담자의 행위 상황을 제대로 이해하고 그의 행위의 목적을 이해하기 위해서는 논리적 분석이 아니라 내러티브가 필요하다.

4. 행위의 내러티브적 맥락

내러티브는 우리의 삶과 세계를 조직하고 이해하고 설명하며 그것들에 의미를 부여하는 담화의 한 형태이다. 내러티브의 중요한 특징 중 하나는 그것이 쌍방향의 반성적 대화 과정을 갖는다는 것이다. 즉 내러티브는 자신의 경험을 이해하기 위한 수단인 동시에 역으로 자신의 경험을 구성하기도 한다. 이런 특징 때문에 내러티브는 행위와 의도, 목적을 연결할 수 있으며 그로 인하여 철학치료의 중요한 방법론을 제공할 수 있다.

15) 논리적 관점에서 보았을 때 (PI) 또는 (PI*)는 또 다른 중요한 차이점을 갖고 있다. (PI)는 연역적으로 타당한 실천추리임에 비하여, (PI*)는 연역적으로는 부당한 형식이며 귀추법(abduction)이나 최상의 설명에로의 추리(inference to the best explanation)의 한 형태로 볼 수 있다.

내러티브가 갖는 이런 특징을 일찍이 파악한 철학자들이 있었는데 매킨타이어(MacIntyre), 테일러(Taylor), 리쾨르(Ricoeur)는 각각 고유한 내러티브 이론을 제시한 것으로 유명하다. 여기서는 매킨타이어의 이론을 중심으로 행위의 내러티브적 맥락을 살펴보기로 한다.

행위자는 내러티브의 망 속에서 태어나며 자신의 삶의 목적을 내러티브적 질문을 통해 규정한다. 태생적인 내러티브적 주체로서의 인간, 즉 호모 나랜스(Homo Narrans)는 내러티브 망과 독립적으로 행위에 대한 의도나 의도적 행위를 이해할 수 없다. 우리는 앞 절에서 앤스콤의 이론을 중심으로 행위는 의도와 분리되어 이해될 수 없다는 점을 보았다. 매킨타이어 역시 의도와 독립적으로 행위를 규정하는 것은 불가능하다고 주장하면서 맥락 또는 (그 자신의 용어인) "세팅"(setting)의 역할을 강조한다. "우리는 의도를 행위자 자신과 타자에게 이해가능토록 해주는 세팅과 독립적으로 의도를 규정할 수 없다."[16] 여기에서 우리가 매킨타이어의 내러티브 이론을 검토하는 이유가 나타난다. 즉 그의 이론은 행위의 의도를 이해하는 데 있어서 행위 상황의 중요성을 강조하며, 이는 곧 앞 절에서 언급된 목적론적 설명 모형을 철학치료의 현실에 적용하는 과정으로서의 내러티브에 대한 이론적 배경을 제공한다.

매킨타이어가 보기에 행위는 행위자의 의도, 동기, 목적으로부

---

16) A. MacIntyre (1981), p. 206.

터 지적으로 흘러나오기 때문에, “행위자에게 이해 가능한 설명을 요청하는 것은 언제든 이치에 맞는 일이다.”[17] 다시 말하면 우리는 행위들의 역사적 특징과 그것들의 세팅을 설명하기 위해 행위들에 대한 내러티브적 설명(narrative explanation of actions)이 필요하다. 이런 점에서 내러티브는 우리의 행위, 동기, 사고를 이해가능하게 만드는 데 있어서 근본적인 역할을 담당한다.

그렇다면 매킨타이어가 제시한 내러티브적 이론에서 어떻게 의도, 의도적 행위, 또는 목적에 접근할 수 있는가? 이 질문은 한편으로는 행위에 대한 내러티브적 설명에 관한 일반적 질문인 동시에 다른 한편으로는 방법론적 질문에 해당한다. 행위에 대한 내러티브적 설명은 지금까지 논의된 의도적 설명이나 목적론적 설명과 큰 차이점을 보이지 않기 때문에 두 번째 측면에 논의의 초점을 맞추기로 하자. 매킨타이어는 그 질문에 대해 다음과 같은 첫째 대답을 제시했다.

우리가 만약 행위의 특정한 몇 가지 부분을 행위자의 의도와 연관시키고 또 그가 살고 있는 세팅과 연관시켜야 한다면, 우선 어떤 특징들이 우리에게 의도를 시사하고 어떤 특징들은 그렇지 않는지를 규정한 다음 계속해서 여러 항목들을 그 두 가지 범주에 따라 분류함으로써 행위자의 행위에 관한 다양한 올바른 특징들이 상호 어떤 관계에 있는지를 정확히 이해해야 한다(A.

17) Ibid., p. 209.

MacIntyre, 1981, p. 207).

위의 인용문에서 매킨타이어가 제시한 내용을 참고하여 우리는 철학치료를 위해 다음과 같이 내러티브적 철학치료의 미시적 절차를 구성할 수 있다.

● 내러티브적 철학치료의 미시적 절차

1 단계: 의도를 거론하는 것과 그렇지 않은 특징들을 확인하기
2 단계: 행위자의 의도와 세팅과 관련하여 항목들을 분류하기
3 단계: 특징들이 상호 연관되는 방식을 이해하기
4 단계: 특정 행위를 의도와 세팅에 연관시키기

방법론적 질문에 대한 매킨타이어의 두 번째 대답은 다음과 같이 의도와 세팅 간의 관계에 대한 거시적 분석이다.

우리는 두 가지 종류의 맥락을 명시적이지 않더라도 함축적으로 끌어들임으로써만 하나의 특정한 행동을 규정할 수 있다. 우리는 행위자의 의도들을... 행위자의 역사 속에서 차지하고 있는 그것들의 역할과의 관계 하에서 인과적이고 시간적 순서로 정리한다. 우리는 또한 그 의도들이 속해 있는 세팅이나 세팅의 역사 속에서 그것들이 담당하는 역할과의 관계 속에서 행위자의 의도를

정리한다. 그렇게 함으로써, 또한 행위자의 의도들이 하나의 방향 또는 다른 방향으로 어떤 인과적 효과를 갖는지를 규정함으로써, 그리고 행위자의 단기적 의도들이 장기적 의도들을 구성하는데 성공했는지 아니면 실패했는지를 규정함으로써, 우리 자신은 이런 역사들의 또 다른 하나의 부분을 작성한다. (A. MacIntyre, 1981, p. 208)

미시적 경우와 마찬가지로 우리는 다음과 같이 내러티브적 철학치료의 거시적 절차를 구성할 수 있다.

● 내러티브적 철학치료의 거시적 절차

1 단계: 행위자의 의도들을 행위자의 역사 속에서 차지하고 있는 그것들의 역할과의 관계 하에서 인과적이고 시간적 순서로 정리하기

2 단계: 행위자의 의도들이 속해 있는 세팅이나 세팅의 역사 속에서 그것들이 담당하는 역할과의 관계 속에서 행위자의 의도를 정리하기

3 단계: 행위자의 의도들이 하나의 방향 또는 다른 방향으로 어떤 인과적 효과를 갖는지를 규정하기

4 단계: 행위자의 단기적 의도들이 장기적 의도들을 구성하는 데 성공했는지 아니면 실패했는지를 규정하기

지금까지 우리는 폰 리히트와 매킨타이어의 이론을 중심으로 철학치료의 의도적 모형 또는 목적론적 모형을 구성해 보았다. 물론 폰 리히트와 매킨타이어는 자신들의 이론을 상담 이론으로서 제안하지는 않았다. (PI)는 헴펠의 연역 법칙적 행위 모형에 대한 대안으로서 제안된 것이었으며, 매킨타이어의 내러티브 역시 근대 자유주의에 기반을 둔 도덕철학에 대한 대안으로서 아리스토텔레스적인 목적 중심적 윤리관으로서 제시되었다. 그럼에도 불구하고 그들의 이론은 인간 행위를 제대로 이해하기 위한 방향을 모색한다는 점에서 철학치료에 적용될 수 있다. 왜냐하면 철학치료란 어떻게 살아야 할 것인지를 반성하는 분야이기 때문이고, 특히 이 글의 주제인 행위 설명과 관련하여 본다면 그 두 이론은 목적과 의도와 독립으로 행위를 이해하는 것이 불가능하다고 주장한다는 점에서 철학치료의 정체성을 확보하는 길을 제공하기 때문이다.

마지막으로 (PI)와 (PI*), 그리고 내러티브적 철학치료의 미시적 절차와 거시적 절차를 다음과 같이 연결해 보기로 하자.

• 목적론적 · 내러티브적 철학치료 모형

1 단계: 내러티브적 미시적 절차

2 단계: (PI) 또는 (PI*)

3 단계: 내러티브적 거시적 절차

내러티브적 철학치료의 미시적 절차는 내담자의 의도와 세팅을 분류하고 확인하여 그 둘 간의 관계를 연결하기 때문에 철학치료의 초기 단계인 1단계에 적용되는 것이 좋을 것이다. 행위의 의도와 세팅에 대한 미시적 이해는 2 단계에서 (PI)와 (PI*)를 통해서 보다 구체적인 형태로 나타난다. 앞 단계에서 내러티브적으로 이해된 의도와 세팅이 이제 논리적 표현되면서 합리적으로 이해된다. 마지막 3 단계에서는 이제까지 추리 형태로 이해된 행위와 의도, 목적, 세팅이 다시 내러티브적 형태를 통해 보다 실천적이고 주체적으로 이해된다. 행위자의 특정 행위는 그것의 목적과 연관하여 검토됨으로써 역사적 의미가 부여된다. 필자는 지난 7년 간 철학치료를 위해 목적론적 · 내러티브적 모형을 활용해 오면서 마지막 단계에서 내담자로 하여금 자서전을 쓰도록 유도하고 있다. 자서전 글쓰기는 철학치료에 대한 내러티브적 접근을 구현하고 행위의 의도와 삶의 목적을 자율적으로 확인하는 좋은 방법이다.

5. 나가기

나는 지금까지 의도와 내러티브의 개념을 중심으로 하는 철학치료의 모형을 앤스콤, 폰 리히트, 그리고 매킨타이어의 이론을 활용하여 검토하고 그 결과로서 철학치료에 대한 목적론적이고 내러티브적 모형을 제안했다. 여기서 제안된 모형은 행위의 의도와 삶의 목적에 대한 철학적 반성을 유도한다는 점에서 세계관 해석이나 비판적 사고에 기반을 둔 기존의 철학치료 이론과 차이가 난다. 또한 그 모형은 철학치료와 큰 차이를 보이지 않고 있는 기존의 심리치료 이론들과의 차별성을 보임으로써 철학치료의 정체성을 확립하는데 기여한다. 이 글에서 제안된 목적론적 · 내러티브적 철학치료 모형은 이론적으로나 방법론적으로 시론적 성격이 강하기 때문에 세부적으로는 아직 완성되지 않은 부분이 많다. 특히 방법론적으로 그 모형은 (PI)와 (PI*), 내러티브적 미시적 절차와 거시적 절차 간의 관계를 보다 구체적으로 제시해야 할 것이고 이론적으로는 의도적 설명과 목적론적 설명 간의 관계를 분명히 밝혀져야 할 것이다. 또한 본문에서 철학치료를 위한 실천적 요청으로 도입된 사항들에 대한 정당화도 제시되어야 할 필요가 있다. 이런 작업들은 이후 별도의 글을 통해 이루어질 것이다.

참고문헌

Achenbach, G. 1994. Philosopische Praxis. K ln: J rgen Dinter.

Anscombe, G. 1957/2000. Intention. Cambridge, MA: Harvard University Press.

Aristotle. 1984. Complete Works of Aristotle, 2 vols. Princeton, NJ: Princeton University Press.

Beckermann, A. 1979. "A Note on von Wright's Formulation of Intentional Explanations." Erkenntnis 14: 349-53.

Bruner, J. 2002. Making Stories: Law, Literature, Life. Cambridge, MA: Harvard University Press.

Davidson, D. 1960. Essays on Actions and Events. Oxford: Clarendon Press.

Frankl, V. 1969. The Will to Meaning: Foundations and Applications of Logotherapy. New York: World Publishing Co.

Hempel, C. G. 1948. "Studies in the Logic of Explanation." Philosophy of Science 15: 135-75. Reprinted in Aspects of Scientific Explanation and Other Essays in the Philosophy of Science, 1965. 245-95. New York: Collier-Macmillan.

Jaekwon Kim. 1993. Supervenience and Mind. Cambridge: Cambridge University Press.

Lahav, R. 1995. "A Conceptual Framework for Philosophical Counseling: Worldview Interpretation". In R. Lahav and M. da V. Tillmanns eds, Essays on Philosophical Counseling. New York: University Press of America: 3-24.

MacIntyre, A. 1985. After Virtue: A Study in Moral Theory. 2nd edition. London: Duckworth.

Plato. 2005. The Collected Dialogues of Plato. Princeton, NJ:

Princeton University Press.

Young E. Rhee 2010. "A More Philosophical Model of Counseling." Universitas 37(1): 35-48.

_____. 2014. "A Case Report of Philosophical Counseling in the Center for Single Moms." (Unpublished)

Ricoeur, Paul. 1984. Time and Narrative, 3 vols. Translated by Kathleen McLaughlin and David Pellauer. Chicago, IL: University of Chicago Press.

Taylor, C. 1992. Sources of the Self: The Making of the Modern Identity. Cambridge, MA: Harvard University Press.

von Wright, G. H. 1971. Explanation and Understanding. Ithaca, NY: Cornell University Press.

※ 이 글은 필자의 논문 「의도, 내러티브, 그리고 철학상담」(『번난철학』 제77집)을 수정 · 보완한 것이다.

내러티브 중심 인문치료의 정신분석학적 근거

이 민 용

I. 들어가며

내러티브(이야기)에는 여러 기능이 있다. 즐거움과 쾌락을 주는 기능, 정보와 지식을 주는 기능, 지혜와 깨달음을 주는 기능, 정서적 교류의 기능 등이 있다. 그리고 이와 함께 본질적인 기능 중의 하나로 치유적 기능도 있다. 이야기에는 우리의 마음을 위로하고 치유하는 기능이 있다. 예로부터 사람들은 슬프고 가슴 아픈 일이 있으면 그것을 이야기로 풀어내서 가까운 사람들과 나누곤 하였다. 그러면 듣는 사람은 다시 자신의 이야기로 화답함으로써 상대방의 아픔과 고통을 공감하며 어루만지려고 하였다. 이런 이야기가 언어적으로 정제되어 표현되면 시가 되고, 전래 동화, 전설, 신화, 소설이 되었다. 이런 점에서 내러티브와 이를 중심으로 한 문학과 역사이야기, 철학적 우화 등을 포괄하는 인문학을 치유적으로 활용할 가능성이 있다고 할 수 있다.

이야기의 이런 치유적 기능은 현대에 와서 심리상담이나 심리치료(psychotherapy), 문학치료에서 체계적으로 활용되고 있다. 가족치료와 정신복지학, 아동학에서 많이 이용되고 있는 내러티브 테라피 narrative therapy나 문학치료에서 얘기되고 있는 스토리텔링 테라피 storytelling therapy, 심리학에서 얘기되고 있는 내러티브 심리학 등이 바로 그것이다. 내러티브 테라피는 외국에서 이미 수천 건의 연구가 쌓여 있고(앨리스 모건, 2003: 3), 국내에서도 관련 학회가 생기고[1] 관련 저역서만 해도 현재 스무 권 가까이 될 정도로 여기에 관심이 높아져 있다. 그런데 이러한 이야기 치료가[2] 마음의 문제뿐만 아니라 마음에서 비롯된 육체적 문제까지 해결할 수 있을까? 예컨대 신경증처럼 마음에서 비롯되어 몸에 문제가 생겼지만 그 몸이 마음대로 제어되지 않고 계속 병리적 상태에 있는 경우에도 내러티브가 치료적 기능을 다할 수 있을까? 그리고 이러한 내러티브 중심 인문치료의 치유적 근거를 정신분석학에서도 찾아볼 수 있을까? 이것이 이 글에서 제기하는 문제 의식이다.

사람들이 세상을 살아가면서 불안에 직면하는 경우가 많다. 산다는 것 자체가 불안을 내포한 것이기도 하다. 그래서 S. 프로이트도 불안에 관하여 많은 관심을 갖고, 불안에서 생기는 심리적 문제들을 해결하려고 노력했다. 정신분석학의 기초를 놓은 히스테리 연구에도 히스테리 원인으로서의 불안·공포에 대한 연구가 근저에 있었다. 프로이트가 불안을 주제로 삼아 직접 쓴 중요한 글만 살펴보면, 『정신분석강의』(1916-1917)의 25번째 강의 제목이 「불안」이고, 『새로운 정신분석강의』(1933)의 32번째 강의 제목도 「불안과 본능적 삶」이다. 그 사이인 1926년에 그는 「불안의 문제」라는 글을 쓰기도 했고, 『억압, 증상 그리고 불안』이라는 책을 내기도 했다. 프로이트에 따르면 "불안은 하나의 정서적 상태로서 지나간 위협적인 사건의 재생 작용이고, 자기 보존의 목적에 기여하는 새로운 위험에 대한 신호이며, 어떤 이유에서 사용할 수 없게 된 리비도에서부터 발생하고, 억압 과정 중에 일어난다."(지크문트 프로이트 / 임홍빈 · 홍혜경 (옮김), 2011: 115).

프로이트는 불안을 현실불안(Realangst)와 신경증적 불안(die neurotische Angst)으로 나누어서, 일상적인 현실에서 겪게 되는 삶의 불안과, 신경증이나 심인성 육체적 마비 등을 불러오는 병리학적인 불안으로 구분해서 생각하였다(지크문트 프로이트 / 임홍빈 · 홍혜경 옮김, 2011: 114). 전자(前者)의 불안도 물론 이야기치료에서 많이 다룰 수 있는 대상이라고 할 수 있지만, 이 글에서는 후자의 불안에 대한 이야기치료의 입장에서 접근해보려고 한다. 여기서는 특히 정신분석학 연구의 토대가 되었다는 평가를 받는 히스테리 치료 사례를 중심으로 불안 · 공포[3] 신경증에 대한 이야기치료적 접근 방법 및 이야기치료와 문학치료의 심층심리학적 근거를 연구하려고 한다.

지금까지 이야기치료에 직접 관련된 연구는 문학치료보다는 상담치료나 심리치료의 관점에서 접근한 것들이 많았다. 불안의 문제를 다룬 연구로는 이야기를 활용하여 심리적 문제들을 치유하려는 책 속에서 불안의 문제를 다루는 경우가 있었지만,[4] 불안신경증을 치유하는 정신분석학과 이야기치료의 관계에 관해 본격적으로 논의한 연구는 아직 보지 못했다. 문학연구자들이 정신분석학을 다룬 경우는 적지 않지만 이야기치료 차원이 아니고 문학 연구나 문학비평 차원의 것들이 대부분이었다. 정신분석학과 내려티브에 관련해서는 박찬부의 연구(2007, 1996)가 두드러진다. 그러나 이것은 주로 문학연구의 관점에서 내러티브와 정신분석학을 다룬 것이어서 아직 이야기치료나 문학치료 관점이 뚜렷한 것은 아니었다. 이 글에서는 이야기치료의 관점에서 정신분석학의 불안공포 신경증 치료를 살펴봄으로써 불안공포 신경증에 대한 이야기치료적 접근 가능성과 내러티브 중심 인문치료의 심층심리학적 근거를 찾아볼 계획이다.

II. 이야기치료의 관점에서 본 불안공포 신경증의 병인(病因)

1. 신경증과 〈안나 오 양 Fräulein Anna O.〉의 사례

프로이트에 따르면 신경증은 넓은 의미로 자아 기능이 의식의 뜻대로 온전히 발현되지 못하는 상태 일반을 의미하는데, 이것은 현실신경증과 정신신경증으로 구분된다. 현실신경증은 정신적 외상이나 갈등으로 인해 발생한 것이 아니라, 단지 리비도 분출의 부적절함으로 인한 자아 기능의 마비 상태를 지칭한다. 따라서 현실 경험을 통해 리비도를 적절히 분출해주면 해소될 수 있다. 현실신경증은 '불충분한' 리비도 분출로 인한 불안신경증과 '불만족스러운' 리비도 분출 경험에 기인된 신경쇠약증으로 구분된다. 반면에 정신신경증은 전이 신경증과 자기애적 신경증으로 구분된다. 전이 신경증에는 히스테리, 강박신경증, 공포신경증이 있고, 자기애적 신경증에는 편집증, 분열증이 있다. 프로이트는 리비도가 외부 세계에서 철수하여 자신의 자아에 부착된 자기애적 신경증은 분석가와 피분석자 사이의 정신분석 관계가 맺어지지 않기 때문에 정신분석 치료가 불가능하다고 본 반면에, 리비도가 자기 밖의 타자에게 전이될 수 있는 전이신경증만이 정신분석 관계 설정과 치료가 가능하다고 본다.[5)]

이야기치료의 관점에서 신경증의 문제에 접근하려는 이 글에서는 이렇게 치료 가능한 불안공포 신경증에 우선 주목하게 되는데, 이에 대한 사례로서 관심을 끄는 것이 정신분석학에서 카타르시스 치료로 유명한 '안나 오 양 (Fräulein Anna O.)의 치료 사례'이다. 『히스테리 연구』(1895년)에[6)] 소개된 이 사례는 프로이트의 동료 선배인 브로이어가 치료를 하고 프로이트도 이에 관해 잘 알고 있었으며 이 책의 자기 글에서도 여러 번 언급한다. 당시 21살 처녀였던 안나 오 Anna O.는[7)] 불안과 공포로 인해서 팔다리가 마비되고 평소 쓰던 독일어를 갑자기 까맣게 잊어버리고 영어로만 말할 수 있을 뿐만 아니라 여러 가지 시각 장애, 청각 장애, 신경통, 기침, 손떨림 등으로 고통을 겪게 된다. 그녀가 이런 병에 처음 걸리게 된 상황을 브로이어는 다음과 같이 보고하고 있다.

> 1880년 7월 그녀의 아버지가 시골에 머무는 동안 심한 흉막하농양(胸膜下膿瘍)을 앓고 있었다. 안나는 어머니와 역할을 분담하여 아버지를 간호하였다. 그녀는 밤에 높은 열에 시달리던 아버지에

대한 불안감에 휩싸여 잠에서 깨어났다. 그녀는 수술을 집도하기 위해 빈으로부터 도착할 예정이었던 외과 의사를 기다리면서 초조해 하고 있던 참이었다. 그녀의 어머니는 잠시 다른 곳에 있었고, 안나는 자신의 의자 등받이에 오른팔을 올려놓은 채 병상을 지키고 있었다. 그때 그녀는 백일몽 상태에 빠졌고 검은 뱀 한 마리가 벽에서 나와 아버지 쪽으로 가서 물려고 하는 것을 보았다. (실제로 집 뒤에 뱀이 있었고, 이전에 그 뱀들 때문에 그녀가 놀랐을 가능성이 매우 크다. 그래서 그 뱀들이 환각의 소재를 제공했을 것이다). 그녀는 이 뱀을 쫓아 버리려고 했지만 마치 마비가 된 듯, 몸이 움직이지 않았다. 의자 뒤에 있던 그녀의 오른팔이 저렸기 때문에 마비가 되어 감각이 없었다. 그녀가 오른팔을 내려다보았을 때 손가락들이 죽은 사람의 머리를 한(손톱 부분) 작은 뱀들로 변했다(그녀가 뱀을 쫓기 위해 마비된 오른팔을 사용하려 했었고, 그 결과 무감각과 마비가 뱀의 환각과 결합되었을 것이다). 뱀이 사라졌을 때 공포의 와중에서도 그녀는 기도하려 하였다. 그러나 말이 나오지 않았다. 그 어떤 언어로도 말할 수가 없었다. 드디어 영어로 된 어린이용 성구를 생각해 내었고, 그런 영어로 기도할 수 있게 되었다. 그녀가 기다리던 의사를 태우고 온 기차의 기적 소리에, 그녀는 마력의 주문에서 깨어났다.

그 다음날 게임을 하던 중 그녀는 덤불숲에 고리를 던졌다. 고리를 주우려고 들어갔을 때 구부러진 나뭇가지가 뱀의 환각을 다시 불러일으켰고, 동시에 오른팔이 뻣뻣하게 경직되었다. 그 이후로 어떤 뱀 비슷한 형체를 한 물체에 의해 환각이 되살아 올 때마다 오른팔의 경직이 일어났다(Josef Breuer and Sigmund Freud, 1895: 38f), (김미리혜 옮김, 2003: 57-58).

안나는 아버지에 대한 사랑이 지극했기 때문에 아버지에 대한 염려와 아버지가 죽으면 어떡하나 하는 불안이 남보다 컸을 것이다. 그래서 그 불안이 한밤중에 혼자 병상을 지키는 20대 초반의 처녀에게 공포심으로 작용했을 것이다. 그러나 일반적으로는 불안과 공포가 곧바로 환각을 불러일으키고, 그것이 마비 등의 신체적 장애로까지 이어지지는 않는다. 그런데 안나의 경우는 그랬다. 위의 환각으로 마비를 경험하기 이전, 겉보기에 건강할 때에도 "그녀는 간호하는 동안 아버지의 머리가 죽은 사람의 머리가 된 환각을 본 적이 있었다. 당시 그녀는 친척집을 방문했다가 돌아와 그녀가 문을 여는 순간 의식을 잃고 그 자리에 쓰러졌다."[8] 신체 마비, 독일어 실어증, 시력 장애와 같은 안나의 심각한 신체적 병리 현상이 불안과 공포라는 심리적 원인에서 비롯될 수 있는 이유, 즉 증상의 병인(病因)은 무엇인가? 이야기치료의 관점에서 보면 그 원인이 어디에서 비롯된다고 할 수 있을까?

2. 이야기치료의 관점에서 본 불안공포 신경증의 원인과 발생

이야기치료에서는 우리가 이야기를 통해 현실을 이해하고 해석하며, 현실에 대한 우리의 판단과 행동도 자기 내면의 스토리에 따라 이루어진다고 본다. 이야기가 치유적 힘을 발휘할 수 있는 기본적인 힘은 바로 이야기를 통해 우리가 세계를 해석하고 이해하며 자신의 정체성과 생각을 확립할 수도 있고 그것을 바꿔갈 수도 있다는 사실에서 비롯된다(Martin Payne, 2006: 5-17). 폴 리쾨르는 우리가 이야기를 통해 현실을 해석하고 이해할 수 있으며, 우리 자신의 정체성과 생각을 정립할 수 있다고 주장한다. 이것을 그는 이야기 정체성(narrative identitiy)이라고 한다(Paul Ricoeur, 1988)[1985]: 246). 이야기가 현실 해석과 이해에서 중요한 역할을 할 수 있는 이유는 우선 이야기가 지닌 현실과의 구조적 유사성에서 찾아볼 수 있다. 서사학에서 담화(discourse)와 함께, 이야기(narrative)의 핵심적인 두 요소 중의 하나로 꼽히는 스토리(story)에는(패트릭 오닐 / 이호 (옮김), 2004: 35) 인물·사건·배경(시간, 공간) 등의 핵심 요소가 있다. 이야기는 이런 면에서 삶의 구조와 비슷하다. 우리는 현실 속에서 자기 삶의 주인공으로서 살아간다. 자기 삶의 이야기에서 주인공 역할을 하면서 살아가는 것이다. 한편 이야기에는 이렇게 등장인물이 있을 뿐 아니라, 사건도 필수 요소다. 우리는 끊임없이 행동하고 살아가며 사건을 만들어간다. 이런 점에서 삶의 사건들은 이야기의 사건으로 전환될 수 있다. 그래서 삶은 비슷한 구조를 지닌 이야기를 통해 해석되고 효과적으로 이해될 수 있다(이민용, 2010. 6: 255-257). 이와 관련해서 안나 오가 지니고 있던 백일몽 습관에 주목할 필요가 있다. 브로이어의 다음 보고를 살펴보자[9]

> 이 소녀는 지적인 활기로 넘쳐나고 있었으나 청교도적 사고방식을 지닌 가족들과 함께 매우 단조로운 생활을 영위하고 있었다. 그녀는 그 단조로운 생활을 흥미롭게 만들기 위해 자신이 〈개인 극장〉

> 이라고 부른 백일몽으로 윤색하고 있었다. 아마도 이것이 그녀를 병에 걸리도록 영향을 미친 것이 아닐까 싶다. 사람들이 그녀가 주위에 함께 있다고 생각할 때, 실상 그녀는 자신의 상상 속에서 동화의 삶을 살고 있었다. 그렇지만 누군가 그녀에게 말을 걸면 그녀는 항상 자기가 있던 자리로 돌아오기 때문에 그 누구도 그 사실을 눈치채지 못했다. 그녀는 집안일을 나무랄 데 없이 잘 하는 동안에도 이러한 공상을 거의 끊임없이 계속하였다(S.E. Vol. II: 22).

여기서 보듯 안나는 평소에 사회생활도 하지 않고 집안에서 단조로운 무료한 생활을 하고 있었기 때문에 어떤 재미가 필요했다. 마치 직장도 없고 사회생활을 하지 않는 아이들이 놀이에 빠지는 것과 비슷하다. 안나에게는 백일몽과 상상, 동화, "개인극장"이 서로 연결되어 있는 것이다. 프로이트는 「작가와 몽상」에서 이런 어린애의 놀이와 어른들의 몽상, 몽상과 문학, 놀이와 문학이 쾌락을 바라는 리비도의 욕구와 유희성에서 서로 유사하다고 말했다(S.E. Vol. IX: 141-153). 그러면서 그는 몽상에서 신경증으로 전환될 수 있는 위험을 다음과 같이 밝힌다.

> 신경증과 정신 이상이 발생할 수 있는 조건들을 형성하는 것은 다름 아니라 여러 몽상들이 모였을 때 그로부터 몽상들이 얻게 되는 지배적인 지위인 것이다. 몽상은 이성적인 정신 활동의 마지막 단계이면서 또한 환자들이 종종 호소해 오는 고통스러운 증후들의 전단계이기도 하다. 바로 이 지점에서 병으로 이어지는 넓은 측면 도로가 갈라지게 된다(S.E. Vol. IX: 150).

위에서 얘기된 것처럼 프로이트에 따르면 과거와 현재, 미래에 얽혀 있는 욕망의 표현인 몽상이 그 현실과의 연결고리를 끊고 이성보다 지배적 위치를 차지할 때 신경증이 생긴다. NLP(Neuro-Linguistic Programming 신경언어프로그래밍)에서는 잘못된 믿음으로 굳어진 생각의 고리들이 병을 만든다고 한다(전경숙, 2008: 241-254). 예를 들어 폐쇄공포증 환자가 승강기에 타서 공포를 느끼는 경우 다음과 같이 생각의 고리들이 자동적으로 연쇄적으로 이어져서 고통을 느낄 수 있다. '나는 폐쇄되었다 --〉 (나는) 빠져 나갈 수 없다 --〉 (나는) 두렵다 --〉 공포심에 숨쉬기가 어렵다 --〉 목이 조여지는 것 같다.' 여기서 말하는 믿음으로 굳어진 생각의 고리들을 이야기치료에서는 내면의 자기 스토리 (I-stories)라고 말한다. "뇌는 상상과 현실을 구별하지 못한다. 상상할 때와 직접 사물을 관찰할 때 사용하는 뇌 기관은 비슷하고 어떤 동작에 대해 상상했을 때 뇌에서 적용되는 부분도 실제 그 동작을 취했을 때 일어나는 현상과 겹친다."(이영돈, 2010: 345). 바로 이것이 정신 훈련의 가장 기본으로서 문학과 이야기를 통한 치유 과정의 기본 전제라고 할 수도 있지만, 몽상이 불안 공포 속에서 신경증으로 변할 수 있는 이유이기도 하다.

안나는 단조롭고 무료한 생활 속에서 백일몽에 빠져 지내기를 좋아했었기 때문에 습관적으로 머릿속으로 이야기를 이어가고 있었고 이것이 환각을 일으켜서 그녀의 병을 유발하게 한 소인이 된 것으로 볼 수 있다. 그래서 병이 처음 발병했던 위의 상황에서도 집 뒤에 있는 뱀에 대한 무의식 속 공포심과 결합해서 환각이 일어났을 것이다. 상상 속 이야기가 현실의 공포와 결합해 정신적·신체적 장애를 유발했던 것이다. 자극에 근거하지 않는 지각은 환각이고(Henry Gleitman) 장현갑 외 옮김, 1999: 188) 여기에 공포가 작용해서 신경증으로 이행했다고 할 수 있다. 환각에 기초해서 공포심을 느낀 자아가 강력하게 리비도를 억압해서 불안을 심하게 느껴서 마음과 달리 몸이 제대로 움직여지지 않는 공포신경증으로 전환된 것이라고 할 수 있다.

우리가 어떤 이야기를 만들어 낼 때는 지각하고 있는 것과 이미 지각하여 기억으로 저장해 놓았던 것을 인출하여 재구성하여 만들어낸다. 영국의 심리학자인 바틀릿(Frederic Bartlett)은 영국인들에게 다른 문화권의 전설에서 따온 이야기들을 들려주고 다시 쓰도록 하였더니 자신들에게 익숙한 영국의 설화를 근거로 해서 엉뚱한 이야기로 재생하는 것을 발견하였다. 이것이 심리학에서 얘기하는 기억에서의 간섭(interference) 현상이다. 이후 수많은 실험을 통해 사건이나 이야기에 대한 기억이 그 사건이나 이야기를 이해하도록 만들어주는 사전 지식의 틀에 의해서 강력한 영향을 받는다는 바틀릿의 주장이 입증되었다. 바틀릿 이후 심리학자들은 그러한 개념적 틀을 스키마(schema)라고 부르고 스키마의 특수한 부분집합을 스크립트(script)라고 부르고 있다. 그래서 사람들이 이러한 스키마와 스크립트를 바탕으로 해서 이야기를 구성한다는 것이 밝혀졌다.[10] 지각과 기억은 매우 유사하게 둘 다 상향 처리뿐만 아니라 하향 처리의 영향을 받는다. 그런데 상향 처리가 없는 지각, 즉 자극에 근거하지 않는 지각은 환각에 해당되고, 상향 처리가 없는 기억, 즉 기억 흔적을 참조하지 않는 기억은 지각적 망상에 해당한다(Henry Gleitman / 장현갑 외 옮김, 1999: 188). 무의식에서 비롯된 생각이 현실원칙을 무시할 때 망상이 되기도 한다. 안나의 경우 백일몽 습관으로 자극과 유리된 상태에서 상향적 처리가 헐거워지고 공포가 덮쳐서 현실적 감각이 마비되었을 뿐만 아니라, 백일몽으로 이미 기억 속에 스키마로 자리잡은 것 즉, 뱀 공포, 죽음의 공포 등이 하향적으로 작용하여 신경증이 유발된 것이라고 볼 수 있다.

한편 이야기에는 현실의 이야기와 픽션으로서의 이야기가 있다. 우리는 일상 속에서 자신의 인생사를 이야기하고, 오늘 있었던 일을 서로 이야기 하는 등 현실 이야기로써 의사소통하고 감정을 나눈다. 현실 속에서 경험하는 사건을 이야기로 인식하고 그 이야기를 통해 현실을 이해하고 해석하는 것이다. 그런가 하면 우리는 옛날이야기나 소설, TV 드라마, 영화, 애니메이션, 컴퓨터 게임 등을 통해서 허구적 이야기를 접하며 살고 있다.

그러나 우리는 일반적으로 현실의 이야기와 허구적 이야기를 혼동하지는 않는다. 우리 내부에 서사 요소들을 제대로 연결하는 서사 능력(narrative competence)이 제대로 작동하기 때문이다. 이것은 인간이 정상적인 생활을 할 수 있는 기본 능력으로서 현실에서 습득하고 유지해야 할 능력이다. 주어, 동사, 목적어 등이 연결되어 문장을 이루는 것처럼 서사를 구성하는 요소로는 인물, 사건, 모티프, 시간, 공간 등이 있다. 우리는 서사를 구성할 때 이런 서사 요소들을 합리적으로 연결하게 된다. 만약 그렇지 못하면 이야기치료의 관점에서 보았을 때 심리적 문제에 빠지게 된다. 우리는 어렸을 때부터 수없이 이야기를 듣고 만들면서 서사능력을 형성해왔다. 그래서 어떤 인물이 어떤 시간과 공간에서 어떤 사건을 만들어 갈 수 있는지 우리는 잘 알고 있다. 가령 "삼성전자의 과장 김철수 씨가 청동기 시대에 조선의 수도 로마에서 신데렐라와 데이트했다"라는 이야기가 문법적으로는 옳을지 모르지만 서사학적으로 틀렸다는 것을 누구나 안다. 서사 구성 요소들의 관계가 엉망이기 때문이다. 인물, 시대, 공간 등의 서사요소가 서로 맞지 않는다. 현실적 인물 김 과장이 동화 속 인물 신데렐라와 같은 차원(시공간)에 존립할 수 없다. "조선의 수도 로마"도 시간과 공간의 조건에서부터 서로 맞지 않는다. 그래서 인물이 관계를 맺어 벌이는 사건, 즉 '김 과장이 신데렐라와 데이트한다'는 사건도 인물·시간·공간 등의 다른 서사 요소와 호응하지 않는 것이다. 서사 구성 능력은 이런 서사 요소들의 관계를 정확하게 일치시켜서 구성하는 능력이고, 정상적인 현실에서는 기본적으로 요구되는 능력이다. 이 '삼성전자 김 과장의 이야기'를 현실의 이야기로 한다면 이상한 사람으로 취급받을 것이고 허구적 이야기로 한다고 해도 서사적 진정성이 없는 이야기로 생각될 것이다. 우리가 미친 사람을 구별할 때 외모나 육체적 이상을 보고 구별하는 것이 아니라 그와 몇 마디 이야기를 나누어 미친 사람임을 금세 구별해낼 수 있는 이유가 여기에 있다.

그런데 안나의 경우는 그렇지 못했다. 리비도의 충족을 위한 공상이나 환각에 의한 공포로 이루어진 이야기가 머릿속에서 이루어져서 현실의 서사와 상상의 서사가 그녀의 내면에서 뒤엉켜서 비정상적인 스토리로 형성되었다. 안나가 위의 상황에서 스토리를 잘못 구성한 것이다. 즉 〈아버지가 병들어 꼼짝을 못하고 병상에 누워 있다〉라는 현실의 서사에 〈검은 뱀 한 마리가 벽에서 나와 기어가서 아버지를 물려고 한다〉, 〈내 손의 손가락이 죽은 사람의 머리를 한 작은 뱀들이 되어 꿈틀거린다〉라는 이야기를 연결해 현실을 환각한다. 그리고 아버지가 그 뱀에 물려서 죽을 위기에 처했다는 환상의 이야기를 짓고 거기서 엄청난 공포를 느낀 나머지 오른손 마비를 비롯한 여러 신체적 장애까지 겪게 되는 것이다. 그래서 안나의 경우는 환상 속에서 만들어지는 이야기가 이런 현실의 이야기에 잘못 연결되어 현실 속 이야기처럼 인식되면서 공포가 솟아오르고 이것이 다시 무의식에 억압되어 신경증이 생긴 것이라고 할 수 있다. 이때 서사 요소들을 잘못 연결시키는 원인은 리비도의 추동에 따른 백일몽 습관과 여기서 비롯되어 스키마로 굳어진 서사의 간섭, 그리고 공포로 인한 서사 능력의 마비가 작용한 결과라고 할 수 있다. 프로이트의 정신분석학에서는 병인론(病因論)이 크게 외인론(外因論)과 내인론, 혹은 외상설(外傷說)과 환상설로 나뉜다. 강한 외적 자극이 정신에 상처를 주어 그것이 트라우마(trauma)로 작용하기 때문에 정신장애가 생기는 경우 외인론(외상설)으로 설명될 수 있다(이창재, 2000. 5: 94f). 그런데 안나 O. 양의 사례에서는 잘못된 내러티브가 병인으로 작용한 것으로 보면 내인론, 즉 환상설로 설명할 수 있을 것이다.

III. 이야기치료의 관점에서 본 정신분석학의 불안공포 신경증 치료 방법

1. 이야기에 의한 문제 감정의 정화 – 정서적 이야기 치료

앞에서 안나 오의 신경증이 생기게 된 원인을 이야기치료의 관점에서 살펴보았다. 그러면 그녀의 신경증은 어떤 방식으로 치료될 수 있는가? 이야기치료의 관점에서 살펴보기로 하자. 브로이어는 안나 오가 잠시나마 신경증에서 벗어나는 계기를 다음과 같이 말한다. 안나는 이미 언급한 바와 같은 신경증을 얻은 다음부터 정상적인 정신 상태와 환각에 빠져 있는 상태, 혹은 자기 최면의 상태에 번갈아 있게 된다. 그런데 그녀가 자기 최면 상태에서는 다음과 같이 이야기를 하게 되고 이를 통해 어떤 치유 상태가 있었다는 것이다.

> 그녀의 이야기는 언제나 슬픈 내용이었는데, 그 중에서 몇 가지 이야기는 매혹적이었으며, 한스 안데르센의 〈그림 없는 그림책〉 스타일이었다. 짐작컨대 그 책이 모델인 것 같다. 이야기의 처음이나 중요 시점에서는 으레, 불안한 마음으로 병상 옆에 앉은 소녀가 등장한다. 다른 주제로 이야기를 꾸미기도 했다. 그녀는 이야기를 끝낸 후 곧 깨어났는데, 확실히 진정된 상태, 혹은 그녀가 이름 붙이길 "편안한" 상태에 놓였다(S.E. Vol. II: 29).

앞에서 말한 신경증에 걸린 안나는 이렇게 자기최면 상태에서 자기 내면에서 떠오르는 어떤 이야기들을 스스로 표현함으로써 그런 신경증적인 심리적 · 신체적 병리 상태에서 벗어나 치유되는 경험을 자주 하게 된다. 위의 인용문에서 그녀는 환상 속에서 안데르센 동화 스타일의 이야기들을 하고 난 후 어떤 진정되고 편안한 효과를 얻게 되었다. 필자는 이것이 '이야기를 활용한 치료 효과'라고 생각한다. 그녀가 이런 불안공포 신경증의 원인이 되는 "사건에 관해서 이야기하면 증세는 영구히 사라진다. 이런 방식으로 그녀의 마비된 수축과 지각 마비, 여러 시각 장애, 청각 장애, 신경통, 기침, 손떨림, 그리고 언어 장애가 이야기함으로써 해소되었다"(S.E. Vol. II: 53). 안나는 이렇게 이야기해서 치료받는 것을 브로이어에게 스스로 "talking cure"[11]라고 이름을 붙여 말했는데, 이것이 요즘도 많이 듣게 되는 유명한 '토킹 큐어'라는 용어가 되었다. 브로이어는 안나 오 양을 치료하면서 알게 된 "이 사실로부터 치료 기법을 발전시켰으며"(S.E. Vol. II: 46) 프로이트도 이에 영향을 받았는데, 이것은 카타르시스 치료법의 출발점이 되었다(R. R. 그린슨 / 이만홍, 현용호 옮김, 2001: 31). 프로이트는 『히스테리 연구』의 뒷부분에 실린 글 「히스테리의 심리치료」에서 신경증 치료 사례들을 연구한 결과를 정리하면서 몇 년 전에 이미 브로이어와 공동으로 발표했던, 히스테리 현상의 심리적 기제에 관한 예비적 보고서의 한 부분을 다음과 같이 다시 인용한다.

다음의 사실을 발견하고 처음에 우리는 매우 놀랐기 때문이다.

즉, 〈우리가 개별적인 히스테리 증상을 일으킨 사건에 대한 기억을 뚜렷하게 상기시켜 거기에 얽혀 있는 감정들을 다시 불러일으키는 데 성공하면, 그리고 환자가 **그 사건에 대하여 가능한 한 자세히 서술하고 그 감정을 말로 표현하게 되면**, 개개의 히스테리 증상은 곧 소멸되고 두 번 다시 일어나지 않는다〉는 것이다(S.E. Vol. II: 255).

위의 인용에서 굵은 글씨체로 필자가 강조한 글 중에서 사건에 대해 자세히 서술하는 것은 서사(敍事), 즉 이야기를 말하는 것이다. 이야기로써 히스테리가 치료된다는 점을 프로이트가 밝히고 있는 것이다. 이야기치료의 정신분석학적 근거가 여기에 있다. 그런데 여기서 밝힌 이러한 이야기를 통한 치료의 핵심적인 방법은 "히스테리 증상을 일으킨 사건에 대한 기억을 뚜렷하게 상기시켜 거기에 얽혀 있는 감정들을 다시 불러일으키는" 방법, "그 감정을 말로 표현하게" 하는 방법이다. 안나 O.는 앞에서 언급한 것처럼 유최면, 즉 자기최면이나 브로이어가 유도한 최면 중에 자신의 증상을 야기했던 환각과 관련된 이야기를 다 얘기하면 "그녀는 완전히 진정이 되고, 다음날에는 다루기 쉬워지며 부지런해지고 쾌활해지기까지 했다"(S.E. Vol. II: 29). 브로이어는 이에 관해 다음과 같이 보고했다.

그녀는 이러한 과정을 적절하게 표현했는데, 진지하게 말할 때는 '토킹 큐어(talking cure)'라고 말하고, 농담식으로 말할 때는 '굴뚝 청소(chimney-sweeping)'라고 말했다. 그녀는 자신의 환각들을 말로 표현하고 나면 자신의 모든 고집스러운 언행과 스스로 '에너지'라고 표현한 것을 잃게 된다는 것을 알고 있었다(S.E. Vol. II: 29).

여기서 알다시피 신체적 장애까지도 유발하는 심리적 문제를 야기한 사건을 최면이나 최면 비슷한 상황 속에서 거기에 얽힌 감정까지 생생하게 살려내서 그 감정을 --마치 연기가 잘 빠져나가도록 굴뚝을 깨끗이 청소해서 막히지 않고 열효율이 높아지도록 하는 것처럼-- 말로 충분히 표출해내면 치료가 된다는 것이다. 인물과 사건, 배경을 지닌 내러티브의 감성적 측면을 최대한 살려서 히스테리 증상을 일으킨 사건에 대한 기억을 이야기로 뚜렷이 상기시켜 거기에 얽혀 있는 감정을 다시 불러일으켜 구체적으로 이야기 하는 것이 치료의 원리라는 것이다. 이것을 프로이트와 브로이어는 이 책에서 '카타르시스 Catharsis', '카타르시스 효과', '카타르시스 치료' 등이라고 표현하여 이후 심리치료에서 유명한 용어가 되도록 하는 계기를 제공했다. 물론 그들이 이 '카타르시스'라는 용어를 쓰게 된 것은 이것이 서양에서 아리스토텔레스의 『시학』에서 비극의 효과로 언급된 이후 서양 문화사에서 2000년 동안이나 얘기되던 끝에 그들에게도 잘 알려져 있었기 때문이다. 다시 말해 오랜 기간 서양에서 얘기되던 문학의 심리적 효과를, 히스테리를 치유하는 방법이자 효과로 처음 이 책에서 과학적으로 확인해둔 것이라고 볼 수 있다. 정신분석학에서는 이런 카타르시스 효과가 문제의 원인이 된 사건과 관련된 이야기를 최면, 자기 최면, 자유 연상 상태에서 표출해내는 방식으로 이루어진다면, 문학치료에서는 자동기술(自動記述), 몽상적 표현, 예술적 표현이 이와 비슷한 상황을 제공하도록 해야 할 것이다. 이야기가 몽상 속에 있으면 신경증의 원인이 될 수도 있지만, 표현되어 표출되면 카타르시스의 수단이 되어 치료 효과를 보인다는 점에 주목할 필요가 있다.

2. 카타르시스의 한계와 인지적 이야기치료
: 이야기에 의한 "관념의 교정과 제거"

그런데 아리스토텔레스가 『시학』에서 말한 카타르시스는 동일시 원리를 통해 수동적으로 작용되는 효과라고 할 수 있다. 이것은 공연되는 비극 작품을 관객들이 보면서 느끼는 감정의 효과이기 때문이다(아리스토텔레스 / 천병희 옮김, 2002: 49. 참고). 그러나 정신분석학의 카타르시스는 앞에서 보았듯이 심리적 문제의 사건과 관련된 감정을 적극적으로 표현하는 행위를 통해서 작용하는 표현치료적 효과라고 할 수 있다. 페촐트에 따르면 문학치료의 방식은 수용적 방식과 생산적 방식으로 나뉠 수가 있다(Hilarion G. Petzold / Ilse Orth (Hgg.), 2005: 37). 수용적 방식의 문학치료가 문학작품을 읽거나 낭송되는 것을 듣고서, 혹은 관람하는 방식으로 이루어진다면, 생산적 방식의 문학치료는 시를 쓰고, 이야기를 만드는 과정에서 혹은 글쓰기를 하는 과정에서 치료적 효과를 거두는 방식이다. 그래서 『시학』의 카타르시스가 주로 수용적 방식의 카타르시스라면, 정신분석학의 카타르시스는 생산적 방식의 카타르시스라고 할 수 있다. 엄밀하게 말하면 생산적 방식, 즉 표현적 방식의 카타르시스는 수용적 방식의 카타르시스와는 성격이 좀 다르고 이보다 더 효과적이라고 할 수 있다. 그래서 문학치료에서는 수용적 방식뿐만 아니라 생산적·표현적 방식을 더 많이 이용하게 된다. 문학 작품을 읽거나 이야기를 듣는 방식 혹은 연극·영화 등을 관람하는 방식을 통한 수용적 방식뿐만 아니라 이를 매개로 내담자 내면의 것들을 무의식적인 것까지 의식으로 끌어올려 표현하는 방식을 통해 카타르시스를 느끼게 될 때 치료에 효과가 있기 때문이다.

그런데 이러한 생산적 방식의 카타르시스라 해도 한계가 없는 것은 아니다. 이를 프로이트도 일찍이 간파하고 "카타르시스 요법이 대증(對症) 요법이고 원인을 근본적으로 치료하는 요법(원인 요법)이 아니라고"(S.E. Vol. II: 262) 말한다. 물론 그는 그렇다고 해서 이것이 "가치가 없는 것으로 간주되어서는 안 된다. 왜냐하면 원인 요법은 실상은 단지 예방 차원의 요법인 경우가 많기 때문이다. 즉 원인 요법은 해가 되는 작동인(作動因)이 더 이상 확대 작용하는 것을 멈추게 할 뿐이지 이미 그 작동인이 가져온 결과를 제거하지 못하는 경우가 대부분이다. 일반적으로 치료의 두 번째 단계는 증상을 치료하는 것일 텐데, 히스테리의 경우 카타르시스 요법은 제2의 치료 단계에서 매우 효용이 크다."(S.E. Vol. II: 262)라고 말한다.

그러나 카타르시스의 한계는 프로이트의 다음과 같은 언급에서도 여러 번 확인될 수 있다. “나 스스로는 종종 카타르시스에 의한 정신요법을 외과적 수술에 비유하여 〈심리 치료적 수술〉이라고 명명하였고 고름이 찬 화농 부위의 절개나 부식된 환부를 긁어내는 것 등과 유사점을 찾고자 하였다. 그러나 이러한 유사점은 병적 요소를 제거한다는 데 있기보다는 오히려 회복의 방향으로 진행과정을 이끌 만한 상태를 만드는 데 더욱 큰 의의가 있다.”(S.E. Vol. II: 305) 그래서 그는 카타르시스 요법이 절대적이라고 얘기하지 않는다. 만성 히스테리 환자와 같은 “그런 환자들에게는 지속적인 수퍼비전과 이따금씩의 ‘굴뚝 청소’가 많은 도움을 준다”고(S.E. Vol. II: 265) 말하고, 카타르시스적 심리치료를 안정 요법, 휴양 요법 등과 병행하는 수가 많다고도 말한다(S.E. Vol. II: 267).

이렇게 프로이트는 이야기를 통한 감성적 치료, 특히 카타르시스를 통한 치료가 효과적이기는 하지만 근원적 치료가 아니어서 보완할 필요가 있다고 생각하였다. 이것은 프로이트가 발견한 신경증 치료법이 어떤 과정을 통해 효과를 보이게 되는지 설명하는 다음 표현에서도 알 수 있다.

> 우리의 치료법은 처음에 그 사건이 일어났을 때 소산되지 않은 관념의 작용력을 제거해 준다. 질식되어 있던 감정이 언어를 통해 표출되도록 함으로써, 그리고 그 관념을 정상 의식 상태(가벼운 최면)로 끌어들여 연상에 의해 수정할 수 있게 함으로써, 아니면 치료

자의 암시를 통해 관념을 제거함으로써(건망증을 수반한 몽유 상태라 해도) 그것이 가능한 것이다(S.E. Vol. II: 255).

여기서 프로이트는 불안과 공포의 신경증을 치료하는 방법으로 두 가지를 제시하고 있다. 하나는 "질식되어 있던 감정이 언어를 통해 표출되도록" 함으로써 문제의 원인이 되는 사건이 일어났을 때 생긴 억압된 감정을 이야기를 통해 카타르시스, 즉 정화에 이르도록 하는 것을 말하고, 또 하나는 "그 관념을 정상 의식 상태(가벼운 최면)로 끌어들여 연상에 의해 수정할 수 있게 함으로써, 아니면 치료자의 암시를 통해 관념을 제거함으로써" 그 욕동과 문제를 일으키는 힘이 되었던 관념을 수정하거나 제거하는 것이다. 여기서 그 문제된 관념을 수정하는 것은 환자의 주체적인 노력을 강조한 것이고, 그 관념을 제거하도록 암시를 주는 것은 치료자의 활동을 제안한 것이라고 볼 수 있다.

이것은 불안을 보는 프로이트의 관점이 나중에 달라져 둘로 나뉘는 것과도 연관이 있다. 프로이트의 사상은 보통 「쾌락 원칙을 넘어서」(1920년)를 기점으로 전기와 후기로 나뉘는데, 불안에 관하여 1916-1917년에 간행된 『정신분석강의』에서 피력한 그의 생각과, 1926년에 나온 『억압, 증상 그리고 불안』 및 1920년대 후반에서 1930년대 초반에 집필된 『새로운 정신분석강의』에서 밝힌 견해가 서로 약간 다르다. 초기에 그는 불안은 이드의 산물이고, 리비도의 에너지가 억압되어 막혀서 해소되지 못할 때에 생기는 것이라고 보았다. 그러다가 『새로운 정신분석강의』의 글에서는 불안이나 정신적인 갈등을 치료해야 하는 경우 자아의 역할, 즉 인간의 능동적인 자기해석과 인지적 사고의 기능에 주목해야 한다고 하였다(지크문트 프로이트 / 임홍빈·홍혜경 옮김, 2011: 115-117). 이야기치료에서는 내담자의 문제에 물든 지배적 자기서사를 극복할 잠재적 가능성이 있는 다른 대안적 자기서사를 내면에서 찾아내고, 필요하면 치료자와 외부의 문학 이야기를 통해 대안적 서사를 만들어 나가는 것이 치료의 핵심과정이라고 본다. 이런 점에서 보았을 때 프로이트가 말한 "문제가 된 관념의 제거와 수정"이라는 지적은 이러한 이야기치료의 핵심을 인지적 측면에서 미리 제안한 것이라고 할 수 있다.

IV. 나가며: 이야기치료의 심층심리학적 기반 확충

이야기는 상담이나 심리상담치료에서 아주 중요하게 여겨지고 있다. '상담'이라는 용어에 이미 치료자와 내담자가 서로 이야기를 주고받는다는 뜻이 들어 있다. 정신분석학은 그 자체가 내러티브이다(Peter Brooks, 1994: 76). 사실 심리치료의 길을 처음 열었다고 할 수 있는 프로이트의 심리치료도 내담자를 카우치에 눕히고 자기 내면의 이야기를 자유연상으로 자유롭게 하게 한 후 그 이야기를 듣고 치료자가 자신의 치료적 이야기를 들려주며 서로 건강한 이야기를 맞추어 나가는 것이라고 할 수 있다.

이 글은 불안공포 신경증을 치료한 정신분석학적 방법을 이야기치료의 관점에서 조명해보고, 이를 통해 이야기치료나 문학치료의 정신분석학적 근거를 찾아보려는 데에 목적을 두었다. 구체적으로 브로이어와 프로이트가 공동으로 연구하여 정신분석학의 토대를 놓았다고 하는 『히스테리 연구』를 중심으로 하여 특히 Anna O.에 대한 치료 사례를 이야기치료의 관점에서 살펴보았다. 그리하여 불안 신경증의 원인과 발병 과정으로는 환자가 강한 불안과 공포 상황에 직면하여 그것에 관한 내면의 자기 스토리들이 비합리적으로 조합되어 강력한 그 스토리 에너지 때문에 자아의 현실 대응 능력과 몸의 현실 반응능력이 교란되어 신경증에 걸리는 것으로 파악했다.

한편 이에 대한, 이야기를 활용한 치료 방법으로는 다음과 같이 정리될 수 있다. 불안공포 신경증을 치료하려면 우선 무의식에 억압된 불안과 공포의 장면을 이야기로 표현한다. 리비도 중심의 관점에서 이야기의 표출적 · 상상적 · 감성적 측면을 활용하고, 이야기의 카타르시스 효능을 실현시킨다. 그리고 자아 중심의 관점에서는 이야기의 이성적 측면을 활용하는 이야기의 재해석 능력을 동원한다. 여기서는 이야기의 재구성 기능에 의해 의미와 가치가 재해석된다. 이때 은유와 환유와 같은 문학의 비유적 방법을 동원해 자유연상으로 증상의 원인이 되는 문제와 관련된 스토리를 무의식에서 의식으로 이끌어내면 효과적이다. 치료자는 내담자가 치료자의 재해석 이야기에 촉발되어 대안적 스토리를 스스로 마련하도록 촉매자 역할을 해준다. 이 과정에서 내담자가 자신의 이야기 정체성을 확립하고 현실적인 서사능력을 강화함으로써, 정상적인 스토리 조합을 주도하는 내담자의 자아(ego)를 튼튼하게 하는 것이 결국 중요하고, 그래야 증상이 재발되지 않고 건강한 상태가 지속될 수 있을 것이다.

문학치료나 이야기치료가 정신분열 등과 같은 모든 정신질환을 다룰 수는 없고, 카타르시스 역시 신경증치료에 효과가 있지만, 그 원인까지 제거해줄 수 있는 것은 아니었다. 그러나 이것들이 지금까지 살펴본 대로 심리적 장애와 신체장애가 동시에 일어나는 신경증에까지도 적용될 수 있음이 확인되었다. 그리고 불안공포 신경증이 이야기에 의한 문제 감정의 카타르시스와 정신분석 이야기에 의한 병리적 개념의 수정 및 제거로써 치료될 수 있다는 면에서 정신분석학에는 초창기부터 이야기치료, 더 나아가서 내리티브 중심 인문치료의 핵심적인 두 측면, 즉 정서적 측면과 인지적 측면의 치유적 근거가 놓여 있었다는 것을 확인할 수 있었다.

참고 문헌

고미영: 『이야기치료와 이야기의 세계』, 청목출판사, 2004.

그린슨 R. R. / 이만홍, 현용호 (옮김) : 『정통 정신분석의 기법과 실제 (1)』, 도서출판 하나의학사 2001.

글레이트먼(Henry Gleitman) / 장현갑 외 (옮김): 『심리학 입문』, 시그마프레스, 1999.

딜츠 외(R. Dilts, T. Hallbom, S. Smith) / 전경숙·박정자 공역: 『신념의 기적, NLP 기본법칙을 통한』, 학지사, 2006.

모건, 앨리스 / 고미영 옮김: 『이야기치료란 무엇인가』, 청목출판사, 2003.

번즈(George W. Burns) / 김춘경·배선윤 (공역): 『이야기로 치유하기 -치료적 은유 활용 사례집』, 학지사, 2011.

브렛, 도리스 / 김인옥 (옮김): 『은유적 이야기치료』, 여문각, 2009.

아리스토텔레스 / 이상섭 (옮김): 『시학』, 문학과 지성사, 2005.

아리스토텔레스 / 천병희 (옮김): 『시학』, 문예출판사, 2002.

양유성: 『이야기 치료』, 학지사, 2004.

오닐, 패트릭 / 이호 (옮김):『담화의 허구. 서시이론 읽기』, 예림기획, 2004.

유종호: 『문학이란 무엇인가』, 민음사, 1998.

이민용: 「서사와 서사학의 치유적 활용」, 『독일언어문학』, 2010. 3., pp. 247-268.

이민용: 「이야기 해석학과 이야기 치료」, 『헤세연구』, 2010. 6., pp. 249-273.

이영돈: 『마음 - KBS 특별기획 다큐멘터리』, 예담, 2010.

이창재: 「병리적 정신현상의 원인론과 극복론: 사후작용」, 『철학과 현상학 연구』(Vol. 15), 한국현상학회, 76-115.

전경숙: 『NLP 심리치료, 원리와 실제』, 학지사, 2008.

프로이트, 지크문트 / 임홍빈 · 홍혜경 (옮김): 『새로운 정신분석 강의』, 열린책들, 2011.

Breuer, Josef & Freud, Sigmund. Studies on Hysteria, The Standard Edition of The Complete Psychological Works of Sigmund Freud, Translated from the German under the General Editionship of James Strachey, In Collaboration with Anna Freud, Volume II(1893–1895), London : The Hogarth Press and The Institute of Psycho-Analysis 1957.

Brooks, Peter. *Psychoanalysis and Storytelling*, Oxford: Blackwell, 1994, p. 76.

Corsini, Raymond J. & Wedding, Danny (edit). Current Psychotherapies, 8th edition, USA: Thomson Brooks/Cole 2008.

Freud, Sigmund. Project for a scientific psychologie, in: Pre-Psycho-Analytic Publications and Unpublished Drafts, The Standard Edition of The Complete Psychological Works of Sigmund Freud, Translated from the German under the General Editionship of James Strachey, In Collaboration with Anna Freud, Volume I(1895), London : The Hogarth Press and The Institute of Psycho-Analysis 1966.

Freud, Sigmund. Jensen's 'Gradivia' and Other Works, The Standard Edition of The Complete Psychological Works of Sigmund Freud, Translated from the German under the General Editionship of James Strachey, In Collaboration with Anna Freud, Volume IX (1906-8), London : The Hogarth Press and The Institute of Psycho-Analysis 1959.

Petzold, Hilarion G. / Orth, Ilse (Hgg.). Poesie und Therapie.

ber die Heilkraft der Sprache, Bielefeld und Locarno: Aisthesis Verlag, 2005.

Payne, Martin. Narrative Therapy, London: SAGE Publication Ltd, 2006.

Ricoeur, Paul. Time and Narrative, Volume 1, translated by Kathleen McLaughlin and David Pellauer, Chicago and London : University of Chicago Press, (1984)[1983].

Ricoeur, Paul. Time and Narrative, Volume 3, translated by Kathleen Blamey and David Pellauer, Chicago and London : University of Chicago Press, (1988)[1985].

White, Michael. Maps of Narrative Practice, New York, London: W.W. Norton Publication 2007.

White, Michael. Narrative means to Therapeutic Ends. Adelaide : Dulwich Centre Publications 2004.

1) 내러티브의 치유적 활용을 연구하는 관련 학회로는 한국이야기치료학회, 한국문학치료학회, 한국통합문학치료학회, 대한문학치료학회, 한국독서치료학회 등이 있다.

2) 이 글에서는 '이야기 치료'라는 용어를 마이클 화이트 Michael White와 데이비스 엡스톤 David Epston 등에 의해 주창되어 가족치료 등에서 널리 쓰이고 있는 내러티브 테라피 Narrative Therapy는 물론이고, 서사학 기반의 스토리텔링 치료(storytelling therapy), 그리고 일반적으로 이야기를 치유적으로 활용하는 경우까지 포함하는 넓은 개념으로 사용하겠다.

3) 프로이트는 '불안 Angst'이 대상보다는 상태에 관계된 개념이라면, '공포 Furcht'는 특정 대상에 대한 경각심이며, '경악 Schreck'은 불안의 준비태세로는 감당할 수 없는 위험에서 비롯되는 감정이라고 나누어 설명하면서도, 이것들에 대한 구분에 자세히 묻고 싶은 생각이 없다고 했다. 그는 불안이라는 개념이 어느 정도 다의성과 모호성이 불가피하다고 말한다. (참고: 『정신분석 강의』(임홍빈・홍혜경 옮김), 열린책들, 2011년, 532쪽.)

4) 도리스 브렛 /김인옥 (옮김): 『은유적 이야기 치료: 아동을 위한 스토리텔링기법』, 여문각, 2009.; George W. Burns / 김춘경, 배선윤 (옮김)공역: 『이야기로 치유하기: 치료적 은유 활용 사례집』, 학지사, 2011년.

5) Sigmund Freud, Pre-Psycho-Analytic Publications and Unpublished Drafts, The Standard Edition of The Complete Psychological Works of Sigmund Freud, Translated from the German under the General Editionship of James Strachey, In Collaboration with Anna Freud (이하 S.E.로 줄임), Volume I (1895), London : The Hogarth Press and The Institute of Psycho-Analysis 1966, p. 189-195. ; 이창재: 「병리적 정신현상의 원인론과 극복론: 사후작용」, 『철학과 현상학 연구』 (Vol. 15), 한국현상학회, 80f쪽 참고.

6) Josef Breuer and Sigmund Freud, Studies on Hysteria, The Standard Edition of The Complete Psychological Works of Sigmund Freud, Translated from the German under the General Editionship of James Strachey, In Collaboration with Anna Freud, Volume II (1893-1895), London : The Hogarth Press and The Institute of Psycho-Analysis 1957, pp. 25-55. 프로이트와 브로이어가 공동으로 발행한 이 책은 정신분석학의 기점(起點)을 이루었다고도 평가된다. 여기서 연구된 히스테리 연구가 정신분석학의 토대를 닦았다고 할 수 있다.

7) 가명으로서, 본명은 베르타 파펜하임 Bertha Pappenheim이다. 가명의 첫

알파벳 'A. O.'는 본명의 첫 알파벳 'B. P.'의 순서를 하나씩 앞당겨 만들어진 것이라고 한다. 그녀는 나중에 여성해방론자로서, 그리고 사회복지사로서 명성을 얻었으며 여성의 권리를 주장하는 책을 번역하고, 유대인 학살 희생자들을 위한 안식처를 설립하기도 했다. [김미리혜: 「해설, 히스테리 그리고 정신분석」, 실린 곳: 『히스테리 연구』(J. 브로이어, S. 프로이트 지음), 열린책들, 2003, 438쪽 등 참고.]

8) Ibid, p. 56: 브로이어는 그녀를 치료하는 동안 그 장면을 다시 떠올리도록 하기 위해 그 장소에 다시 그녀를 데리고 갔었는데, 그녀는 방안으로 들어가자마자 문 반대편에 걸린 거울에 자신의 창백한 얼굴인가 했는데, 그것이 아니라 그 얼굴 자리에 죽은 사람의 얼굴을 한 아버지의 모습이 있는 것으로 보여 다시 한 번 정신을 잃고 바닥에 쓰러진다.

9) 브로이어는 안나 오가, 먼 친척 중에 정신병을 앓았던 사람이 있는 것으로 보아, 유전적으로도 약간 신경증적인 소인이 있지 않았나 생각하고 있다. (Josef Breuer and Sigmund Freud: op. cit., p. 21.)

10) 글레이트먼(Henry Gleitman) / 장현갑 외 (옮김): 『심리학 입문』, 시그마프레스, 1999, 183f쪽: 스크립트의 예로는 '식당가기' 스크립트의 경우 '자리에 앉기', '메뉴 보기', '주문하기', '음식 먹기', '계산하기', '식당 나가기' 등의 일련의 행동을 포함한다.

11) S.E. Vol. II: 30. 이것은 대화치료라고 번역된다. 그러나 talking cure에서는 이야기가 중심이라고 할 수 있다. 수사학에서는 언술의 네 모드(mode)로서 이야기와 묘사, 설명, 논증을 꼽는다. 이야기에서는 인물과 사건이 필수이지만 묘사·설명·논증에서는 꼭 그럴 필요가 없다는 점에서, 바로 이야기와 묘사·설명·논증이 서로 구분된다. talking cure에서는 내담자와 관련 인물, 증상과 관련된 사건을 핵심으로 포함하여 대화한다는 점에서 이를 이야기 치료라고 할 수 있다.

※ 이 글은 필자의 연구논문 「불안공포 신경증과 이야기치료의 정신분석학적 근거」 [『뷔히너와 현대문학』 제38집(2012. 5): 153-175]를 수정·보완한 것이다.

사회개혁의 일환, 호모나랜스의 글쓰기
-〈일요일이 좋다 서바이벌 오디션 K팝스타 시즌3〉 시청자 게시판의 댓글을 중심으로 -

윤 일 수

Ⅰ. 서 론

최근 학교폭력을 소재로 한 MBC드라마 〈앵그리맘〉이 방송을 탔다. 극중에서 딸이 학교폭력을 당해 몸져 눕자, 격분한 엄마는 위장입학까지 감행하며 학교폭력으로부터 자식을 지키려는 의지를 보인다. 학교폭력을 대하는 부모의 마음은 어떤 부모라도 이보다 덜하지는 않을 것이다. 이처럼 학교폭력에 대한 우려가 높아지는 현실을 반영하듯이, 현 정부는 국민들의 안정을 위해 반드시 척결해야 할 4대악으로 성폭력·가정폭력·불량식품과 함께 학교폭력을 포함시키고 있다.

연일 일간지를 장식하는 크고 작은 학교폭력사건 보도는 학교폭력의 심각성과 폐해에 대한 우려의 목소리를 높이는 데 일조하고 있다. 정부가 내놓은 학교폭력 종합대책은 아무리 경미한 폭력행위라도 학교와 국가가 적극적으로 개입하여 대응하겠다는 의지를 표명하고 있다. 그럼에도 불구하고 학교폭력 가해학생을 출석

정지시키는 조치나 학교폭력과 관련된 징계사항을 학교생활기록부에 기재하는 조치는 반영구적으로 '문제아'로 낙인찍는 결과를 가져올 수 있다는 데 우려를 표명하는 측도 있다(강경래, 2012: 131).

학교폭력 가해자에 대한 징벌의 수위와 사후관리에 대한 우려는 현실화되어 나타났다. SBS 〈일요일이 좋다 서바이벌 오디션 K팝스타 시즌3〉의 참가자 김은주 사태가 그 예다. 김은주는 절대음감을 가진 폭발적인 가창력의 소유자로 심사위원들로부터 극찬을 받았다. 그 과정에 한 네티즌이 〈K팝스타 3〉 시청자 게시판에 김은주로부터 학교폭력을 당했다는 내용과 김은주가 일진이라는 내용을 게시하면서, 그 내용의 진실여부와 출연자의 프로그램 출연여부를 놓고 네티즌의 설전이 연일 계속 되었다. 이전에도 이와 유사한 사례가 있었는데, 성지고 학생들이 폴란드에서 열리는 세계합창대회에 참가하기까지 과정을 그린 SBS 파일럿 프로그램 〈송포유〉에 대해 가해학생 내지 일진을 미화하는 프로그램이라는 논란이 일었던 일이 그것이다. 또한 한국콘텐츠진흥원으로부터 지원금을 받아 제작· 연재되었던 웹툰 〈일진의 크기〉(작가 윤필)도 일진미화 논란에 휩싸였다. 이 웹툰은 일진이었던 주인공이 키가 줄어드는 희귀병에 걸려 학교폭력에 시달리다, 학교폭력을 당하는 학생들과 힘을 합쳐 일진들을 물리친다는 내용을 담고 있다. 나아가 폭력이나 왕따가 없는 학교를 만들기 위해 구성원 모두가 힘을 합쳐 문제를 해결해 나가야 한다는 해결책까지 제시하고 있다. 그럼에도 불구하고 일부 네티즌은 〈일진의 크기〉가 학교폭력을 일삼던 주인공을 착한 캐릭터로 그려 일진을 미화시키고 있다고 지적하며 비난했다(『조선일보』, 2014.3.28.).

이러한 논란을 종합해보면, 학교폭력을 일으키는 학생과 일반학생을 이원화시키는 양상이 드러난다. 이러한 발상은 학교폭력의 피해자가 학교폭력의 가해자가 되는 순환구조를 이해하지 못하는 데서 비롯된 것이다. 그러다보니 한번 일진으로 낙인찍힌 사람은 어려움을 딛고 일어서는 성공담의 주인공이 될 수 없으며, 일진이 자신의 잘못을 반성하고 선량한 사람으로 거듭나는 회개담의 주인공이 될 수 없다는 논리로 이어지고 있다. 과연 청소년시기에 학교폭력을 저질렀다는 낙인이 찍히면 이후의 삶을 누릴 권리가 없는가? 특정인을 학교폭력 가해자 내지 일진으로 지목하며 그들이 행했다는 고발성 글의 내용이 진실한 것인가? 과거에 학교폭력 가해자였거나 일진이었던 학생은 자신의 잘못을 반성하고 새로운 삶을 살 수 없는가? 학교폭력 가해자였던 사람의 잘못을 공개하며 비난하는 이유는 무엇인가? 인터넷을 통해 공개적으로 비판을 받는 사람들에 대해 인권 침해가 이루어지지는 않는가? 이러한 질문에 대한 답이 이루어져야 할 것이다. 왜냐하면 일련의 사건들은 학교폭력 가해자를 또 다른 학교폭력 피해자로 만드는 일이기 때문이다.

본고에서는 〈K팝스타 3〉의 출연자 김은주의 일진설과 관련하여 시청자 게시판에 올라온 글과 댓글을 대상으로 삼아, 네티즌들이 학교폭력 가해자에게 보이는 반응이 지니는 본질적 의미가 무엇인가를 파악하고자 한다. 학교폭력 가해자를 향한 네티즌의 반응이 지니는 본질적 의미가 밝혀진다면, 향후에 학교폭력 가해자에 대한 바람직한 처리방안을 모색하는 데 기여할 것이다.

Ⅱ. 문헌 고찰

1. 학교폭력에 대한 이해

1) 학교폭력의 개념

학교폭력 문제가 학계의 관심을 받기 시작한 것은 1970년대 초반 스칸디나비아에서다(Olweus, 1978). 1980년대부터 일본・미국・캐나다・영국・네덜란드・오스트리아 등에서 학교폭력에 대한 관심이 높아졌다. 그렇지만 학교폭력(school violence)과 관련된 용어도 'bullying', 'peer abuse', 'mobbing', '이지메', '따돌림', '또래 괴롭힘' 등으로 다양하며, 용어에 대한 정의도 학자마다 달리 규정하고 있다(이희연, 2013: 278).

이러한 실정은 우리나라에서도 마찬가지로 2004년 '학교폭력 예방 및 대책에 관한 법률'이 제정되고, '학교폭력'을 법률적 용어로 사용하기 시작하면서, 학교폭력에 대한 법률적 정의가 내려졌다. 이에 따르면 학교폭력이란, '학교 내에서 학생을 대상으로 발생한 상해・폭행・감금・협박・약취・유인・명예훼손・모욕・공갈・강요・강제적인 심부름 및 성폭력・따돌림・사이버 따돌림・정보통신망을 이용한 음란・폭력정보 등에 신체・정신 또는 재산상의 피해를 수반하는 행위'로 정의하고 있다(이희연, 2013: 279). 통상적으로 '학교폭력'이란 학교 내외에서 청소년들이 당하는 폭행, 금품갈취 및 협박과 따돌림, 성폭력 등 크고 작은 폭력행위 전반을 일컫는 말로써 성인이 느끼기에는 사소한 행위에서 사

정책을 구체화하여 수행하고 있다(금명자 외, 2005: 22).

학교폭력대책법은 학교폭력 예방, 사건조사 및 실태파악, 학교폭력 가해자 처분 등에 관한 책임을 학교에 위임하고 있다. 따라서 학교는 학교폭력사건이 발생하면 자치위원회를 중심으로 사건을 조사하여 진상을 파악하고, 필요하다고 판단될 경우 피해학생을 보호하고 가해학생을 선도하기 위한 조치를 취해야 한다(서정기, 2012: 150). 또한 학교폭력 피해자와 가해자 간에 분쟁이 발생할 경우에는 그들 간의 분쟁을 조정하는 일도 담당해야 한다. 그럼에도 불구하고 이런 법적 책임을 가진 학교는 학교폭력 가해자와 피해자 간의 분쟁에 직접 개입하기보다 당사자끼리 합의하여 문제를 해결하도록 유도하는 경향이 있다(서정기, 2012: 148).

Ⅲ. 연구방법

1. 문화기술지 연구

문화기술지는 낯선 세계를 이해하기 위한 사회연구 양식이다. 문화기술자들은 한 세계의 사회적 행위가 제3자의 관점에서 어떻게 이해되는가를 보여주는 것으로부터 출발한다(미첼 아거, 2007: 2). 따라서 문화기술지 분석과정은 '정보제공자에 의해 개념화된 문화의 부분들을 찾아내고 그들 간의 관계를 확인하는 것' 이다(Spradly, 1979). 그리고 분석결과는 집단 내 행위자의 관점

(emic)과 사회과학 관점에서 인간의 사회생활에 대한 연구자의 해석(etic) 그리고 둘 다를 통합한 사회적 집단에 대한 '전체적인 문화적 그림'이다(이희연, 2013: 282~283).

본 연구를 문화기술지 연구방법으로 접근하는 작업은, 연구대상인 〈K팝스타 3〉 시청자 게시판에 글이나 댓글을 쓴 사람을 타자화하는 것이 아니라 그들의 관점에서 김은주 양을 바라보는 관점을 이해하며, 동시에 제3자의 입장에서 그들이 경험하는 현상의 본질이 무엇인지 파악하여, 그것이 지니는 본질적인 의미를 이해하기 위함이다. 본고는 이러한 연구목적을 달성하기 위해 연구문제를 '학교폭력 가해자에 대한 네티즌 반응이 지니는 문화적 의미가 무엇인가'라고 설정하였으며, 그것이 지니는 의미를 규명하기에 적절한 문화기술지 연구방법을 적용하였다.

2. 자료수집

본 연구를 위한 자료는 SBS 〈일요일이 좋다 서바이벌 오디션 K팝스타 시즌3〉의 홈페이지 내 시청자 게시판에 올라온 7,204개의 글 중에서 김은주와 관련된 글 594개와 거기에 달린 댓글 2,025개를 대상으로 삼는다. 이 자료는 본 연구를 위한 주 자료로 활용하였는데, 그 이유는 학교폭력 가해자에 대한 네티즌 반응이 관점에 따라 다양한 차이를 보이고, 시간의 흐름에 따라 변화하는 과정을 생생하게 보여준다는 점에서 그것이 지니는 문화적 의미를 파악하기에 적합하기 때문이다. 또한 김은주 사건에 네티즌의 반응과 그것을 처리하는 제작진에 대한 네티즌의 반응이 향후 학교폭력 가해자라는 논란에 휩싸인 피해자가 발생했을 때 어떤 영향을 주는가에 확인하기 위해, 이후에 학교폭력 가해자로 지목되었던 〈K팝스타 4〉의 남소현 양의 사례를 보충자료로 활용했다. 김은주 양과 관련된 글은 2013년 11월 24일부터 2014년 3월 9일까지 게재되었으며, 자료수집은 2014년 4월 15일부터 30일까지 진행되었다.

3. 자료분석 방법

연구자료의 분석은 본 연구과제인 '학교폭력 가해자에 대한 네티즌 반응이 지니는 문화적 의미가 무엇인가'에 대한 답을 찾고, 네티즌이 학교폭력 가해자에게 보이는 반응이 지니는 본질적 의미를 이해하는 데 목적을 두고 진행되었다. 구체적인 분석작업은 Spradley가 제안한 문화기술지 연구과정모형인 '단계적 분석방법을 사용하였다. 자료분석을 위해 원자료를 반복해서 읽으면서 각각의 글에서 의미를 추출하고, 각각의 의미들을 분류하여 분류분석과 성분분석을 하는 과정을 통해 영역간의 관계와 문화적 범주와 그것과 관련된 속성을 도출했다. 본고에서 논지를 전개하는 과정에 제시된 자료는 분류된 자료 중에서 각 영역과 범주를 설명하기에 적합한 사례를 제시했다. 이러한 분석방법과 절차에 따라,

네티즌들이 김은주와 관련하여 작성한 글에서 학교폭력 가해자에게 보이는 반응을 통해, 학교폭력 가해자를 바라보는 우리사회의 시각이 지니는 구조적 의미를 도출해보고자 한다. 도출된 의미구조의 적합성 여부는 김은주 양과 같은 프로그램에 출연했다가 학교폭력 개해자라는 네티즌의 글로 인해 김은주 양과 유사한 곤혹을 치렀던 〈K팝스타 4〉의 남소현 양의 사례를 통해 검증해 보았다.

Ⅳ. 연구결과

1. 학교폭력 가해자에 대한 견해의 의미구조

〈K팝스타 3〉의 시청자 게시판에 게시된 김은주 양과 관련된 글을 대상으로 하여, 네티즌의 학교폭력 가해자를 바라보는 관점이 지니는 문화적 의미가 무엇인지를 분석한 결과, 총5개 영역과 11개의 범주가 도출되었다. 도출된 영역과 범주는 다음과 같다. 첫 번째는 [계속 출전, 예쁘고 노래도 잘 하는 참가자: 미성숙한 미성년, 갱생의 길로 이끌기/ 김은주는 피해자, 사이버폭행/ 우리는 은주빠, 은주를 향한 무조건적 사랑/ 인기를 먹고 사는 연예인, 시청자 심판에 맡기기]이며, 두번째는 [김은주 하차, 언제나 타인에게 피해 입히는 문제아: 상처받는 피해자, 도의적 책임지기/ 인성 가꾸기 우선, 실력과 성공은 차후문제/ 시청 거부, 김은주는 지우개/ 다음 기회에 더 좋은 모습으로 오디션 참가]이며, 세번째는 [사이버공간, 멈추지 않는 인권침해], 네번째는 [김은주 사태, 시청률 올리기 노이즈마케팅]이며, 다섯번째는 [사태관망, 객관적 시선]인 것으로 나타났다.

이 주요 영역과 범주들은 네티즌이 학교폭력 가해자에게 보이는 반응이 지니는 문화적 의미를 파악하게 해준다. 네티즌은 학교폭력 가해자인 〈K팝스타 3〉 참가자 김은주에 대해, 무게중심을 어디에 두느냐에 따라 각기 다른 관점으로 바라보고 있었다. 그것은 김은주의 실력을 높이 사서 계속 진출하도록 응원하는 입장, 학교폭력 가해자였던 과거에 무게 중심을 두고 하차를 요구하는 입장, 자신의 주장을 관철시키려거나 자신의 이익을 취하려는 환경적인 요인을 비판하는 입장 등이다. 김은주 사태는 이러한 입장들이 서로 충돌하면서 발생한 것이며, 그러한 충돌은 우리사회가 지니고 있는 그림자를 반영하는 것이다. 그렇다면 네티즌들이 보이는 학교폭력 가해자에 관한 반응의 본질을 문화기술지 분석을 통해 밝혀진 주요 영역과 범주들을 통해 총체적으로 살펴보았으며, 각 범주마다 분석결과를 뒷받침하는 시청자 게시판에 올라온 네티즌의 글과 댓글을 예문으로 제시했다.

1) 계속 출전, 예쁘고 노래도 잘 하는 참가자

(1) 미성숙한 미성년, 갱생의 길로 이끌기

네티즌 중 김은주 양에게 우호적인 측은 학교폭력을 일삼던 일진이라 하더라도 나이가 어린 미성년이므로, 자신의 꿈을 펼칠 기회를 주어야 한다는 의견을 제시하고 있었다. 오디션프로그램 참여는 장기간에 걸쳐 각고의 노력을 기울여야 하는 것이므로, 오디션프로그램에 참여했다는 것은 이미 새로운 삶을 살고자 하는 의지의 표현이라는 것이다. 따라서 음악을 하겠다며 열의를 보이는 김은주에게 과거의 잘못을 운운하며 발목을 잡을 것이 아니라, 김은주가 새로운 삶을 살아갈 수 있도록 SBS에서 도와주었으면 하는 바람을 표하고 있었다. 이미 학교폭력에 대한 처벌로 강제전학을 당했으므로, 일사부재리의 원칙에 의해 불이익을 당하는 일이 없어야 한다는 것이다. 성인인 전과자도 복역을 마치면 사회에 적응하여 새로운 삶을 살 수 있도록 자활하는 것을 도와주는데, 아직 미성년자인 김은주가 사회에 기여할 수 있는 사람으로 성장할 수 있도록 도와주는 것은 당연하다는 논리다.

〈 표 1 〉 미성숙한 미성년, 갱생의 길로 이끌기 ( ): 시청자 게시판 글번호

의 미	내 용
나이 어린 일진, 꿈을 펼칠 기회주기	반성과 사과의 기회를 주고 새로운 길을 열어주는 것도 진정한 용기의 하나임(330댓글), 음악하겠다고 나온 애한테 그것까지 못하게 하는 것은 나쁜 행동임(458댓글), 16세의 어린나이이므로 올바르게 성장할 수 있도록 기회를 주어야 함(537)
한번 일진은 영원한 일진, 낙인 없애기	한번 일진은 영원한 일진이므로 갱생의 길을 걸을 필요가 없다는 말인지 의문임(333댓글), 한번 전과자라고 영원히 전과자로 살아야 하는 것은 아님(541댓글), 일진이 정상적으로 사회생활을 하고 사회에 기여할 수 있도록 안아주는 것이 건전한 사회를 만드는 데 도움이 됨(649)

학폭에 대한 강제전학, 일사부재리의 원칙	학교폭력에 연루되었다 하더라도 자기 잘못에 대한 댓가를 치뤘으므로 주어진 기회를 박탈하면 안 됨(825), 김은주는 강제전학이라는 벌을 받았으니, 올바른 길로 가게 해줘야 함(1173), 김은주양에 대해 생각하실 때, 일사부재리의 원칙과 전과자들의 이야기를 기억해주기 바람(2918)
오디션 프로에 나온 것이 새로운 삶을 살겠다는 것임	K팝스타에 나오는 이유가 마음을 바로 잡고 새 삶을 산다는 의미가 아닐까 함(433), 많은 잘못을 했지만 오디션 프로그램에 나온걸 계기로 개가천선하길(805댓글), K팝스타를 계기로 과거의 잘못을 뉘우치고 새로운 삶을 살아갈 수 있도록 SBS가 도움을 주었으면 함(888)

(2) 김은주는 피해자, 사이버폭행

김은주 양은 학교폭력 가해자라는 사실여부가 확인되지 않는 상태에서, 익명의 제보자가 게시한 글로 인해 명예훼손이 심한 상황이며, 많은 익명의 네티즌들로부터 무차별 집단폭력을 당하고 있는 상황이다. 김은주가 실제로 일진이라 하더라도 사적인 영역이 노출되는 것은 명예훼손에 해당하는 것이다. 시청자 게시판에 올라온 글들은 김은주가 학교폭력 가해자라는 증거조차 없는 상태에서, 실명을 밝히지 않은 네티즌의 증언만 있는 상태다. 따라서 김은주와 관련하여 시청자 게시판에서 언급되는 내용들이 허위이거나 과장・왜곡된 것일 경우, 그것으로 인해 김은주가 입는 피해에 대한 보상은 기대하기 어렵다. 그러한 선례는 타블로에 대한 '타진요'의 횡포에서 이미 확인되었다(윤일수, 2011: 171; 윤일

수, 2013: 170). 학교폭력은 학교 내에서 학생들 간에 발생하는 것이므로, 학교폭력의 특성 상 피해자가 가해자가 되기도 하고, 반대로 가해자가 피해자가 되기도 한다(배경내, 2012: 92~93). 그런 만큼 절대적인 피해자나 절대적인 가해자가 존재하지 않는다. 그럼에도 불구하고 김은주는 학교폭력 가해자이므로, 이제는 피해자가 되어 자신의 꿈을 포기해야 한다는 것이 하차를 요구하는 측의 주장이다. 김은주에게 우호적인 네티즌들은 사이버공간에서 일어나는 이런 불합리한 현상에 대해 문제를 제기하며 사실 확인이 필요하다고 주장하고 있었다.

〈 표 2 〉 김은주는 피해자, 익명성이 빚어낸 무차별 집단폭행

의 미	내 용
학교폭력, 피해자와 가해자의 경계 모호	꼭 피해자가 되어야 반성을 하게 되는 것인가(448댓글), 학교폭력은 피해자와 가해자가 불분명하니, 꿈에 도전하는 십대소녀를 매장하지 말 것(1043)
4차원 농땡이, 일진은 단지 소문	김은주는 4차원 아이일 뿐이지 일진도 아니고 그렇게 나쁜 아이 아니니 좋아하는 것 하게 두기 바람(697), 김은주는 일진은 아니고 그냥 농땡이고 심한 개구쟁이며, 강전이 아니라 자진해서 전학간 것임(1271), 은주양이 가해자라는 증거는 증언밖에 없고 심증적인 증거뿐임(2885)
마녀사냥, 김은주는 피해자	제2의 타진요를 보는 듯하여, 명예훼손하는 아이들 모두 적합한 처벌을 받아야 할 것임(697댓글), 김은주 양이 오히려 네티즌에게 피해입은 피해자로 보임(1544), 이미 가수된 아이들 일진설 뜨면 끌어내릴 것도 아니면서, 16살인데 5,000명 가까이 카페를 만들다니 유치함(1650)

(3) 우리는 은주빠, 은주를 향한 무조건적 사랑

김은주는 첫 출연에서 심사위원들로부터 '절대음감의 소유자', '폭발적인 가창력의 소유자'라는 극찬을 들었던 인물이다. 따라서 오디션프로그램에서 승리하는 데 중요한 요소인 가창력은 인정받았다. 그런 만큼 김은주의 노래를 좋아하고, 김은주의 노래를 듣고 싶어하는 시청자들도 많았다. 김은주의 가창력을 높이 평가하는 사람 중 일부는 오디션프로그램인 만큼 노래실력만으로 평가해야 한다고 주장했다. 이들은 김은주 펜카페를 개설하고, 김은주에 대한 변함없는 사랑을 표현하고 있다. 이런 점에서 김은주는 오디션프로그램에서 요구하는 스타성이 증명되고 있었다. 학교폭력 가해자라는 논란이 일며, 김은주가 편집된 채 방영되는 동안에도 김은주에 대한 그리움을 토로하는 댓글이 상당수 시청자 게시판에 등장했기 때문이다.

〈 표 3 〉 우리는 은주빠, 은주를 향한 무조건적 사랑

의 미	내 용
노래 잘하는 은주, 실력으로 정면승부	이 상황에 맘 상하고 아프겠지만 힘내서 노래실력으로 정면승부하기 바람(481), 김은주를 이유없이 욕하거나 헐뜯지 말고, 실력만으로 이야기 합시다(1332), 내가 좋아하는 김은주는 일진 김은주가 아니라 노래하는 그 자체의 김은주임(1510)
은주 노래, 다시 한번	은주양의 노래가 듣고 싶음(1682), 은주가 그립고 노래가 듣고 싶으니 특별무대 만들어주면 좋겠음(3206), 김은주의 노래가 너무 감동적이어서 애타게 기다림(2411)

편집 영상 속, 숨은 은주찾기	방송에서 숨은 그림이라도 좋으니 김은주를 볼 수 있었으면 함(1676), 캐스팅오디션 명단과 캐스팅오디션 명단사진을 보고 김은주 진출 파악함(2703), 지난 방송 합격자룸에서 김은주가 김아현의 뒷배경으로 여러 차례 등장한 샷을 찍어 시청자들에게 보여줌(2877)
불변, 은주에 대한 충성	김은주 팬카페 개설(296), 김은주가 캐스팅되지 않아 눈물이 핑돌았으며, 언젠가 우리 곁으로 돌아오길 바람(3185), 탑텐 10명하고도 난 김은주양 하고 안 바꾼다(4451)

(4) 인기를 먹고 사는 연예인, 시청자 심판에 맡기기

김은주가 네티즌들로부터 집중공격을 받아 방송출연에 어려움을 겪고 있는 것을 안타깝게 여기는 네티즌들도 있었다. K팝스타의 출연자는 펜들의 사랑을 먹고 사는 가수가 되고자 하는 사람이므로, 김은주 사태도 시청자들로 하여금 김은주를 심판하도록 맡겨두라는 입장이다. 시청자로서 김은주 사태를 더 이상 간과하지 않고 적극적으로 개입하겠다는 의지를 보이고 있었다. 김은주가 시청자들로부터 지지를 받으면 살아남고, 지지를 받지 못하면 탈락한다는 논리를 담고 있다. 나아가 김은주가 피해자들에게 사과하는 장면을 방영해야 한다고 했다. 이처럼 시청자들로 하여금 출연자를 심판하도록 하는 것은 인성검증이라는 본질에서 벗어날 우려가 있으며, 출연자의 사적 영역에 개입하기를 원하는 것은 사생활 침해의 우려가 있었다. 연예인은 인기를 먹고 사는 대상이라는 데 초점을 맞출 경우, 그 대상을 독립된 인격체로 바라보지 못하는 우를 범할 수 있는 것으로 드러났다.

〈 표 4 〉 인기를 먹고 사는 연예인, 시청자 심판에 맡기기

의 미	내 용
공개사과, TV방영	프로그램을 계속 진행하면서 진심으로 반성하고 피해자를 찾아가 사과하는 장면을 보여야 함(558), 방송을 통해 피해자들 앞에서 무릎꿇고 싹싹 빌도록 했음 함(950), 제작진은 김은주가 탈락하거나 하차하기 전에 은주가 공개적으로 사과할 기회를 주는 게 맞음(1781)
정공법, 김은주 무편집 방영	김은주 양을 안 보여주니까 다른 논란으로 가는데, 정공법으로 그냥 보여주는 게 나을 듯함(2589), 제작진은 김은주 건을 피하지 말고 문제해결을 위해 방송에 내보내야 함(3098)
최후 결정, 시청자 심판	응원하는 사람들은 음반내면 사줄테지만, 싫어하는 사람들은 거들떠도 안 볼테니 그냥 둬보면 됨(474), 사회정서상 인기표를 못 얻을 건 데, 오디션 프로그램에 출연도 못해야 하는지 필요성 못 느낌(732댓글), 더 이상 김은주를 편집하지 말고 문제를 정리하여 방송으로 복귀했으면 함(2728)

2) 김은주 하차, 언제나 타인에게 피해 입히는 문제아

(1) 상처받는 피해자, 도의적 책임지기

학교폭력 가해자로 지목받고 있는 김은주에 대해 부정적인 시각을 가진 일부 네티즌들은 김은주 양의 책임론을 강하게 제기하고 있었다. 김은주로부터 학교폭력을 당한 피해자들은 과거의 상처로부터 벗어나지 못하고 고통받고 있는 상황이므로, 피해자들

의 고통을 생각해서라도 김은주를 하차시켜야 한다는 입장이다. 비록 미성년자라 하더라도 자신이 저지른 잘못에 대해 책임을 져야 하고, 그로 인해 피해자들이 당한 고통을 김은주 또한 겪어봐야 한다는 것이다. 자신이 저지른 잘못에 대해 반성하고 아울러 피해자들에게 사과하고 용서를 구해야 한다고 보고 있었다.

〈 표 5 〉 상처받는 피해자, 공포와 두려움에 움츠려든 삶

의 미	내 용
피해자의 상처 위로, 하차가 답	김은주 양이 어떤 피해를 입을지 생각하기 전에 피해학생들과 가족들의 정신적인 피해는 어떨지 생각해 보는 게 순서임(537댓글), 어린 나이에 피해자들이 당한 고통을 생각해서 하차시켜야 함(600), 피해학생과 가족들의 괴로운 과거를 상기시키지 않기 위해서도 하차해야 함(652)
죄값, 짊어져야 할 짐	법이 처벌하기 힘든 범주라면, 사회가 어떻게 든 처벌한다는 것을 보여줘야 함(541), 김은주 양에게 섯부른 면제부를 주어서 아이를 망치지 말았으면 함(555), 자신의 행동에 의해 다른 사람이 힘들었던 만큼 그 아이도 당해봐야 함(373)
반성, 자숙의 시간 갖기	학교폭력 피해자 부모로, 지난 일을 반성하고 뉘우칠 기회를 주기 위해 하차를 요구함(766), 하차가 과거에 저질렀던 일에 대해 반성할 수 있는 계기가 됨(519), 잘못에 대한 책임으로 하차시키고 자숙의 시간을 갖게 함(494)
용서 구하기, 사과하기	과거가 그랬다면 떳떳하게 공개해서 오디션에 참가하기 전에 온 국민에게 사과했어야 함(537댓글), 공중파에 나오고 싶으면 피해학생에게 공개사과하고 나오기 바람(629댓글), 김은주는 스타가 되고 싶다면 자신의 잘못된 행동에 대해 진심으로 사과하고 용서를 구하기 바람(645댓글)

(2) 인성 가꾸기 우선, 실력과 성공은 차후문제

〈K팝스타 3〉는 음악적인 재능을 심사하는 오디션 프로그램임에도 불구하고, 네티즌들은 오디션 참가자의 실력뿐만 아니라 인성 내지 도덕성을 중시하고 있었다. 따라서 학교폭력을 저지른 김은주로 하여금 자신의 잘못에 대해 책임을 지고 하차해야 한다고 요구하고 있었으며, 김은주에 대한 처벌이 다른 학생들에게 타산지석이 될 수 있다고 보고 있었다. 반면 김은주가 자신의 잘못에 대해 책임을 지지 않을 경우, 아이들이 그것을 따라하게 될까 봐 우려하는 목소리가 높은 것으로 나타났다. 이러한 태도는 공영방송을 통해 방영되므로 많은 사람들에게 영향을 미칠 수 있다는 우려에서 비롯되고 있었다. 매체의 파급효과가 큰 만큼 출연자에 대한 검증도 엄격하게 이루어져야 한다는 것이다. 이러한 관점은 아직 확인되지도 않은 김은주의 학교폭력 행위와 학교폭력의 강도에 대해 확인절차도 없이 기정사실화하고 있다는 데 문제가 있다.

〈 표 6 〉 인성 가꾸기 우선, 실력과 성공은 차후문제

의 미	내 용
잘못에 대한 책임, 교육의 기회	오디션은 자격을 묻는 자리니 하차하는 것이 물의를 일으킨 본인에게 좋은 교육이 될 수 있음(697댓글), 남에게 피해를 입힌 사람에게 이 사회가 만만치 않다는 것을 교육차원에서 가르쳐야 함(717댓글)
타산지석, 교육을 위한 모델	전국의 수많은 학생들이 학교폭력을 하면 안 된다는 것을 배웠으면 함(418), 김은주 양 같은 일은 지금 학생들에게 좋은 본보기임(893), 일진쓰레기들이 그런 짓을 하면 나중에 연예인같은 것 데뷔할 때 불이익 받을 수 있다

	는 것을 느끼게 해줘야 함(987)
도덕불감증, 모방학습금지	일진하다가 케이팝으로 데뷔하는 게 장래희망인 애들 나올까 봐 겁남(395댓글), 기본이 안 된 아이를 방송에 내보내 아이들이 따라할 까 봐 겁남(459), 김은주 양의 행동을 보고 아이들이 도덕불감증에 걸릴까 봐 걱정이 됨(560)

(3) 시청거부, 김은주는 지우개

〈K팝스타 3〉에서 오디션이 가열될수록 출연자의 자질문제에 대해 관심이 높아졌다. 학교폭력을 행사한 김은주의 인성에 대한 논란은 김은주의 하차를 요구하며, 요구가 받아들여지지 않을 경우 프로그램 시청을 거부하겠다는 실력행사로까지 이어지고 있었다. 제작진은 김은주에 대한 공식적인 입장을 표명하지 않은 채, 더 이상 논란을 키우지 않기 위해 김은주가 출연하는 영상을 편집하여 방영하는 방법을 택했다. 〈K팝스타 3〉는 개인 오디션뿐만 아니라 팀 오디션도 있었는데, 김은주가 출연하는 영상을 편집하는 과정에 김은주와 같은 팀원들과 상대팀원들까지 편집되는 사태가 벌어졌다. 김은주로 인해 편집된 출연자와 그 가족 그리고 지인들의 원성이 높아졌으며, 그 비난은 빌미를 제공한 김은주에게 쏟아지게 되었다. 또한 김은주와 관련된 내용이 시청자 게시판을 도배하게 되면서, 〈K팝스타 3〉에 참가한 대부분의 출연자들이 소외되는 양상이 벌어졌다. 이처럼 김은주와 관련하여 발생한 일련의 논란은 SBS측과 제작진이 사태에 적절히 대처하지 못 함으로써 논란을 가중시키고, 그로 인해 김은주가 더욱더 많은 비난을 받게 만든 것으로 나타났다. 김은주가 미성년자임에도 불구하고, 김은주에 대한 보호조치는 제대로 이루어지지 않았다.

〈 표 7 〉 시청거부, 김은주는 지우개

의 미	내 용
꼴도 보기 싫은 은주, 출연 시 시청거부	K팝스타의 애청자로서 너무 불쾌해서 다시 보고 싶지 않으므로 하차 요청함(325), 참부모위원회에서 계속 출연하면 시청 거부할 것이라 함(462댓글), 김은주 하차 안 하면 시청 거부함(624)
같은팀 & 상대팀, 엮이면 통편집	김은주 양으로 인해 같이 편집당하는 사람들의 피해가 크므로 하차해야 함(2926), 김은주는 같은팀 멤버와 상대팀 멤버를 통편집시키는 지우개(3051), 일진 때문에 통편집당한 같은 팀원과 상대팀은 뭐냐(3123)
은주의 시청자 게시판 독점, 다른 출연자는 소외	김은주 때문에 다른 사람은 뭐야(794), 김은주양의 게시판인지 K팝스타의 게시판인지(802), 제작진의 미대처로 다른 참가자들이 피해를 입는 게 아닌가 함(820)

(4) 다음 기회에 더 좋은 모습으로 오디션 참가

김은주의 하차를 요구하는 입장에는 김은주의 학교폭력 가해행동을 비난하는 데 무게를 둔 측도 있지만, 많은 네티즌들로부터 사이버폭력을 당한 김은주를 염려하는 측도 있었다. 이들은 김은주가 일단 하차해서 심리치료를 받기를 권유했으며, 자숙의 시간을 가지면서 주변사람들에게 신뢰를 쌓고, 보다 성숙한 모습으로 재도전하기를 권유하고 있었다. 이러한 입장은 김은주의 나이가 어리기 때문에 시간을 두고 다시 기회를 가질 수 있으므로, 네티즌의 비난을 수용하여 하차한 후 다시 기회를 도모하라는 중도적 인 입장을 취하고 있었다.

〈 표 8 〉 다음 기회에 더 좋은 모습으로 오디션에 참가

의 미	내 용
더 이상의 상처 차단, 정신치료 급함	학생은 정신치료가 급해 보임(446), 김은주를 병원에 데리고 가서 상담을 받도록 하고 하차시켜야 함(767댓글), 하차 논의에 앞서, 김은주 양의 미래를 위해 정신과 검사를 추천함(832)
친구만들기, 주변 신뢰쌓기	진심으로 반성하고 피해자에게 사과하고, 진심으로 내 편이 되어주는 친구를 만나야 함(594댓글), 진정으로 성공하려면 적어도 주위에 자기를 인정해주고 옹호해주는 사람이 있어야 함(594댓글), 책임있는 무대에 서기 위해, 상처를 준 동급생과 부모, 주변분들에게 신뢰를 쌓도록 가르쳐야 함(767)
자숙의 시간갖기, 성숙한 모습으로 재도전	본인이 피해를 준 학생들에게 사죄하고 학업에 몰두해서 차후에 더 좋은 모습으로 오디션에 도전하기 바람(581), 강제전학에 대해 조용히 설명하고 사죄하고 고2때 나와도 될 것 같음(450), 은주양의 가족이나 지인들은 마음이 아프겠지만 지금은 때가 아님(648)

3) 사이버공간, 멈추지 않는 인권침해

사이버공간은 현실세계에서 벗어나 일탈이 존재하는 곳이다. 익명성이 보장되는 공간이기 때문이다. 타인의 시선을 의식하지 않고 자신의 감정을 여과없이 분출할 수 있기에 표현의 자유가 보장된다는 장점도 있지만, 악용될 경우 많은 문제를 유발시킬 수

있다. 특정 아이디(gidaefos)를 사용하는 네티즌은 그동안 김은주가 행했다는 다양한 학교폭력을 20여 차례 시청자 게시판에 올렸는데, 그 내용은 약한 강도의 친구 괴롭힘에서부터 성접대 강요에 이르기까지 다양하며, 진위여부조차 확인되지 않는 것이었다. 이 네티즌의 행위에 대해 일부 네티즌은 열등감 내지 시기, 질투로 사실을 왜곡·과장한 글을 올렸다고 비난하고 있었다. 최근 연구에 의하면, 자신의 외모에 불만을 느끼거나 콤플렉스가 있으면 사이버상에서 공격적인 모습을 보이는 경향이 있다는 주장도 있다(『조선일보』, 2014.6.3.). 이처럼 김은주를 비난하는 측과 옹호하는 측은 각자 자신의 의견을 개진하며, 자신과 다른 의견을 개진하는 사람들에게 갖가지 욕설과 폭언을 하며 인신공격으로 이어가고 있었다. 이러한 현상은 자신과 다른 의견을 가진 상대방의 의견을 수용하지 않고, 상대방과 소통하려는 노력을 보이지 않으며, 자신의 마음에서 벗어나는 것이 있으면 욕설과 비난을 퍼붓는 태도에서 비롯되고 있었다.

〈 표 9 〉 사이버공간, 멈추지 않는 인권침해

의 미	내 용
잘 나가는 너, 질투심이 불러온 사이버범죄	여자아이 하나가 열등감으로 올린 글의 진위여부도 확인하지 않고 난리임(312댓글), 김은주 양의 학교폭력행태를 퍼 나름(638댓글(gidaefos), 697댓글, 717댓글 등 20여건), 피해자가 시기, 질투해서 피해사실 이상으로 과장해서 주장하고 있음(1064)
나와 다른 너,	은주양이 너같은 놈한테 왕따를 당했을 것 같기도 함

욕설과 폭언 퍼붓기	(312댓글), 이 사람 나중에 딸 낳아서 일진한테 왕따 당해봐야 정신차림(481댓글), 맞춤법보니 김은주 주변의 똘마니 같은데 애들 괴롭힐 생각말고 맞춤법이나 공부하기 바람(546댓글)
일진양성소 SBS, 일진미화금지	SBS는 송포유에 이어 일진을 데뷔시키는 꼴임(631), 일진집합소를 넘어서 양성소로 전락한 SBS(891댓글), 일진은 범죄집단이므로 미화하지 말 것(931댓글)

4) 김은주 사태, 시청률 올리기 노이즈마케팅

김은주 사태가 장기화되면서 시청자 게시판은 김은주 양이 편집되어 나오는 프로그램을 시청하면서 숨은 그림찾기 하듯이 김은주의 모습을 캡쳐해 올리거나 자신의 의견을 개진하는 네티즌으로 북적였다. 불미스러운 일이지만, 김은주 사태는 〈K팝스타 3〉의 시청률을 끌어올리는 데 상당히 기여한 것으로 나타났다. 그 과정에 김은주가 심각한 인권침해를 당하게 되었음에도 불구하고, SBS측과 제작진은 공식적인 입장을 밝히지 않았다. 이는 시청률을 올리기 위한 노이즈마케팅의 일환이며, 그로 인해 김은주를 비롯한 출연자들이 피해를 보게 되었다고 보고 있었다.

〈 표 10 〉 김은주 사태, 시청률 올리기 노이즈마케팅

의 미	내 용
김은주는 K팝스타의 주인공, 시청률 대박	김은주 일진사태는 시청률을 높이기 위한 제작진의 음모로 보임(703), SBS는 시청률 이용하려는 수작부리지 말고 사과 성명서 발표하고 자중 각성하기 바람(893댓글), 추천수와 조회수를 보면 김은주가 케이팝 주인공

	임을 증명하는 증거임(1865)
제작진 진실 밝혀라	노래 잘하는 참가자라고 대충 어물쩡 넘기지 말고 제작진은 진실을 밝히기 바람(315), 제작진은 김은주에 대한 입장을 표명하기 바람(669), 제작진의 빠른 확인과 공정한 판단을 기대함(1046)

5) 사태관망, 객관적 시선

김은주 사태가 벌어졌을 때, 시청자 게시판에 김은주로부터 학교폭력을 당했다는 익명의 제보자가 올린 글의 진위여부를 밝히려는 사람은 아무도 없었다. 논란의 대상이었던 김은주 자신은 물론이거니와 제작진이나 SBS측에서 진실여부를 밝히기는커녕 공식적인 입장 표명조차 하지 않았다. 그 과정에 일부 네티즌은 김은주의 하차를 강하게 요구하고 나왔으며, 그들과 반대되는 입장에서 하차보다는 진실여부를 밝히는 것이 먼저라고 주장하는 목소리도 있었다. 그럼에도 불구하고 상대방의 의견을 듣기보다 자신의 주장을 펼치기에 급급한 네티즌들의 태도는 기본적인 에티켓조차 지키지 않는 경향이 있었다. 이에 억지 주장보다는 보편타당하게 글을 써야 한다는 글쓰기 예의에 대한 글까지 올라오게 되었다. 이것은 시청자 게시판이 자신의 불만을 다른 사람에게 투사하여 배설하는 장으로 전락한 것을 바로 잡으려는 시도에서 나타난 것이다. 나아가 김은주 사태는 김은주가 일부 네티즌들로부터 마녀사냥을 당하는 양상을 띠게 되면서, 자신이 당한 만큼 김은주에게 돌려준다 하더라도 상처가 치유되는 것이 아니므로, 김은주를 용서하는 것이 어떻겠냐는 권유가 나오기도 했다. 이러한 양상은 김은주 사태가 더 이상 번지지 않고 마무리되기를 바라는 염원에서 비롯되었던 것이다.

〈 표 11 〉 사태관망, 객관적 시선

의 미	내 용
게시판 글쓰기, 에티켓 지키기	자기중심적인 생각, 무조건적인 은주 두둔하는 태도, 반말어투, 맞지 않는 문법까지 기분 나쁜 글로 도배하시면 안 됨(791댓글), 게시판에 글을 쓰실 때, 보편타당한 자기주장을 해야 함(1776)
사실 확인 후, 하차 요구와 비난하기	진짜 확실한 증거가 나오기 전까지는 비난하지 않겠음(342), 사실여부를 확인하고 하차를 논해도 늦지 않음(517), 사실여부도 확인하지 않고 서로 욕하고 하차를 종용하는 행동 또한 똑같은 폭력임(676)
복수 포기, 은주 용서하기	김은주가 방송에 나오지 않는다고 피해학생들의 상처가 위로는 받을지언정 치료받는 것은 아님(825), 피해자들은 자신의 피해가 김은주를 좌절시킨다고 보상되지 않으니, 마음으로 은주를 용서해주기 바람(845)

2. 학교폭력 가해자에 대한 견해의 이론적 모형

〈K팝스타 3〉의 출연자 김은주 사태와 관련하여 네티즌이 보인 반응에 대한 이론적 모형은 〈 표 12 〉와 같이, [계속 출전, 예쁘고 노래도 잘 하는 참가자], [김은주 하차, 언제나 타인에게 피해 입히는 문제아], [사이버공간, 멈추지 않는 인권침해], [김은주 사태,

시청률 올리기 노이즈마케팅], [사태관망, 객관적 시선]라는 각 영역들 간의 복합적이고 역동적인 관계로서, 이러한 관계는 김은주를 향한 멈추지 않는 인권침해가 어떤 환경적인 요소들에 의해 발생하게 되었는지에 대한 구조적인 과정을 파악하게 해준다.

〈 표 12 〉 학교폭력 가해자에 대한 네티즌 반응의 이론적 모형

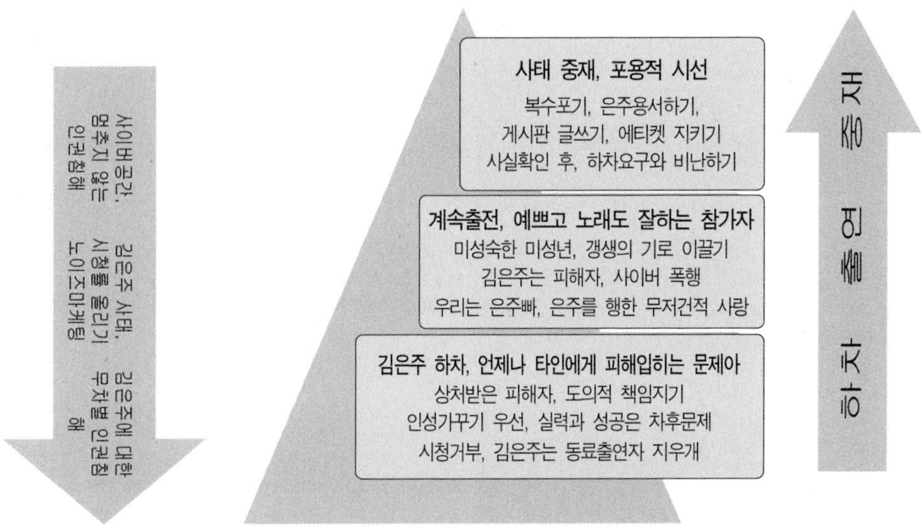

〈K팝스타 3〉의 김은주 양과 관련하여 시청자 게시판에 올라온 글들은 학교폭력 가해자를 바라보는 네티즌의 시각에 내포된 본질적 의미를 드러내 준다. 학교폭력 가해자인 김은주와 관련된 논란은, 〈K팝스타 3〉는 참가자의 가수로서의 재능을 보는 것이므로 재능있는 김은주를 계속 출전하도록 해야 한다는 측과 청소년

들에게 미치는 악영향을 고려해 인성에 문제가 있는 김은주는 하차해야 한다는 측간에 치열한 논쟁이 이루어졌으며, 두 집단은 자신의 의견만 주장하고 상대방의 의견을 들으려고 하지 않는 태도를 취하고 있었다. 상대방이 자신과 다른 주장을 하면 욕설과 폭언으로 대응하고 있었으며, 특정인에 대한 신상털기와 인신공격으로 관계자에 대한 인권침해가 심각한 상태였다. 이러한 논쟁이 장기간 지속된 것은 일진설에 대한 김은주 본인의 해명이 없었고, 〈K팝스타 3〉의 제작진 또한 입장을 표명하지 않음으로써 논란을 키우는 결과를 가져왔다. 이는 김은주 사태를 노이즈마케팅으로 이용해 시청률을 올리려는 SBS와 제작진의 무책임한 행동으로 인해, 16세 소녀인 김은주의 사적 영역은 낱낱이 파헤쳐져 명예훼손 및 인권침해의 정도가 매우 심각한 지경에 이른 것으로 나타났다.

김은주 사태가 악화되는 과정에도 객관성을 잃지 않는 네티즌도 있었다. 일부 네티즌의 무책임한 글쓰기에, 인식공격적 악플달기가 더해지고, 거기에 시청률을 올리려는 상술이 결합되면서 파국으로 치닿는 과정에도, 이들과 거리두기를 통해 사건을 객관적으로 바라보려고 했기 때문이다. 대체로 김은주의 펜은 오디션 계속 출전을 주장했으며, 김은주 안티는 오디션 하차를 주장했지만, 일부 네티즌은 김은주가 오디션에 계속 출전하여 시청자의 심판을 받도록 해야 한다고 주장했으며, 또다른 네티즌은 은주를 안티들로부터 보호하기 위해 일단 하차해서 재도전하도록 권유하기도 했다. 이러한 태도는 김은주를 맹목적으로 추종하는 김은주의

펜이나 김은주를 무차별적으로 공격하는 김은주 안티와 구별되는 것으로, 거리두기를 통해 냉정을 되찾자는 태도를 가지고 있었다.

그 외에 김은주에 대한 인신공격이 가열되는 상황에서 소문에 대한 사실여부의 확인이 먼저 이루어지고, 비난과 처벌은 그 이후에 이루어져야 한다며 신중한 태도를 취하는 네티즌도 있었다. 이러한 태도는 유언비어로 인해 김은주가 네티즌들로부터 상처받지 않도록 보호하려는 태도도 나타나고 있었다. 또한 김은주 펜과 김은주 안티 간의 논쟁이 가열되면서, 서로 간에 욕설이나 폭언을 사용하고, 사생활을 파헤치면서 인권침해가 심해지자 시청자 게시판에 글쓰기 에티켓을 지켜야 한다는 주장도 제기되고 있었다. 마지막으로 김은주로부터 학교폭력을 당했다는 안티들의 악플이 거세지자, 김은주를 하차시킨다고 자신의 상처가 치유되는 것이 아니므로 김은주를 용서해주라는 권유도 제기되었다.

〈K팝스타 3〉 시청자 게시판에 올라온 김은주 일진설과 관련된 글 중에서 [김은주의 계속 출전을 주장하는 글 : 김은주의 하차를 주장하는 글 : 김은주 사태와 관련한 주변 환경에 대해 비판하는 글]은 [1 : 2 : 2]의 비율로 나타났다. 그중 사태를 방관하는 주변 환경에 대해 비난하는 글도 김은주를 피해자로 만든 것에 대한 내용이므로, 김은주를 옹호하고 보호하려는 글의 내용이 김은주를 비난하는 글의 내용보다 [3 : 2]의 비율로 많이 나타났다. 이러한 결과는 김은주가 학교폭력을 저질렀다 하더라도, 자신의 잘못을 반성하고 피해자들에게 진심으로 사과하고 용서를 구한다면, 새로운 삶을 살 기회를 주어야 한다는 의견이 많다는 것을 반영하고 있었다.

이처럼 김은주 사태는 의견의 차이를 수용하지 못해 성숙하지 못한 태도를 보인 네티즌과 성숙하지 못한 태도로 폭로성 글을 반복적으로 올린 학생 그리고 시청률을 올리기 위해 사태를 방관한 SBS와 제작진 모두의 무책임한 행동으로 인해, 16세 소녀가 무참하게 명예훼손을 당하고, 인권침해가 일어나는 구조를 가지고 있다. 이는 사회구성원 모두의 미성숙하고 무책임한 태도에 기인하므로, 사이버공간에서 글쓰기를 할 때 에티켓을 지키고, 다른 사람에 관한 이야기를 할 때 신중한 태도를 취하는 성숙한 태도를 갖출 필요가 있다는 것을 보여주고 있었다.

김은주 양과 관련된 네티즌의 글과 댓글의 변화양상은 급격한 과학문명의 발달로 새롭게 등장한 사이버공간을 활용하는 데 익숙하지 못한 사람들이, 과오와 반성 그리고 수정을 반복하는 과정에 스스로 사이버공간 활용법을 만들어 가고 있음을 보여주고 있다. 처음에는 현실세계에서 누리지 못한 표현을 자유에 취해, 무책임한 글을 쓰는 네티즌이 등장했으나 이들의 의견에 반론을 제기하는 네티즌과 설전이 벌어지고, 이들의 설전을 중재하는 네티즌에 의해 자정이 이루어지고 있었다. 이러한 과정이 반복되면서 사이버공간의 올바른 글쓰기에 대한 지침이 마련되고 있음을 확인할 수 있었다. 그 과정에 김은주 사태를 대하는 네티즌의 태도와 〈K팝스타 3〉의 제작진의 태도에 대한 비판이 제기되었으며, 그러한 비판은 김은주 사태에 대한 반성과 개선점을 모색하는 데까지 나아가고 있었다. 이러한 과정에 성숙한 시민의식을 함양할 필요성이 강하게 제기되고 있었다.

그 후 상당한 시간이 흐른 후, 〈K팝스타 4〉가 진행되는 동안에도 〈K팝스타 3〉의 김은주 사례와 비슷한 일이 발생했다. 〈K팝스타 4〉의 참가자 남소현 양과 같은 중학교에 다니던 1년 후배라는 네티즌이 '중학생 시절에 남소현이 돈을 모아오라고 시켰다'는 내용의 글을 올렸기 때문이다. 해당 글의 조회수는 순식간에 20만이 넘었으며, 댓글도 200여개가 달리면서 출연자의 학교폭력행위는 또다시 뜨거운 논란거리가 되었다. 제작진은 남소현이 다니고 있는 고등학교에 확인한 후, 물의를 일으킨 적이 없다는 공식 입장을 발표하고 남소현 양의 출연분을 편집없이 방송에 내보냈다. 또한 모 언론매체와 이루어진 인터뷰에서, 남소현의 현재 담임선생님은 "남소현은 학교생활도 잘하고 예의 바른 학생"이라고 했다. 남소현의 친구라는 네티즌 역시 "잘못된 루머로 한 사람이 낙인 되는 꼴을 두고 볼 수 없다"고 했으며, 남소현을 지켜본 학생들이 작성한 탄원서라며 여러 장의 친필문서를 올리며 남소현에게 따라 다니는 학교폭력 가해자라는 루머가 사실이 아니라고 주장했다. 이처럼 제작진과 담임, 친구들까지 남소현이 학교폭력 가해자가 아니라고 구명운동을 벌이는 적극적인 태도를 보여주었다. 이러한 반응은 김은주 사태가 벌어졌을 때, 안일한 대응이 불러온 결과를 교훈삼아, 더 이상 확인되지 않는 루머로 인해 희생되는 피해자가 발생하지 않도록 하겠다는 의지의 표현이라 할 수 있다.

V. 결 론

본 연구는 SBS 〈일요일이 좋다 서바이벌 오디션 K팝스타 시즌 3〉의 학교폭력 가해자에 대해 네티즌이 게시한 글을 대상으로 학교폭력 가해자에 대한 네티즌 반응이 지니는 문화적 의미를 밝히는 것이다. 이를 위해 〈K팝스타 3〉의 시청자 게시판에 올라온 학교폭력 가해자로 지목된 김은주 양과 관련된 글과 댓글을 대상으로 삼아 문화기술지 연구방법을 사용했다. 연구결과, 학교폭력 가해자에 대한 네티즌의 반응에 대한 문화적 의미는 총5개 영역, 11개의 범주로 도출되었다. 도출된 영역과 범주를 살펴보자면, 첫 번째는 [계속 출전, 예쁘고 노래도 잘 하는 참가자: 미성숙한 미성년, 갱생의 길로 이끌기/ 김은주는 피해자, 사이버폭행/ 우리는 은주빠, 은주를 향한 무조건적 사랑/ 인기를 먹고 사는 연예인, 시청자 심판에 맡기기]이며, 두번째는 [김은주 하차, 언제나 타인에게 피해 입히는 문제아: 상처받는 피해자, 도의적 책임지기/ 인성 가꾸기 우선, 실력과 성공은 차후문제/ 시청 거부, 김은주는 지우개/ 다음 기회에 더 좋은 모습으로 오디션 참가]이며, 세번째는 [사이버공간, 멈추지 않는 인권침해], 네 번째는 [김은주 사태, 시청률 올리기 노이즈마케팅]이며, 다섯번째는 [사태관망, 객관적 시선] 등으로 밝혀졌으며, 학교폭력 가해자에 대한 네티즌 반응에 대한 이론적 모형은 〈 표 12 〉와 같이, 각 영역과 범주 간에 복합적인 구조를 가지고 있었다.

〈K팝스타 3〉의 김은주 사태는 출연자가 심사위원들로부터 극찬을 받자, 출연자로부터 학교폭력을 당했다는 동급생이 고발성 글을 올리면서 점화됐다. 일진설과 무관하게 계속 출연해야 한다는 김은주 옹호자들과 일진설이 돌았으므로 하차해야 한다는 안티들 간의 논쟁은 장기간 지속되었다. 그 결과 김은주의 사적 영역은 인터넷상에 속속들이 공개되어, 김은주는 심각하게 명예훼손과 인권침해를 당하는 지경에 이르렀다. 이러한 결과는 익명성이 보장된다는 점을 이용하여 욕설과 비방을 일삼았던 네티즌과 소문에 대한 해명을 하지 않고 방관한 김은주, 사태에 대한 입장 표명을 하지 않고 시청률 올리기에 이용한 SBS와 제작진 모두에게 책임이 있었다. 김은주와 관련된 논란이 계속되는 과정에 일부 네티즌은 사실여부가 명확하지 않은 글을 가지고 깨춤을 추기도 했지만, 다른 네티즌은 사실여부를 확인하는 것이 먼저라는 신중한 입장을 취하기도 했다. 또한 논쟁이 가열되면서 욕설이나 폭언을 사용하고, 사생활을 파헤치며 인권침해가 심각해지자 에티켓을 지켜야 한다는 주장도 나왔으며, 김은주에게 앙갚음을 하기보다 용서해주라는 권유도 나왔다.

이상의 연구 결과를 토대로 본 연구의 몇 가지 의의를 제시하면 다음과 같다.

첫째, 본 연구는 학교폭력 가해자에 대한 네티즌들의 반응을 문화기술지 연구방법으로 접근함으로써, 논쟁에 참여한 네티즌의 시각으로 그 문제를 바라보는 동시에, 제3자의 입장에서 학교폭력 가해자에 대한 네티즌 반응이 가지는 본질적인 의미를 밝혔다는 데 의의가 있다. 연구결과 성숙하지 못한 인터넷 글쓰기 태도는 반대의견을 가진 네티즌을 자극하였으며, 그로 인해 심각한 인권침해가 일어나고 있었는데, 여기에 논란을 키워 시청률을 올리려는 상술이 가세하면서 김은주에게 지울 수 없는 상처를 가져다주는 구조를 가지고 있었다. 이러한 연구결과는 앞으로 학교폭력 가해자에 대한 처리방안을 모색하는 데 도움이 될 것이다.

둘째, 학교폭력 피해자 못지않게 학교폭력 가해자 역시 바르게 성장할 수 있도록 보살피고 보호해야 할 대상이라는 것이다. 따라서 학교폭력 가해자들이 자신이 저지른 잘못에 대한 처벌을 받고 나서도 학교폭력 가해자라는 낙인으로 인해 불이익을 받는 일이 없도록 조치를 취해야 한다. 미성숙한 만큼 올바른 길로 인도하면 사회에 이바지할 수 있는 인재로 성장할 수 있는 가능성이 있기 때문이다. 그렇지 않고 학교폭력 가해자라는 낙인을 찍어 영원히 소외된 삶을 살아가게 한다면, 그로 인한 2차, 3차 피해가 발생할 수도 있다. 따라서 한번의 잘못을 문제삼아 낙인찍기 보다는 반성하고 새로운 삶을 살아갈 수 있도록 이끌어주고, 학교폭력의 피해자 역시 가해자에게 앙갚음을 하기보다 성숙한 태도로 용서하도록 이끌어주어야 한다.

셋째, 엄청난 파급효과를 가진 인터넷에서 익명성이 보장된다는 이유로, 사실여부가 확인되지 않는 무책임한 발언을 하면 안 된다는 인터넷 사용에 관한 예절교육이 필요하다는 것을 확인했다. 육체적 폭력뿐만 아니라 사이버폭력도 타인에게 엄청난 상처를 줄 수 있으므로, 그것에 대한 경각심을 키울 필요가 있었다. 인터넷 사용예절교육은 시대의 변화에 의해 새롭게 등장한 분야이므로, 시대상황을 반영하여 소양교육의 일환으로 교육이 이루어져야 할 것이다. 사실여부가 확인되지 않는 이야기가 익명성이 보장되는 사이버공간에서는, 공격적인 성향을 가진 네티즌에 의해 사실이 왜곡되거나 과장되기 쉽기 때문이다. 사생활이 안전하게 보장되고 인권이 존중되는 사회를 만들기 위해서는 성숙한 자세로 인터넷 글쓰기를 해야 할 것이다.

넷째, 김은주 사태가 빚어졌을 때, SBS나 제작진에서 적절하게 대처하지 못함으로써, 나이어린 출연자에게 씻을 수 없는 상처를 주었다는 비난이 일자, 남소현 사태가 일어났을 때 제작진은 규명파악에 나서 '물의를 일으킨 적이 없다'는 공식입장을 발표했으며, 담임선생님과 남소현의 친구들 역시 평소 남소현의 학교생활을 지켜본 소감을 밝히며 옹호하고 나섰다. 이러한 변화는 익명의 제보자에 의해 출연자가 확인되지 않는 루머에 휩싸이게 됐을 때, 대처방안에 대한 바람직한 방안을 제시하는 예라 할 수 있다.

그럼에도 불구하고 남소현 양은 〈K팝스타 4〉에서 팀경연이 이루어지는 상황에서 팀을 구성하지 못하고 혼자 경연에 참여하여 탈락했다. SBS와 제작진의 대응방안이 김은주 사태처럼 선의의 피해자를 만들지 않겠다는 의도에서 비롯되었다 하더라도, 팀구성에서 제외된 남소현 양에게 커다란 상처를 안겨주었을 것이다. 향후에 불미스러운 루머에 휩싸이는 출연자가 발생할 경우, 대처방안에 대한 행동지침을 마련하여 선의의 피해자가 발생하지 않도록 할 필요가 있다.

참고 문헌

강경래(2012), 「학교폭력과 무관용(Zero Tolerance)정책」, 『소년보호연구』, 제19호, 한국소년정책학회, pp.129-166.

금명자 외(2005), 「학교폭력 예방 및 대처를 위한 연계체제 구축 방안」, 『청소년상담연구』, 117호, 한국청소년상담원, 2005, pp.1-161.

김헌진 · 문혜련(2012), 「학교폭력 가해학생 부모의 경험에 관한 연구 : 청주지역 가해학생 부모의 이야기」, 『한국지역사회복지학』, 제43집, 한국지역사회복지학회, pp.431-466.

방기연(2011), 「학교폭력 사건에 대한 교사의 인식과 경험에 대한 질적 연구」, 『상담학연구』, 제12권 5호, 한국상담학회, pp.1753~1778.

배경내(2012), 「학생인권, 열망에서 법적 현실로-학생인권 보장입법의 중요성-」, 『서강법률논총』, 제1권 제2호, 서강대학교 법학연구소, pp.87~112.

서정기(2012), 「학교폭력 이후 해결과정에서 경험하는 갈등의 구조적 요인에 대한 질적 사례연구」, 『교육인류학연구』, 제15권 제3호, 한국교육인류학회, pp. 133-164.

유일상(2003), 「국민의 알권리와 개인의 사생활권」, 『취재원 보호, 알권리 그리고 보도의 자유』, 한국방송학회, pp.1~20.

유재봉(2012), 「학교폭력의 현상과 그 대책에 대한 철학적 검토」, 『교육철학연구』, 제34권 제3호, 한국교육철학학회, pp.87~106.

윤일수(2011), 「사생활 보호에 대한 경각심을 자각시키기 위한 영화치료 사례 연구-강석범 감독의 〈정승필 실종사건〉을 중심으로-」, 『한민족어문학』, 제58집, 한민족어문학회, pp.169~208.

윤일수(2013), 『인생은 톱니바퀴다: 영상을 통한 인문치료 이야기』, 그물.

이승선 · 김연식(2008), 「범죄보도로 인한 인격권의 침해와 문제점」, 『사회과학연구』, 제19권 가을호, 충남대학교 사회과학연구소, pp.65~94.

이희연(2013), 「학교폭력 경험에 관한 문화기술지」, 『학교사회복지』, 25호, 한국학교사회복지학회, pp.275~309.

조우경(2005), 「학교폭력에 관한 학교사회사업적 개입」, 『사회복지학』, 통권 375호, 고시연구사, pp.313-322.

※ 이 글은 필자의 논문 「학교폭력 가해자에 관한 네티즌 반응이 지니는 문화적 의미」(『한국사상과 문화 』 73집, 2014.6.30.)를 수정 · 보완한 것이다.

제3부
역사 속 인물과 사상으로 본 인문치료

동학의 치유 사상

철학치유(哲學治癒)와 사임당(師任堂)

동학의 치유사상

엄 찬 호

1. 동학, 조선을 치유하다

동학은 조선말 전근대 사회의 모순이 극대화되어 근대사회로 변혁의 움직임이 시작되던 시기에 국가사회의 위기와 민중의 모순을 해결하고자 최제우에 의하여 시작되었다. 당시 조선은 오랜 기간 외척의 세도정치가 지속되면서 정치 기강이 문란해져 지방관과 토호의 횡포와 착취는 더욱 심해지고 있었고, 상품화폐경제의 발달로 농민층의 분화가 빠르게 진행되고 있었다. 이에 더하여 자연재해와 전염병이 주기적으로 반복되어 농민들의 삶은 매우 피폐해지고, 도탄에 빠진 백성들이 각지에서 봉기를 일으키면서 사회 불안도 점차 확산되었다. 또한 서학을 필두로 한 서양 열강의 침략은 외세에 대한 위기감까지 더해 조선사회를 심각한 사회적 혼란과 위기에 놓이게 하였다.

이러한 조선말기에 이르러 민중들은 정감록, 미륵신앙 등에 영향을 받으며 반봉건적 의식을 키워 사회변혁세력으로 성장하기 시작하였다. 그러므로 동학은 이 시기의 민중들에게 새로운 사회의 전망을 제시해 주며, 성리학의 지배이념에 대항하는 민중의 저항 이데올로기로서 자리 잡을 수 있었다. 근대적 인간의 자각이

싹트고 민중운동이 태동하는 전환기에 나타난 것이 동학사상이었던 것이다. 동학은 당시의 국가와 사회 문제를 치유하고 새로운 세상에 대한 비젼을 제시하였으며, 불평등한 사회구조속에서 고통받아오던 민중들의 육체와 마음을 치유하고자 하였다.

최제우는 당시 이러한 문제의 원인을 유학적 도덕 질서가 땅에 떨어진 상황에서 찾았고 여기에 서양세력과 서학이 침략해와 혼란을 부채질하고 있다고 생각하였다. 그리하여 최제우는 조선 왕조의 온갖 비리와 부패를 치유 가능한 새로운 사상을 찾아 나섰고, 1855년에 '을묘천서'라는 종교 체험을 하고 득도에 매진한 결과 경신년인 1860년에 하늘님으로부터 신비적인 종교체험을 통하여 동학을 탄생시켰다(홍경실, 2011).

최제우의 시천주(侍天主) 사상은 하늘을 내세의 이상향이 아닌 인간의 중심에 받아들임으로써 인간의 존엄성을 강조하고, 사람은 누구나 평등하며 차별을 받아서는 안 된다는 평등사상을 내재하였다. 이는 당시의 봉건적 신분구조의 모순을 탈피하고 새로운 세상을 기대하게 하였으며, 온갖 문제로 피폐해지고 병들어 있는 국가사회를 개혁하고 민중들의 삶의 고통을 치유할 방향을 제시한 것이었다.

동학은 본연의 마음인 하늘님 마음을 회복하는 것이 치유의 길이라고 인식하였고, 마음의 치유는 수심정기에서 찾고자 하였다. 수심정기는 마음을 다스려 병이 낫게하는 이치로 궁극적으로는 개개인의 내면적 자각과 수행, 내면성에의 침잠을 통해 이룩되는 것이다. 인간의 본성인 인의예지의 덕목을 올바르게 각자의 내면에서 회복하는 길이며, 나아가 세상의 모든 사람들이, 무궁한 하늘님을 모신 무궁한 존재로서의 인간임을 스스로 자각하는 '시천주'에 이르는 길이기도 하다.

동학에서는 마음의 치유를 위해 수심정기 함과 아울러 치유의 도구로써 영부를 사용하였다. 동학에서 영부로 병을 고침은 하늘에 대한 믿음으로 사람이 하늘을 제대로 모시지 않으면 각자위심에 의해 질서가 파괴되고 혼란해져 병이 발생하나 정성과 믿음으로 마음과 기운을 하늘의 이치에 합당하게 하면 저절로 병이 낫게 된다는 것이다.

이러한 영부심을 기르는 마음공부는 곧 21자 주문공부로 주문은 내 안에 모신 신령한 영부심을 찾아 몸에 기화의 힘을 다시 얻는 공부이다. 주문은 단순히 주술적인 효과를 바라는 기원의 도구가 아니라, 수심정기를 위한 공부법이고, 주문을 통해서 인간 본래성으로 주어진 하늘님 마음을 회복하는 것이다. 이와 같이 영부와 주문은 수심정기를 통하여 마음치유에 이르는 길이며, 인간 본래성으로 주어진 하늘님 마음을 회복하는 수련법이다.

나아가 동학은 만물의 이치와 기운이 바르지 못하면 병이 생기듯이 조선말기의 국가사회는 총체적으로 위기와 혼란이 극에 달하여 새로운 사회를 갈망하고 있다고 보았다. 이에 최제우는 당시 사회를 근본적으로 변혁시킬 필요를 절감하였다. 자신의 사사로움만을 추구하는 황폐화된 마음과 불완전한 문화 가치관으로 인하여 인간성이 소외되고 사회의 병리현상이 일어났다고 보고 참 하늘님을 찾아 천도를 알고 천덕을 실천할 수 있는 사회를 모색하였다.

2. 동학의 마음치유사상

2.1 동학의 마음사상

조선 말기의 시대 상황속에서 최제우는 몰락양반의 서출이라는 출신성분으로 인하여 느끼는 소외감과 입신양명 할 수 없는 처지로 일정한 직업없이 명산대찰을 찾아 40세까지 구도의 방황을 이어갔다. 이 때 그가 인식한 당시의 조선은 왕조의 시운이 쇠하여 개벽을 대망하는 말세로 정치·사회·문화적으로 일대 혼란에 빠져있다고 보았다. 그리하여 최제우는 관명인 제선(濟宣)을 제우(濟愚)로 고치고 종교적으로 구국과 제세의 길을 걷기 시작하였다. 그는 당시 사회속에서 혼란이 증폭되고 있었던 것은 궁극적으로 자신만을 위하는 마음, 곧 '각자위심(各自爲心)'의 타락한 심성에 기인하고 있다고 보았다.

그러므로 동학은 이 마음을 바로잡아 개인의 문제를 치유하고 사회의 구원을 이루어 후천 개벽세상을 꿈꾸던 종교였다. 최제우는 『동경대전(東經大全)』의 「탄도유심급(嘆道儒心急)」에서 마음에 대하여 '마음은 본래 텅 비어서 사물에 응하면서도 자취가 없다'고 하며 그러나 '마음을 닦아야 덕을 알게 되고, 덕이 밝아져야 도에 합치하게 된다'고 보았다. 또 마음을 닦는 것은 '다른 사람이 해 주어서 되는 것이 아니라 내가 덕을 쌓아야 되는 것이고, 공을 들인다고 되는 것이 아니라 믿음을 가져야 되는 것'이라고 하였으며, '구한다고 모두 되는 것이 아니고 정성을 다해야 되는 것'이라고 하였다.

또 그는 영부 체험에 의하면 사람의 마음은 곧 하늘님의 마음이므로 마음을 닦는다는 것은 하늘님 마음을 깨닫는 것이라고 하였다.

> "내 마음이 곧 네 마음이니라. 사람이 어찌 이를 알리오. 천지는 알아도 귀신은 모르니 귀신자도 나니라. 너는 무궁무궁한 도에 이르렀으니, 닦고 단련하여 그 글을 지어 사람을 가르치고 그 법을 바르게하여 덕을 펴면, 너로 하여금 장생하여 천하에 빛나게 하리라."(『동경대전』, 「논학문(論學文)」)

최제우의 깨달음의 내용인 '내 마음이 곧 네 마음'이라는 것은 하늘님 마음이 인간 자신의 마음이라는 깨달음이며 이를 동학의 영부에서는 '궁궁(弓弓)'으로 표현하였다. 최제우는 신비체험에서 하늘님으로부터 받은 영부에 대해 '그 형상은 태극이며 궁궁'이라고 하였는데, 영부가 태극이라는 것은 우주의 원리라는 것을 말하는 것이고, 궁궁이라고 하는 것은 그것이 곧 인간의 마음이라는 것을 말해 준다. 궁궁이 바로 마음이며, 신비의 약으로 탄복되던 영부는 곧 가슴속의 불사의 약, 마음이라는 것이다(한자경, 2008).

최제우는 모든 사람이 태어날 때부터 몸속에 하늘님을 모시고 있다는 것을 깨달은 것이다. 원래 사람은 하늘님 마음을 가지고 태어났으나, 살아가면서 세상의 습성에 의해 타고난 하늘님 마음을 잃어버리게 되어 세상이 혼란스러워 졌으므로 이제 다시 마음을 닦아 하늘님 마음을 회복해야 한다고 보았다.

이러한 최제우의 마음에 대한 가르침에 대하여 최시형은 『해월신사법설(海月神師法說)』, 「허와 실」에서 '마음은 본래 비어서 물건에 응하여도 자취가 없다'하였으니, '빈 가운데 영이 있어 깨달음이 스스로 나는 것'이라고 하였다. 그리고 그는 '그릇이 비었으므로 능히 만물을 받아들일 수 있고, 집이 비었으므로 사람이 능히 거처할 수 있으며, 천지가 비었으므로 능히 만물을 용납할 수 있고, 마음이 비었으므로 능히 모든 이치를 통할 수 있다'는 것이다.

또한 최시형은 사람의 마음을 하늘의 해에 비유하여 '해가 밝음에 만국을 비추고 마음이 밝음에 일만 이치를 환히 꿰뚫는다'고 하며, 따라서 동학은 '마음을 자세하고 한결같이 함을 주로 삼는다'고 하였다. 나아가 최시형은 '하늘님 마음이 사람의 마음'이라고 보았던 최제우의 가르침에서 '마음이 곧 하늘'이라는 인식을 하기에 이르렀다.

> "마음이란 것은 내게 있는 본연의 하늘이니 천지만물이 본래 한 마음이니라. 마음은 선천 후천의 마음이 있고 기운도 또한 선천 후천의 기운이 있느니라. 천지의 마음은 신신영령하고 천지의 기운은 호호창창하여 천지에 가득 차고 우주에 뻗쳐 있느니라."(『해월신사법설』, 「영부주문」)

그러므로 최시형은 '내 마음을 공경치 않는 것이 곧 천지를 공경치 않는 것'이라는 가름침은 '내 마음을 공경함이 곧 하늘을 공경하는 도를 바르게 아는 길'이라고 보았다. 이에 '사람은 하늘을 공경함으로써 자기의 영원한 생명을 알게 될 것이요, 하늘을 공경함으로써 모든 사람과 만물이 다 나의 동포라는 전체의 진리를 깨달을 것이요, 하늘을 공경함으로써 남을 위하여 희생하는 마음과 세상을 위하여 의무를 다할 마음이 생길 수 있다'고 하였다(「삼경」). 또 사람이 곧 하늘이므로 '하늘생명을 속이지 말고, 거만하게 대하지 말고, 상하게 하지 말고, 어지럽게 하지 말고, 일찍 죽게 하지 말고, 더럽히지 말고, 주리게 하지 말고, 허물어지게 하지 말고, 싫어하게 하지 말고, 굴하게 하지 마라'(「십무천」)고 하였다. 이와 같이 마음을 공경함이 하늘을 공경하는 것이란 인식은 하늘이 사람의 마음에 있다는 것 곧, '시천주(侍天主)라는 것이다.

"마음은 어느 곳에 있는가 하늘에 있고 하늘은 어느 곳에 있는가 마음에 있느니라 그러므로 마음이 곧 하늘이요 하늘이 곧 마음이니 마음 밖에 하늘이 없고 하늘 밖에 마음이 없느니라. 하늘과 마음은 본래 둘이 아닌 것이니 마음과 하늘이 서로 화합해야 바로 시・정・지(侍・定・知)라 이를 수 있으니, 마음과 하늘이 서로 어기면 사람이 다 시천주라고 말할지라도 나는 시천주라고 이르지 않으리라"(「천지인・귀신・음양」)

"'멀리 구하지 말고 나를 닦으라' 한 것도 나요, '내 마음을 그 땅에 보내라' 한 것도 나요, '내 몸의 화해난 것을 헤아리라' 한 것도 나요, '말하고자 하나 넓어서 말하기 어려우니라' 한 것도 나요, '내

> 마음의 밝고 밝음을 돌아보라' 한 것도 나요, '이치가 주고받는데 묘연하니라' 한 것도 나요, '나의 믿음이 한결 같은가 헤아리라' 한 것도 나요, '내가 나를 위하는 것이요 다른 것이 아니니라' 한 것도 나니, 나 밖에 어찌 다른 한울이 있겠는가 그러므로 말씀하시기를 '사람이 바로 한울 사람이라' 하신 것이니라."(「수도법」)

최시형은 무궁한 하늘의 생명을 키워나가는 것이 시천주하는 것이라고 인식하였다. 그러기 위해서 최시형은 물욕을 갖는 것도 남을 미워하는 것도 거짓말을 하는 것도 남과 시비하는 마음을 갖는 것도 즉 비도덕적인 모든 행위는 하늘을 지키지 못하고 오히려 하늘을 상하게 것이라고 보았다. 내 마음에 이기적인 때가 낀 마음이 아닌 본래의 순수한 하늘의 마음으로 돌아와 그것이 가득 커져서 하늘님 마음이 내 마음이 되면 천인합일의 경지에 이르는 것이다(차옥승, 2012).

한편 최시형은 사람의 마음을 심령과 욕념으로 구별하여 '몸은 심령의 집이요 심령은 몸의 주인이니, 심령의 있음은 일신의 안정이 되는 것이요, 욕념의 있음은 일신의 요란이 되는 것'이라고 하였다. 곧 마음에는 심령이외에 욕념이 있어서, 심령이 있으면 몸은 편안하게 살 수 있지만 욕념이 있게 되면 몸은 어지럽게 된다는 것이다 그러므로 사람은 '능히 그 마음의 근원을 맑게하고 기운을 깨끗이 하면 오염되지 않고 욕념이 생기지 아니하여 하늘의 정신이 몸안에 돌아온다'고 보았다. 욕념은 육관으로 인하여 발생하므로 몸의 주인인 심령 곧 하늘의 이치를 얻도록 하여야 한다는 것이다.

> "심령은 오직 하늘이니, 높아서 위가 없고 커서 끝이 없으며, 신령하고 호탕하며 일에 임하여 밝게 알고 물건을 대함에 공손하니라. 생각을 하면 하늘 이치를 얻을 것이요 생각을 하지않으면 많은 이치를 얻지 못할 것이니, 심령이 생각하는 것이요, 육관으로 생각하는 것이 아니니라. 심령으로 그 심령을 밝히면 현묘한 이치와 무궁한 조화를 가히 얻어 쓸 수 있으니, 쓰면 우주 사이에 차고 폐하면 한 쌀알 가운데도 감추어 지느니라."(「수심정기」)

육관은 불교에서 눈, 코, 귀, 입 그리고 몸과 마음을 가리키는 것으로 최시형은 이 육관으로 인하여 욕념이 발생한다는 것이다. 생각을 하면 하늘의 이치를 얻을 수 있으나 육관은 감각에 따라 판단을 내리게 되므로 생각하는 것이 아니어서 심령을 따르지 않고 욕념을 따르게 된다. 따라서 이러한 욕념을 이기면 마음은 티끌에 가리우지 않은 거울처럼 밝게 비추고, 진흙에 섞이지 않은 구슬처럼 빛나게 된다(송봉구, 2011). 그러므로 같은 마음이라도 쓰기에 따라서 심령에 따르기도 하고 욕념이 생기기도 한다.

곧 마음은 '같은 불이로되 그 사용에 의하여 선과 악이 생기고, 같은 물이로되 그 사용에 의하여 이로움과 해로움이 다름과 같이, 같은 마음이로되 마음이 이치에 합하여 마음이 화하고 기운이 화하게 되면 하늘님 마음을 거느리게 되고, 마음이 감정에 흐르면 마음이 너그럽지 못하고 좁아 몹시 군색하여 모든 악한 행위가 여기서 생기는 것'(「이심치심」)이므로 세상을 어지럽힌 각자위심에서 벗어나 시천주를 굳건히 하여 하늘님의 덕과 도에 대한 생각만 오로지 할 때 마음이 바르게 되고, 편안하게 된다는 것이다. 이것은 마음의 수양으로써 이루어지니 '마음으로써 마음을 다스린다'는 것이다.

> "마음으로써 마음을 상하게 하면 마음으로써 병을 나게하는 것이요, 마음으로써 마음을 다스리면 마음으로써 병을 낫게 하는 것이니라. 이 이치를 만약 밝게 분별치 못하면 후학들이 깨닫기 어렵겠으므로, 논하여 말하니 만약 마음을 다스리어 심화 기화가 되면 냉수라도 약으로써 복용하지 않느니라."(「영부주문」)

사람의 마음은 곧 하늘로 마음이 편안하지 못하면, 기운도 편안하지 못하여 마음이 상하게 되고 몸에 병을 얻게 되는 것이다. 이에 동학은 마음을 다스림으로써 하늘님의 마음을 회복하여 약을 쓰지 않아도 병을 낳게하므로 마음의 치유를 수심정기(守心正氣)에서 찾고자 하였다.

2.2 동학의 수심과 마음치유

2.2.1 수심정기

최제우는 시천주를 실천함에 있어 중요한 것은 수심정기(守心

正氣)와 성·경·신(誠·敬·信)으로 보았다. 그는 '인의예지는 옛 성인의 가르친 바요, 수심정기는 오직 내가 다시 정한 것이라' 고 하며 『용담유사』의 「교훈가」에서 '지벌이나 문필로써 군자가 될 수 있는 것도 아니며 만권시서(萬卷詩書) 읽는다고해서 현인군자가 되거나 도성덕립(道成德立) 할 수 있는 것도 아니고, 양반들이 10년을 공부해도 이룰 수 없을 것을 아무것도 모르는 상민이나 노비들이라도 13자 주문만 지극히 외우며 수심정기하고 정성과 공경과 믿음으로써 하늘님을 모시면 3년이면 이룰 수 있다'고 말하고 있다.

또 최시형은 '만일 수심정기가 아니면 인의예지의 도를 실천하기 어려운 것'이므로 누구나 본래의 마음이 하늘님 마음임을 깨달으면 수심정기가 되고, 수심정기가 되면 하늘님 성품을 거느리고 하늘님 가르침을 받으면 자연한 가운데 화하여 나온다는 것이다. 결국 수심정기는 시천주의 구체적인 수양법인 셈이다. 하늘님을 모셨다는 것을 자각하는 것으로부터 하늘님 마음이 되어, 그 마음을 계속적으로 보전해 나가는 방법인 것이다.

> 마음이 기쁘고 즐겁지 않으면 하늘이 감응치 아니하고, 마음이 언제나 기쁘고 즐거워야 하늘이 언제나 감응하느니라. 내 마음을 내가 공경하면 하늘이 또한 즐거워하느니라. 수심정기는 바로 천지를 내 마음에 가까이 하는 것이니, 참된 마음은 하늘이 반드시 좋아하고 하늘이 반드시 즐거워하느니라."(「수심정기」)

곧 수심정기를 하면 천지를 마음에 가까이 하는 것이어서 참된 마음을 갖게 되는 것이고, 참된 마음은 하늘의 감응을 가져올 수 있다는 것이다. 따라서 '능히 수심정기 하는 법을 알면 성인되기가 어려울 것이 없지만, 수심정기는 모든 어려운 가운데 제일 어려운 것'이라고 하였다. 최시형은 수심정기하게 되면 '비록 잠잘 때라도 능히 다른 사람이 나고 드는 것을 알고, 능히 다른 사람이 말하고 웃는 것을 들을 수 있다'고 하였다.

'수심정기'란 '하늘님 마음을 지키고 기운을 바르게 한다'는 것이므로 수심이 내면의 문제라면 정기는 외면의 문제까지 포괄하고 있다고 할 수 있고, 이것이 곧 기가 바르고 심이 일정하게 안정되는 기정심정(氣正心定)이다(손병욱, 2013). 수심정기는 의미상 수심이 먼저이고 정기가 나중이라고 볼 수도 있으나 최시형은 수심과 정기의 작용은 상호적인 것으로 보았다.

> "기운이 마음을 부리는가, 마음이 기운을 부리는가. 기운이 마음에서 나왔는가, 마음이 기운에서 나왔는가. 화생하는 것은 기운이요 작용하는 것은 마음이니, 마음이 화하지 못하면 기운이 그 도수를 잃고 기운이 바르지 못하면 마음이 그 궤도를 이탈하나니, 기운을 바르게하여 마음을 편안히 하고 마음을 편안히 하여 기운을 바르게 하라. 기운이 바르지 못하면 마음이 편안치 못하고, 마음이 편안치 못하면 기운이 바르지 못하나니, 그 실인즉 마음도 또한 기운에서 나는 것이니라."(「천지인・귀신・음양」)

그리고 '수심정기는 운절된 기운을 보충하는 것'이라고 하여 무너지고 끊어진 천지의 기운을 회복시킬 수 있는 길이 바로 수심정기라 하였다. 최시형은 수심정기가 생명을 살리는 길의 근본임을 밝혔다고 볼 수 있다. 그래서 '수심정기 네 글자는 천지가 운절된 기운을 다시 보충하는 것'이라고 했다. 무너지고 끊어진 천지의 기운을 회복시킬 수 있는 길이 바로 수심정기라는 것이다. 하나의 기운에 의해 이어진 유기적 생명체의 끊어진 곳을 연결하기 위해 필요한 것은 수심정기이다. 이는 개개인의 영성에 바탕을 둔 삶의 양식과 생활 변화의 중요성을 제시한 것이라 볼 수 있다. 사회적 실천과 제도의 마련을 통한 외적인 변화도 개인적 차원의 내적·영적 삶의 성화가 함께 동시에 이루어질 때 가능한 것이다. 사실 이원론적, 기계론적 세계관, 인간 중심주의적 문명 등이 전지구적 생태학적 생명 위기의 근본 원인으로 제시되지만 더 깊은 차원에서 보면, 이러한 위기의 가장 큰 원인은 '마음'을 대하는 인간의 태도이다. 마음이 중심자리에 놓여있지 못하고 본래의 마음을 잃어버려 생겨난 불안, 근심, 걱정, 두려움 등으로부터 벗어나기 위해 마음의 근본을 깨닫고 지키려고 노력하는 것이 수심정기라는 것이다(박진혁, 2004).

그러면 수심정기를 어떻게 할 것인가? 최시형은 이 수심정기하는 방법은 별다른 신비로운 비법이 있는 것이 아니라고 하였다. 부모에게 효도하고 형제에게 우애 있게 하고 항상 남에게 따뜻하고 공손하게 대하는 '효제온공(孝悌溫恭)'이 바로 수심정기법이라는 것이다.

> "수심정기 하는 법은 효・제・온・공이니 이 마음 보호하기를 갓난아이 보호하는 것같이 하며, 늘 조용하여 성내는 마음이 일어나지 않게 하고 늘 깨어 혼미한 마음이 없게 함이 옳으니라."(「수심정기」)

이런 효제온공의 마음가짐으로, 또는 갓난아이 보호하듯이 조심스러움으로 내 마음을 보호하고 받들면, 마음이 언제나 깨어서 혼미함이 없고, 기쁘고 즐거워서 수심정기가 될 수 있다는 것이다. 핵심은 마음이 하늘님이므로 그 마음을 잃어버리지 않고, 성내지도 않고 미워하지도 않고, 항상 화평하게 유지해야 한다는 것이다. 이렇게 최시형은 일상생활에서 항상 마음을 잃지 않는 것을 수심정기의 핵심으로 보고 있다(김용휘, 2005).

또 최시형은 '마음으로써 마음을 다스려 마음이 병을 고친다'는 '이심치심(以心治心)'을 언급하여 수심정기의 방향을 제시하였다.

> "내 항상 하늘님 말씀과 사람의 말의 구별을 말하였거니와, 마음으로써 마음을 다스림도 또한 이 이치에서 생긴 것이라. 사람의 마음에 어찌 두가지 뿌리가 있으리오. 다만 마음은 하나이지마는 그 씀에 있어 하나는 이심이 되고 하나는 치심이 되나니, 이심은 하늘님 마음이요 치심은 사람의 마음이니라. 비유하건대 같은 불이로되 그 씀에 의하여 선악이 생기고, 같은 물이로되 그 씀에 의하여 이해가 다름과 같이, 같은 마음이로되 마음이 이치에 합하여 마음이 화하고 기운이 화하게 되면 하늘님 마음을 거느리게 되고, 마음이 감정에 흐르면 마음이 너그럽지 못하고 좁아 몹시 군색하여 모든 악

한 행위가 여기서 생기는 것이니라. 그러므로 도 닦는 사람은 이심으로써 항상 치심을 억제하여 마차부리는 사람이 용감한 말을 잘 거느림과 같이 그 사용함이 옳으면 화가 바뀌어 복이 되고, 재앙이 변하여 경사롭고 길하게 될 수 있느니라."(「이심치심」)

'이심치심(以心治心)'에서 앞의 '심은' 심령이요, 뒤의 '심은' 사람의 욕념을 의미한다. 둘은 본래 하나이지만 그 씀에 따라 주체가 되는 마음이 있고, 다스려져야 할 마음이 있다는 것이다. 그래서 마음이 감정에 흐르면 악한행위가 발생하므로 수심정기하기 위해서는 마음이 이치에 합하게 하여 마음이 화하고 기운이 화하게 하여 하늘님 마음을 거느리게 하여야 한다는 것이다.

그렇게하면 하늘님을 공경하고 두려워하는 마음을 지닐 수 있을 뿐 아니라, 하늘님의 명령을 공경하고 그 이치를 따를 수 있게 되는 것이다. 이리하여 세상의 수많은 악한 질별들이 약을 쓰지 않고도 낫게 되며, 이 세상에 사는 모든 사람들이 물질에 대한 욕심에서 벗어나, 지난날의 허물을 뉘우치고 착한 사람이 될 것이라고 하였다. 곧 '질병은 사람이 다 수심정기하여 마음이 화하고 기운이 화하면 능히 면하게 된다'고 『해월신사법설』「삼재」에서 언급하고 있다.

"태극은 현묘한 이치니 환하게 깨치면 이것이 만병통치의 영약이 되는 것이니라. 지금 사람들은 다만 약을 써서 병이 낫는 줄만 알고 마음을 다스리어 병이 낫는 것은 알지 못하니, 마음을 다스리지 아니하고 약을 쓰는 것이 어찌 병을 낫게하는 이치이랴. 마음을 다스리지 아니하고 약을 먹는 것은 이는 하늘을 믿지 아니하고 약만 믿는 것이니라."(「영부주문」)

이와 같이 수심정기는 마음을 다스려 병이 낫게하는 이치로 궁극적으로는 개개인의 내면적 자각과 수행, 내면성에의 침잠을 통해 이룩되는 것이다. 곧 수심정기의 명상 시 우리는 스스로 어떤 것을 하려거나 혹은 스스로 숙고할 필요가 없고 단지 주문을 외우면서 지기가 우리 자신에게 크게 내려오시라고 간구하면서 지기에 자신의 모든 것을 맡겨야 한다. 그렇게 하면 몸에 접령이 이루어지고 하늘님과 하나가 되면서 어떤 내적 가르침이 생겨난다. 이 몸의 현상을 '기화지신(氣化之神)'이라 부르고 있다. 수심정기에 의해 기화지신이 이루어지면 영부의 형상처럼 한울과 땅, 한울님과 나, 무의식과 의식, 몸과 마음이 일치된 상태, 즉 생명력의 발랄함으로 모든 치유와 회복이 이루어지는 상태를 획득한다(김용해, 2009). 그러므로 수심정기는 인간의 본성인 인의예지의 덕목을 올바르게 각자의 내면에서 회복하는 길이며, 나아가 세상의 모든 사람들이, 무궁한 하늘님을 모신 무궁한 존재로서의 인간임을 스스로 자각하는 '시천주'에 이르는 길이기도 하다.

최제우에 의해서 제시되는 새로운 수행법인 수심정기는 당시 세태를 '효박한 세상'으로 만들고 있는 주된 원인인, 하늘의 이법과 명을 따르지 않고 자신의 극히 개인적인 이익만을 추구하는 각자위심(各自爲心)의 세태를 지양하고, 개개인의 내면에 하늘님의

도와 덕을 회복시키고자 하는 수행 방법이었다. 나아가 이는 곧 당시 겪고 있는 시대적 위기를 치유하는 길이며, 새로운 만인평등·만인공락의 세계인 후천개벽 세상을 이룩하는 길이기도 한 것이다(윤석산, 2004).

2.2.2 영부와 주문

동학에서는 마음의 치유를 위해 수심정기 함과 아울러 치유의 도구로써 영부를 사용하였다. 최제우에게서 마음과 몸의 관계를 구체적으로 들어내 보여주는 것이 영부(靈符)이다. 그 당시 조선 후기 사회는 정치, 경제뿐만 아니라 전국적으로 퍼져 나가는 괴질(怪疾)로 무척 암울했다. 순조, 헌종을 거쳐 철종 때까지 이어진 괴질로 수없이 많은 인명피해가 났으며 정부도 이에 대해 속수무책이었다. 전국을 돌아다니면서 처참한 광경을 목격한 최제우가 광제창생 할 수 있는 무극대도를 원했던 것도 가렴주구에 시달리고 질병에 시달리는 민중의 고통을 뼈저리게 느꼈기 때문이다.

최제우가 괴질의 시달림으로부터 민중을 구할 수 있도록 하늘님으로부터 받은 것이 바로 영부이다. 신비체험을 하던 당시의 상황을 최제우는 다음과 같이 설명하고 있다.

> "나에게 영부있으니 그 이름은 선약이요. 그 형상은 태극(太極)이요. 또 형상은 궁궁(弓弓)이니, 나의 영부를 받아 사람을 질병에서 건지고, 나의 주문을 받아 사람을 가르쳐서 나를 위하게 하면

너도 또한 장생하여 덕을 천하에 펴리라. 나도 또한 그 말씀에 느끼어 그 영부를 받아써서 물에 타서 마셔 본 즉 몸이 윤택해지고 병이 낫는지라. 바야흐로 선약인 줄 알았더니 이것을 병에 써봄에 이른즉 혹 낫기도 하고 낫지 않기도 하므로 그 까닭을 알 수 없어 그러한 이유를 살펴 본 즉 정성 드리고 또 정성을 드리어 지극히 하늘님을 위하는 사람은 매번 들어맞고 도와 덕을 순종치 않는 사람은 하나도 효험이 없었으니 이것은 받는 사람의 정성과 공경이 아니겠는가?"(『동경대전』, 「포덕문」)

영부는 '대우주 대생명의 약동체를 곡선형으로 표현한 것'으로 문자도 아니고 그림도 아닌 무형의 이미지를 상징화한 것이다. 최제우는 마음을 태극과 궁궁의 모양으로, 그리고 마음의 약동적 형상을 영부라는 이미지로 상징화 한 것이다. 영부는 그 자체가 신비적인 부적이라기보다는 하늘의 생명력이 약동하는 모습으로 종이에 형상화된 모양이나 의미보다는 마음에 약동하고 있는 하늘의 영기의 상징이다. 그래서 하늘의 감응을 받을 수 있는 자신의 마음 상태, 즉 정성과 공경과 믿음을 중시할 수밖에 없는 것이다. 최시형은 영부의 치유능력에 대하여 다음과 같이 말하였다.

"우리 도에 영부를 시험하여 병을 고침은 이는 즉 영의 하는 일이니, 하늘이 능히 병을 생기게 하는 이치는 있고 어찌 병을 낫게 하는 이치가 없으리오. 온전하고 한결같은 정성과 믿음으로써 먼저 마음을 화하게 하고 또한 기운을 화하게 하면 자연의 감화로 온몸이 순히 화하나니, 모든 병이 약을 쓰지 않고도 저절로 낫는 것이 무엇이 신기하고 이상할 바리오. 그 실지를 구하면 하늘의 조화가 오직 자기 마음에 있느니라."(『해월신사법설』, 「기타」)

동학에서 영부로 병을 고침은 하늘에 대한 믿음으로 사람이 하늘을 제대로 모시지 않으면 각자위심에 의해 질서가 파괴되고 혼란해져 병이 발생하나 정성과 믿음으로 마음과 기운을 하늘의 이치에 합당하게 하면 저절로 병이 낫게 된다는 것이다.

이러한 영부심을 기르는 마음공부는 곧 '至氣今至願爲大降侍天主造化定永世不忘萬事知'의 21자 주문(呪文)공부이다. ① 지기(至氣)는 간섭하지 않음이 없고 명령하지 않음이 없는 우주의 본체요 천지만물의 근본으로서의 '영적 활동'이다. ② 금지(今至)는 그 지기에 접함이다. 한 개인의 영성은 부단히 대우주 생명의 영부심을 받아 생하고 접함에 있다. ③ 원위대강(願爲大降)은 지기의 접함을 지속시키는 마음수련이다. ④ 시천주(侍天主)는 내유신령 외유기화이다. '나'라는 것은 내면적으로 신령한 존재이다. 외유기화란 천지만물이 근본적으로 하나로 연결되고, 사람이 만물과 더불어 천도천리에 순응함이다. ⑤ 조화정(造化定)은 무위이화의 법칙으로 말미암아 내유신령의 우주 본성에 합일케 됨을 이름한다. ⑥ 영세불망만사지(永世不忘萬事知)의 지는 '신령한 앎'을 이름이다. 주문염송공부를 행함으로써 각자가 자신의 영부심으로 돌아가 수심정기를 수행하면 천지가 크게 화하는 원기를 다시 회복하여 무위이화의 도를 이룰 수 있다(정혜정, 2013). 주문은 내 안에 모신 신령한 영부심을 찾아 몸에 기화의 힘을 다시 얻는 공부이다. 최제우는 주문을 불사심을 기르는 법문이라 하여 이를 장생주라 하였으며 '주문 삼칠자는 대우주, 대정신, 대생명을 그려낸 천서이니, 시천주조화정(侍天主造化定)은 만물 화생의 근본이요, 영세불망만사지(永世不忘萬事知)는 사람이 먹고사는 녹의 원천이니라'(영부주문)고도 하였다.

주문은 천지만물 화생의 근본을 새로 밝힌 것으로 주문은 강화(降話)이자 천어(天語)라고 할 수 있다. 주문공부를 하면 은은한 총명이 내면으로부터 자연히 신선스럽게 솟아나오는데 이 역시 강화이다. 최시형은 '정심(正心)으로써 사심(邪心)을 다스리게 되면 모두가 천어가 된다' 하였고, 천어의 강화는 심령의 가르침이라 했다. 모든 사람에게는 강화의 가르침이 있지만 오관의 욕심이 지혜를 가리기 때문에 대부분 자신의 강화를 못듣는다. 그러나 마음이 활연관통하면 심령의 가르침을 분명하게 듣게 되고 마음이 바르면 모든 것이 강화의 가르침이 된다.

주문공부는 마음 해방을 위한 염송법으로서 대상에 집착되고 분별의식에 매어있는 마음을 해방시키는 것, 내 몸이 지극한 기운과 하나되어 우주와 감응하는 것, 모든 생각을 오직 하늘님께 집중하여 망념을 멈추는 수행이라 할 수 있다. 주문 염송을 통하여 우주기운과 통하게 되면 질병이 치유될 뿐만 아니라 다양한 마음의 능력을 얻는다는 것이다(오문환, 2006). 주문이라는 종교요소가 급박한 현실을 살아가는 민중들에게는 가장 효과적인 요소이고, 불안한 삶에서 벌어지는 여러 가지 어려운 일들을 가장 정확히 치유해주는 효과가 있었던 것이다.

동학의 마음공부는 주문을 통해서 인간 본래성으로 주어진 하늘님 마음을 회복하는 것이다. 그런데 여기서 하늘님 마음은 내안에 있는 신령한 영으로서 활동하는 '신령'과도 같다. 주문공부를 통해서 하늘님 마음을 회복한다는 것은 내 안의 활동하는 '신령'으로서의 하늘님의 영과 하나가 된다는 것이다. 이 영은 밖으로는 만물을 생성하고 변화시키는 기운으로서, 내 안의 하늘님 영을 깨닫는다는 것은 만물화생의 근본과 모든 생명의 기화작용까지도 깨닫는 의미이기도 하다(이정희, 2006).

그러므로 주문 공부는 동학 수도의 핵심을 차지한다. 따라서 주문은 단순히 주술적인 효과를 바라는 기원의 도구가 아니라, 수심정기를 위한 공부법이다. 주문은 마음을 붙잡아 매는 기둥이며 하늘을 보는 관이라고 비유하기도 하는데, 이것을 반복적으로 외움으로써 마음의 잡념이 없어지고 착한 마음의 뿌리를 지켜내어 지혜가 스스로 밝아지는 것이 주문공부의 의미라는 것이다(김용휘, 2005).

동학의 주문수련은 크게 두 가지로 진행된다. 하나는 현송법이라고 해서 큰 소리로 21자(강령주문8자와 본주문 13자)를 일정하게 반복해서 외운다. 이는 강령을 받기 위한 것이며 기운을 위주로 하는 수련법이다. 이를 반복하게 되면 기운을 느끼게 되는데 그러면 마음이 밝아질 뿐만 아니라, 마음에 힘이 생긴다. 이 힘은 몸의 욕망을 조절할 수 있는 힘이기도 하고, 몸의 조화롭지 못한 기운을 평정함으로써 약을 쓰지 않고 몸을 건강하게 만드는 힘이기도 하다. 또한, 세상을 자신감 있게 살아갈 수 있는 힘이기도 하고, 불의에 맞서는 힘이기도 하다.

다음으로는 묵송법이라고 해서 강령주문을 뺀 본주문 13자만 가지고 소리를 내지 않고 조용히 마음의 본체와 우주의 근본을 관하는 공부를 한다. 이를 통해 마음이 하늘이라는 것을 온전히 깨닫고 나면 모든 물든 마음에서 벗어나서 본래의 청정한 마음을 회복할 수 있고, 구름걷힌 뒤 태양이 비치듯 밝은 지혜가 나온다고 한다. 이를 굳이 수심정기와 연결시키면 현송법은 정기공부이고, 묵송법은 수심공부라고 할 수 있다.

최제우는 이 주문을 통해서 글을 배우지 않은 서민들도 마음의 근본을 깨칠 수 있게 하였고, 수심정기가 되게 함으로써 모두가 현인군자가 될 수 있다고 하였다. 한편 최시형은 '주문만 외우고 이치를 생각지 않아도 옳지 않고, 다만 이치를 연구하고자하여 한 번도 주문을 외우지 않아도 또한 옳지 않다'(「수도법」)고 하여 주문은 누구에게나 하늘의 마음을 깨치는 길이 되지만, 이치를 생각하며 주문을 외우는 수련을 해야한다고 보았다.

이와 같이 영부와 주문은 수심정기를 통하여 마음치유에 이르는 길이며, 인간 본래성으로 주어진 하늘님 마음을 회복하는 수련법이다. 그러므로 동학은 사람의 마음이 하늘이라고 하여 시천주하고 수심정기 함으로써 이치를 바로잡아 병을 치유하는 사상이었고, 나아가 조선 말기 사회의 혼란에 대한 변혁사상이자 치유사상이기도 하였다.

3. 동학의 사회치유사상

동학에서 수심정기는 '천지가 운절되는 기운을 다시 보충하는 것'이라고 하였으며, 최시형은 '한 사람이 화해 짐에 한 집안이 화해지고, 한 집안이 화해 짐에 한 나라가 화해지고, 한 나라가 화해 짐에 천하가 같이 화하리니'라고 하였다(「대인접물」). 수심정기 하는 것은 하늘님인 마음의 이치를 바르게 알아 개인을 치유할 뿐만 아니라 나아가 천하를 치유하게 되는 것이다.

> "이치와 기운이 바르면 만물이 신령하고, 이치와 기운이 바르지 못하면 만물이 병이 생기고, 사람의 몸에 있는 이치와 기운이 바르면 천지에 있는 이치와 기운도 바르고, 사람의 몸에 있는 이치와 기운이 바르지 못하면 천지에 있는 이치와 기운도 역시 바르지 못하느니라."(「허와 실」)

만물의 이치와 기운이 바르지 못하면 병이 생기듯이 조선말기의 국가사회는 총체적으로 위기와 혼란이 극에 달하여 새로운 사회를 갈망하고 있었다. 이에 최제우는 당시 사회를 근본적으로 변혁시킬 필요를 절감하였던 것이다. 자신의 사사로움만을 추구하는 황폐화된 마음과 불완전한 문화와 가치관으로 인하여 인간성이 소외되고 사회의 병리현상이 일어났다고 보고 참 하늘님을 찾아 천도를 알고 천덕을 실천할 수 있는 사회를 모색하였다(설영익, 2010).

최제우가 시천주 즉 '하늘생명'을 모셔야 한다고 말한 것은 인간이 각각 자신만 위하는 마음을 가지는 것에서부터 균형과 조화가 무너졌기 때문이었다. 즉 천지만물 안에서 인간들만을 위한 사리사욕에 사로잡혀 사회질서와 자연질서가 무너졌다는 것이다. 그래서 '임금이 임금답지 못하고 신하가 신하답지 못하고 부모가 부모답지 못하고 자식이 자식답지 못한' 어지러운 사회가 되었다는 것이다.

따라서 이와 같은 시대적 위기를 극복하기 위해서는 가장 먼저 타락한 인성인 각자위심을 버릴 수 있어야 한다고 최제우는 역설하였다. 아울러 사람들의 마음속에 담겨 있는 각자위심을 버리기 위해서는 사람들 모두 무궁한 생명력의 원천이 되는 하늘님을 공경하고 두려워하는 경외지심(敬畏之心)을 각자의 마음속에 지닐 수 있어야 한다고 가르쳤다. 각자위심에서 벗어나 하늘님을 공경하는 경외지심을 회복하는 수행의 법으로 최제우는 '수심정기'를 내놓았던 것이다.

이것은 동학이 당시의 사회를 각자위심이 팽배하여 이치와 기운이 바르지 못하게 되어 병들어 있다고 인식하였고, 이것은 하늘님 마음을 회복함으로써 치유될 수 있다고 보았기 때문이었다.

우선 동학은 서학을 앞세운 서양세력의 동점에 위기를 느끼고 나라와 민족을 지키고자 했다. 그리하여 최제우는 서양이 전쟁을 하면 승리하고 공격하면 빼앗아 이루지 못하는 일이 없으니 천하가 멸망하면 또한 입술이 없어지는 탄식이 없지 않을 것이니 보국안민의 계책을 어떻게 할 것인가를 고민하였다. 그가 교화초기부터 보국안민 광제창생의 뜻을 품은 것이 곧 조선 내부의 모순과 외부세력의 침입으로 인해 민중들의 삶이 고난에 처해 있었기 때문이었던 것이다.

다음으로 동학은 인간존중을 근본으로 하여 봉건적 신분체제의 타파와 평등사상으로, 당시의 양반중심 체제를 부정하였다.

> "하늘은 반상의 구별이 없이 그 기운과 복을 준 것이요, 우리 도는 새 운수에 둘러서 새 사람으로 하여금 다시 새 제도의 반상을 정한 것이니라. 이제부터 우리 도 안에서는 일체 반상의 구별을 두지 말라. 우리나라 안에 두가지 큰 폐풍이 있으니 하나는 적서의 구별이요, 다음은 반상의 구별이라. 적서의 구별은 집안을 망치는 근본이요, 반상의 구별은 나라를 망치는 근본이니, 이것이 우리나라의 고질이니라."(「포덕」)

동학은 시천주사상을 근간으로 인내천사상을 정립하여 인간존중을 근본으로 인간의 존엄성과 평등을 강조함으로써 봉건적 사회체제를 극복하고자 하였다. 최시형은 아이에 대해서도 때리지 말 것을 주문하며 '아이를 때리는 것은 곧 하늘님을 때리는 것이니 하늘님이 싫어하고 기운이 상한다'고 하며 '누가 나에게 어른이 아니며 누가 나에게 스승이 아니리오'(「대인접물」)라고 하여 모든 만물까지도 시천주 아님이 없다고 하였다.

또 동학은 유교이데올로기가 지배하던 조선사회에도 깃들어 있던 미신풍속을 고질적인 병으로 인식하고 동학으로 치유하고자 하였다. 이러한 잡신은 '한무제 때에 무당이 하던 여풍을 지금까지 고치지 못하고 마음에 물들어 고질이 되었으니, 다만 어리석은 사람들의 병근을 고치기 어려울 뿐 아니라 썩은 유생과 속된 선비도 왕왕 흘러들어 습관과 풍속을 이루었으니 가히 한심하다'(「심령지령」)고 하며, 동학으로 병든 뿌리를 끊고 하늘님께 죄를 얻지 말라고 하였다. 이러한 조선후기사회의 병폐를 고치고자 갑오농민항쟁을 일으켰고, 다음의 '폐정개혁안'을 정부에 요구하였던 것이다.

① 동학교도와 정부 사이에 숙원(宿怨)을 없애고 서정(庶政)에 협력한다.
② 탐관오리(貪官汚吏) 죄상을 조사하여 벌한다.
③ 횡포한 부호(富豪)를 엄벌에 처한다.
④ 불량한 유생(儒生)과 양반(兩班)을 징벌한다.
⑤ 노비문서(奴婢文書)를 소각한다.
⑥ 칠반천인(七班賤人)의 인간차별대우를 개선하고 백정(白丁)이 쓰는 패랭이(平凉笠)를 없앤다.
⑦ 젊은 과부의 재혼을 허가한다.
⑧ 규정 이외의 잡세(雜稅)는 일체 폐지한다.
⑨ 관리채용은 문벌을 타파하여 인재본위(人材本{位)로 등용한다.
⑩ 일본인과 밀통하는 자는 엄벌에 처한다.
⑪ 공사채(公私債)를 불문하고 기왕의 것은 일체 면제한다.
⑫ 토지를 평균으로 분작(分作)한다.

이 모든 병폐와 모순을 최제우는 한마디로 각자위심(各自爲心)으로 표현하였고 이를 통해서는 세상의 구원도 자신의 완성도 있을 수 없다고 보았던 것이다. 이와는 달리 동귀일체적(同歸一體的) 존재론에 기반하여 시천주 조화정의 수련을 통해 나와 너, 나와 하늘님, 하늘과 땅, 무의식과 의식이 둘로 나뉘지 않고 결국 하나라는 깨달음을 체득한다면, 저절로 이기적 욕구는 사라지고 타인에 의해 생긴 상처는 치유되고 사회적 관계는 생명력 있게 회복될 것으로 보았다. 신앙과 사회정의, 개인의 수양과 공동체의 발전, 개인의 치유와 사회구제가 각각 분리된 영역으로 존재하지 않고 동귀일체의 양면일 뿐이라는 가르침, 즉 이 양자가 결코 둘 중 하나로 환원되지 않고 서로 보충하고 영향을 주면서 하나의 통합된 상태로 귀결된다는 것이 최제우의 가르침이었다.

최제우가 1860년 하늘님 체험을 통해 받은 사명, 즉 영부로 '사람을 질병에서 구하고', 주문으로 하늘님을 지극히 위하여 '포덕천하'하라는 것은 개인과 사회의 구제 원리가 서로 다르지 아니함을 전제로 한다. 영부의 상징적 의미가 주문의 기본이념이고 주문 암송을 통해 영부를 그려낼 수 있다는 양자의 관계는 개인의 치유 행위가 하늘님을 지극히 모시는 신앙행위와 별개의 것이 아님을 나타낸다. 하늘님을 극진히 모시고 섬기려는 신앙은 한 개인의 개체적 생명력을 충만케하고 이는 다시 자연과 세상에 영향을 미칠 것이다. 시천주조화정은 신앙과 치유, 개인구원과 사회구제가 둘이 아니고 하나임을(동귀일체) 표방하는 동학의 가장 중요한 원리인 까닭이 여기에 있다(김용해, 2009).

그러므로 동학은 현실변혁의 논리로서 개벽을 논하여 개벽에 의해 질서가 생기고 제한되고 수정되고 나아가 극복되게 하는 쇄신훈련을 해야 한다고 하였다. 이것이 종교적으로 개인적으로 나타날 때는 수양으로, 사회적으로 표현될 때는 사회개조, 개혁이다. 그리고 이것은 이중적 구속과 혼돈의 무질서에 빠진 조선민중, 동양민중, 동양사회 전체의 질병을 고칠 수 있는 하나의 처방으로 제시된 것이다. 그런데 동학은 이러한 개벽을 지극히 가까운 데에서 찾는다. 개벽은 지배계급과 민중들 모두의 도덕적 각성이자 도덕회복 그 자체를 뜻한다. 그리고 바로 이러한 도덕적 각성을 통해서 인간은 누구나 지상천국의 주인인 지상신선이 될 수 있다는 것이다. 이런 점에서 동학이 바라는 지상천국은 도덕성을 회복한 인간의 공동체라 할 수 있다(임형진, 2011).

이런 현실인식을 바탕으로 동학은 지친 민중을 구원하고, 인내천에 근간한 인간평등사상 구조에서 인간성 회복을 인식하게 만드는 계기를 제공하였다고 볼 수 있다. 동학의 현실인식과 극복양상은 조선후기 대외적・대내적 위기극복을 위한 근대적 민족주의 사상과 근대사회 지향의 개혁사상을 제시해 주었으며 이는 개혁을 추진할 수 있는 동력을 제공한 것이다. 나아가 병든 세상을 구제하기 위해서는 모든 사람들이 시천주하도록 가르치고, 천리와 천명에 따르게 함으로써 동귀일체의 이상사회가 되어야 한다고 보았다. 즉 동학은 모든 사람을 시천주의 생활로 인도하여 천주의 무위이화(無爲而化)의 조화에 따라 일체가 되는 사회를 건설하고자 하였다.

참고문헌

『東經大全』

『龍潭遺詞』

『海月神師法說』

김용해. 「시천주 조화정: 신앙과 치유의 원리」. 『동학학보』 17. 2009. 237-263.

김용휘. 「東學의 修養論」. 『도교문화연구』 22. 2005. 163-193.

박진혁. 「해월 최시형의 생명사상 연구」. 서강대학교 석사학위논문. 2004.

박맹수. 최기영 편. 『한말 천도교 자료집』 2. 서울: 국학자료원. 1997.

손병욱. 「동학과 성리학의 수련법 비교」. 『동학학보』 27. 2013. 229-273.

송봉구. 「주자의 거경(居敬)과 해월의 수심정기(守心正氣)비교연구」. 『유학연구』 25. 2011. 163-195.

오문환. 「동학・천도교의 수행론」. 『동학학보』 13. 2006. 133-177.

옥계산인 역주. 『현대인의 동학경전』. 서울: 책나무. 2013.

윤석산. 「천도교의 수도법 수심정기에 관하여」. 『동학학보』 7. 2004. 95-117.

李敦化. 『水雲心法講義』. 京城: 天道敎中央總部. 1968.

이정희. 「東學의 修養觀」. 『동학학보』 11. 2006. 183-215.

임형진. 「수운의 이상사회론-개벽과 청우당의 이상국가를 중심으로」. 『동학학보』 21. 2011. 177-213.

정혜정. 「마음공부프로그램의 설계와 과제」. 『종교교육학연구』 43. 2013. 85-111.

차옥승. 「동서 교섭의 관점에서 본 몸과 마음 이해」. 『동학학보』 24. 2012. 307-348.

한자경. 『한국철학의 맥』. 서울: 이화여자대학교출판부. 2008.
홍경실. 「동학의 인본주의에 관한 고찰」. 『동학학보』 23. 2011. 175-200.

※ 이 글은 필자의 논문 「동학의 치유사상 연구」(『인문과학연구』제41집 2014.6, 345-365)를 수정 · 보완한 것이다.

철학치유(哲學治癒)와 사임당(師任堂)

신 성 열

Ⅰ. 왜 사임당(師任堂)인가

세계보건기구(WHO)의 헌장에서 볼 수 있듯이 '건강'의 정의는 단순히 질병에 걸리지 않거나 몸이 허약하지 않은 것만을 의미하는 데 그치지 않는다. 신체적, 정신적, 사회적으로 완전한 참된 삶의 상태에 있다는 것을 의미한다. 그러므로 인문학, 그 중에서 단연 철학은 예로부터 물질과 의식의 간극을 직시하고 그로 인한 문제를 해결하는 데 앞장서 왔다. 그렇기 때문에 오늘날 철학을 위시한 인문학은 우리의 일상에서 일어나는 욕망, 감정, 무력감, 망각, 불안, 방황, 의미상실, 고통, 마음의 상처 등의 문제를 분석함으로써 자존감과 삶의 긍정이라는 토대에서 자신의 삶을 건강하게 유지하는데 도움을 주어야 할 것이다. 그렇다면 철학을 비롯한 인문학이 어떻게 현대적 삶의 구조와 사유 방식에 의해 왜곡되고 고통 받는 마음을 치유(治癒)하고 우리를 건강한 삶으로 나아가게 할 수 있을 것인가?

이는 이러한 학문이 현실이나 삶의 문제와 떨어진 관념적 사실을 다루는 것이 아니라 삶의 의미 상실이나 가치분열로 고통 받고 있는 현대인의 구체적인 삶의 문제나 내면적인 세계를 이해하는 새로운 휴머니즘의 언어를 찾아야 함을 의미할 것이다. 우리는 돈, 승진, 행복, 우울, 불안, 절망, 갈등 등 일상에서 매일 수많은 삶의 문제와 부딪히며 내적 위기를 겪고 있는데, 철학치유(哲學治癒)는 이러한 실존적 위기나 의미상실의 삶에 치유적 에너지를 활성화하는 역할을 할 수 있을 것이다. 물론 시대를 아우르며 철학은 동시대와 개인의 이중적 병리현상에 실존적 의미를 제공하며 삶을 능동적으로 유지하고 건강한 삶을 의욕하는 치유법을 지속적으로 제시하며 성찰해 왔다. 우리는 다변화하는 21세기, 문화예술의 시대에 신사임당(申師任堂, 1504~1551)과 그녀의 예술, 삶과 치유가 우리에게 제공하는 의미가 무엇인지 검토해야 할 필요가 있을 것이다. 왜냐하면 예술과 그 정신은 동서양을 막론하고 삶 속에서 새로운 사상, 철학, 문화를 탄생시키는 요인이 되었으며, 오랜 세월 동안 각기 다른 다양한 변화를 거치면서 그 역할을 해 왔기 때문이다. 물론 지금까지 사임당 관련 많은 논저(論著)와 선양사업 등 학계 뿐만 아니라 다양한 단체, 개인들이 이루어 놓은 성과는 매우 크다고 볼 수 있다. 이제는 새로운 관점에서 - 철학치유적 - 새롭게 조명해야 하지 않을까?

좋은 예술일수록 시간이 지날수록 그 가치가 더해져 간다고 한다. 예술가도 그러한가? 일반적으로 예술가는 사라지지만 예술로써, 또는 예술작품으로 그 사람을 평가하게 된다. 즉 예술작품에는 그 작품 세계를 표현한 사람의 정신세계와 사상이 표현되어 있기 마련이다. 동양과 서양을 구분하지 않더라도 여류(女流) 예술가(藝術家)는 그리 흔하지가 않다. 이러한 배경에는 역사적으로 여성에 대한 지위와 남성 중심의 사회에서 빚어진 남성 편향적(偏向的) 정신세계와 삶의 모습이 반영되었을 것이다. 그럼에도 불구하고 사임당의 작품 속에 나타난 미의식(美意識)과 예술, 회화사적(繪畵史的) 의의를 막론하고 그 철학치유적 의미는 간과(看過)하지 말아야 할 요소들이 있다. 왜냐하면, 미의식(aesthetic consciousness)은 미적(美的)인 것을 수용하고 또 산출하는 정신활동에 작용하는 의식을 의미하기 때문이다. 미학(美學)이 바움가르텐(A.G. Baumgarten)에 의해서 '감성적 인식의 학(學)'으로 정의된 후 미의식은 미학의 가장 중심적인 문제가 되었다. 그 까닭은 고전미학에서는 초감각적인 미의 이념이 추구된 데 반하여 근대미학에서는 우리의 의식에 직접 작용하는 미를 주제로 삼았기 때문이다. 예술 작품이나 자연미를 향수(享受)할 때 우리의 의식은 사물에 대한 이해관계 또는 도덕적 판단으로 부터도 독립되어 극히 자유로운 상태에서 어떤 합목적성을 실현한다. 칸트(I. Kant)는 그런 점을 분석하여 미의식을 '무관심성' 또는 '목적 없는 합목적성'이라고 특징지었다. 그러나 그와 같은 미의식의 성격은 수동적, 관조적 태도에 머물러 있을 때만 발견할 수 있다. 그리고 미의식은 미적인 것을 창조하는 경우에도 발동되는 것으로, 코헨(H. Cohen)으로 대표되는 선험적 심리학에서는 미의식을 미를 생산하는 특수한 통일적 의식으로 규정하였다. 작품을 창조할 때 우리들의 정신은 어떤 목적의식에 지배되고, 존재에 대한 관심으로 구속된다. 그와 같은 창조적인 면에 주목할 때 미의식은 감성에 의한 수용적 측면에서만 이해될 것이 아니라 이성에 의한 능동적 활동에서도 이해되어야 한다(『세계철학대사전』, 1983.). 그러므로 시(詩), 서(書), 화(畵)에 모두 능한 재능을 갖춘 예술가로서의 사임당과 그 중 그림(畵)에 있어서는 초충(草蟲), 영모(翎毛), 포도(葡萄), 산수(山水) 등 다양한 소재를 즐겨 다루었다는 점, 조선의 여인이었던 점, 대유학자(大儒學者)의 어머니이자 아내, 며느리, 딸로서의 그녀는 치유적 관점에서도 고찰해 볼 필요가 있을 것이다.

단면(斷面)이긴 하지만 당시 조선초기의 화단(畵壇)은 거의 산수화 중심의 화풍(畵風)이 존재하고 있었다. 그러나 사임당은 주변에 피어 있는 꽃이나 하찮은 풀 한포기, 곤충 한 마리에도 남다른 미감(美感)과 정감(情感)을 느끼고 주로 화훼화(花卉畵)를 그려냄으로써 여성다운 미려(美麗)한 설채법(設彩法)을 사용하여 채색화(彩色畵)로 나타냈다. 이는 한국인의 미의식 속에 자리한 서정성(敍情性)과 소박성(素樸性), 자연성(自然性)을 표현하고 있기 때문에 보다 한국적인 화풍(畵風)과 더불어 삶에 있어서도 한국적인 풍모(風貌)를 드러내기에 부족함이 없을 것이다. 따라서 본 글에서는 사임당이 생존했던 시대적 상황을 고려하여 조선시대의 시대적 배경과 조선초기와 중기에 있어서의 서화(書畵)를 먼저 살펴보고자 한다. 이는 지금까지 사임당의 〈초충도草蟲圖〉에 대한 좋은 연구가 있었지만 대부분의 연구 및 자료가 대동소이(大同小異)하므로 본 글에서는 양식적(樣式的) 측면 - 서체(書體)를 비롯하여 구도, 소재, 채색, 기법 등 - 은 개괄적으로만 살펴보고자 한다. 그러나 사임당의 삶과 예술적 소양(素養), 그리고 시(詩)와 더불어 〈초서병풍(草書屛風)〉과 〈초충도병(草蟲圖屛)〉 등 '자연미(自然美)'와 '소박미(素樸美)', '유도적(儒道的) 심미예술관(審美藝術觀)'의 관점을 철학치유로써의 모본(模本)과 그 표현으로 연계함으로써 재음미하는데 손색이 없을 것이다. 또한 우리가 어릴 적 통과의례처럼 접하게 되었던 수많은 동, 서양의 위인전(偉人傳)을 통해 스스로의 삶에 대한 성찰(省察)과 인생의 방향타 역할을 해 왔던 점에서 의미가 있을 것이다. 무심코 배웠거나 읽히고 가졌던 이러한 일련의 것들이 모두 철학치유의 또 다른 의미였음을 이해한다면 본 글이 갖는 의미는 더욱 클 것이다.

따라서 현재의 시점에서 다시금 치유적 관점에서 조명(照明)한다는 것은 예술가인 동시에 높은 덕(德)과 인품(仁品)을 지닌 부인으로, 또한 당대(當代) 최고의 학자라 일컬어지는 율곡(栗谷) 이이(李珥)의 어머니로서의 사임당을 추론(推論)해 볼 수 있는 기회를 제공해 보고자 한다.

Ⅱ. 교화(敎化)의 서화(書畵)

새로운 조선왕조를 세운 이성계(李成桂)와 그를 뒷받침해 준 사대부(士大夫)들은 유교(儒敎)적인 이상정치(理想政治)를 표방하여 고려(高麗)와는 다른 숭유억불(崇儒抑佛)정책을 취했다. 이는 정치, 경제, 사회, 문화 전반에 걸쳐 많은 영향을 주었다. 유교적 신분제도의 확립과 학문을 중요하게 생각하는 사회적 분위기는 새로운 조선왕조의 통치이념에 적합한 것이었다. 따라서 개인보다 사회와 국가를 중요시 여기는 유학의 이념은 고려의 정신적 기반이었던 불교를 대체할 수 있는 철학이었으며 조선시대 선비들이 받아들였던 것은 주희(朱熹)에 의해 집대성되었던 정주학(程朱學) - 도학(道學), 이학(理學), 성명학(性命學) 또는 이것을 대성(大成)시킨 이의 이름을 합친 -계통의 성리학(性理學)이었다.

화담(花潭) 서경덕(徐敬德)과 퇴계(退溪) 이황(李滉), 율곡 이이에 이르기까지 한국 성리학의 깊이 있는 연구 성과는 유교적 미의식을 형성케 하고, 그에 의한 새로운 회화의 성격을 확립하는 데에도 큰 영향을 끼치게 되었다. 이 시대의 참된 유학자(儒學者)들은 사사(私事)로운 감정에 흔들이는 것을 경계하고, 재물이나 벼슬에 대한 욕심을 버린 정의롭고 청빈(淸貧)한 삶을 중요하게 여겼다. 이러한 기풍(氣風)은 시(詩)와 서(書)를 논하고 화려하고 감각적인 채색화(彩色畵)보다 담백(淡白)한 수묵화(水墨畵)를 유행하게 했다. 물론 소박하고 정적인 아름다움이 감도는 백자(白磁)를 선호케 했으며, 자연미(自然美)를 살린 목공예(木工藝)를 발달하게 했다. 이러한 시대의 분위기 속에서도 불교나 도가사상(道家思想)은 그 나름의 영향력을 지속시키고 있었으나 국가의 지도이념으로 불교를 삼았던 삼국시대부터 고려시대와는 달리 조선시대에는 유교를 숭상하여 그 전까지의 문화와는 현격한 차이를 드러냈다. 즉, 이 시대를 시종일관 지배했던 억불숭유정책은 당시의 문화를 검소하고 실용적이며 소박한 성격의 것으로 발전하게 했다. 또한 조선시대는 대체로 고려시대의 귀족적인 정서와는 달리 민족적인 정취를 추구하는 경향이 두드러졌는데, 일반적인 경향은 최소한의 노력으로 최대한의 미적 효과를 강조했기 때문에 즉흥적이면서도 소탈하며 친근감을 자아내는 경우가 많았다. 조선시대의 예술이나 그 작품들이 중국의 영향을 배제(排除)하고서는 그 가치가 미약(微弱)하다고는 하나 - 외형적(外形的)으로는 그렇지만 - 그 내용적인 미감으로는 엄연히 독자적인 부분을 갖추었다고 할 수 있었다(유종예, 1993.).

다시 말하면, 한국미술이 전통적으로 중국과의 영향권 내에서 주요한 미술양식을 형성하여 왔음은 사실이다. 19C 민화(民畵) - 정통회화의 조류(潮流)를 모방하여 생활공간의 장식을 위해, 또는 민속적인 관습에 따라 제작된 실용화(實用畵)를 말한다. 조선후기 서민층에 유행하였다. 이규경(李圭景, 1788~1865)의 『오주연문장전산고(五洲衍文長箋散稿)』에는 이를 속화(俗畵)라 하고 여염집의 병풍, 족자, 벽에 붙인다고 했다. 대부분이 정식 그림교육을 받지 못한 무명화가나 떠돌이화가들이 그렸으며, 서민들의 일상생활양식과 관습 등의 항상성(恒常性)에 바탕을 두고 발전하였기 때문에 창의성보다는 되풀이하여 그려져 형식화한 유형에 따라 인습적으로 계승되었다. 따라서 민화는 정통회화에 비해 수준과 시대 차이가 더 심하다. - 와 같이 독자적인 양식의 훌륭한 채색화 전통을 형성하였던 시기가 없었던 것은 아니지만 그래도 지형적 관계로 시작하여 밀접한 관련을 갖게 되었던 것도 사실이다. 그것은 한국고대사의 중국문화수용의 형태를 한자나 유교 그리고 불교전파의 관점에서 잘 살필 수 있을 것이다.

그런데 일반적으로 중국회화의 특징 중에 하나인 자연주의(自然主義)는 결국 산수화라는 협소한 의미체계로 이해되어진데 반해, 한국회화의 자연주의는 심성적(心性的), 본질적(本質的) 자연성(自然性)의 체득(體得)에서 우러난 것이 없기 때문에 훨씬 더 근본적 자연주의에 가까이 다가간 것이 아닌가 생각해 볼 수 있을 것이다. 왜냐하면 자연주의와 한국성 속에서 미술과 자연의 관계는 실로 불가분의 관계를 갖고 있기 때문이다. 조선시대 회화에 나타나는 솔직 담백함은 곧 '자연'의 뜻에 인간의 조형의지(造形意志)를 담았다는 점에서 비롯되어진 것이다(김병종, 1993.). 즉, 한국의 회화는 이러한 넉넉한 심정적 자연주의를 체질로서 획득해 왔으며 생활정서와 조형의지를 일체화(一切化), 일원화(一元化)한 뛰어난 공간의 감각을 지녔다고 할 수 있다. 이는 건축, 공예, 서화(書畵) 등의 작품이 실용성과 예술성을 매우 잘 조화시켜 자연미를 살리면서 고상(高尙)하고 기품(氣品)이 있게 만들었으며 민족문화가 고양(高揚)되면서 예술 활동도 주체적이고 개성 있게 전개될 수 있는 토대가 되기도 하였다.

그리고 한중(韓中) 문화의 관련에 있어서 특이한 것은, 중국문화를 지리적 접촉에 의해 수용한다 할지라도 반드시 우리의 토착적 미감과의 조화 속에서 한국화(韓國化)함으로써 중국화(中國化)되지 않았다는 점이다. 그것은 고대 일본이 섬나라의 지정학적(地政學的) 접촉의 미비함에도 불구하고 중국화가 풍미(風味)하고 그대로 이식(移植)한 것과는 좋은 비교가 될 수 있는 것이다

(김병종, 1993.).

앞서 서술한 바와 같이 시대적인 특징과 함께 중국과는 다른 미의식의 형성 속에서 여러 분야가 독창적으로 전개되었지만, 그 이념과 흐름을 주도하면서 가장 크게 성행했던 분야는 회화(繪畵)였다. 그 중 조선시대의 회화는 왕조(王朝) 통치를 효과적으로 수행하기 위해 교화(敎化)를 이룩하고 인륜(人倫)을 돕는 데 긴요한 시각매체(視覺媒體)로서 적극 활용되었을 뿐 아니라, 왕조운영의 지도세력으로 문화 상황을 이끌었던 문인사대부(文人士大夫)들의 예술로 즐겨 애용되면서 이 시대 조형예술의 주류를 이루었던 것이다. 이러한 사대부들은 고려 후기의 관료지식인으로 새롭게 등장했던 능문능사형(能文能史型) 문사(文士)들의 영향으로 시, 서와 함께 화(畵)를 상호간의 감흥(感興)과 심미(審美) 표현 및 심성수양(心性修養)의 매체로 삼으면서 계도적(啓導的)인 구실을 하기도 했다.

조선 초기(약1400~약1550)에 문인화가(文人畵家)들과 화원(畵員) - 조선시대 도화서(圖畵署)에 딸려 있던 직업화가을 말한다. 화원의 선발은 죽(竹), 산수, 인물, 조수(鳥獸), 화초 중에서 두 가지에 대하여 시재(試才)하되 죽을 1등, 산수를 2등, 인물과 조수를 3등, 화초를 4등으로 하였다. 『경국대전』에는 화원의 정원은 20명으로 되어 있으며, 1년에 네 번(1, 4, 7, 10월) 뽑았다고 한다. - 들에 의해 회화가 가장 폭넓고 활발하게 전개되기 시작하였다. 이 시기의 회화는 고려시대 회화의 전통을 발판으로, 중국의 다양한 화법(畵法)들을 받아들이고 한국 특유의 미의식을 발휘한 새로운 개성적 화법을 전개시켰다. 그런데 16C 전반기의 회화는 15C에 비해 전해지는 작품이 다소 많은 편인데도 대부분이 화원들의 작품으로 낙관(落款) - 글씨나 그림을 완성한 뒤 작품에 자신의 아호나 이름을 쓰고 도장을 찍는 일 또는 이름이나 도장으로 '낙성관지(落成款識)'의 준말이다. 중국의 옛 동기(銅器) 등의 각명(刻銘) 중에서 음각자(陰刻字)를 '관(款)', 양각자(陽刻字)를 '지(識)'라고 하는데, 여기서 유래된 것으로 추측된다. - 이 없어 창작자를 알지 못하는 경우가 많다. 이상좌(李上佐, ?~?) 등의 소수의 화원들을 제외하고는 기록에 이름을 남기고 있는 화가들은 대개 문인화가들로써 이 시기에 활동했던 문인화가들도 안견(安堅, ?~?)의 영향을 많이 받았던 듯 - 안견의 영향을 받은 이러한 화가들과 그의 화풍을 따라 안견파(安堅派)라고 일컫는다. - 하며, 양팽손(梁彭孫, 1488~1545), 신사임당 등이 그 대표적 예이다. 또한 조선 초기 회화와 관련하여 빼놓을 수 없는 사실은 일본회화에 미친 영향이다. 조선초기에는 한・일(韓・日)간의 활발한 문화적 교류를 통해서 조선의 회화가 일본 무로마찌(室町, 1392~1477)시대의 수묵화에 큰 영향을 미치게 되었던 것이다(안휘준, 1990.). 이러한 영향은 조선을 다녀간 일본의 승려(僧侶) 화가들과 일본에 파견되는 사절단(使節團)에 끼어 일본으로 간 조선시대의 화원들, 그리고 일본에 전해진 조선의 화적(畵跡)을 통해 이루어졌던 것이다.

그리고 임진왜란(壬辰倭亂)과 병자호란(丙子胡亂)이 일어나고 당쟁(黨爭)이 계속되어 정치적으로는 매우 불안한 시대였던 조선 중기(약1550~약1700)에도 회화는 건전하게 발전하여 특색 있는 한국적 화풍을 뚜렷하게 형성하였다. 이 시대에 이르면 그림을 즐겨 그리는 사대부 집안이나 또는 화업(畵業)을 대대로 이어가는 화원 집안들이 이전보다 뚜렷이 나타났다. 이는 조선 초기의 안견파 화풍을 계승하는 경향과 강희안(姜希顔, 1417~1464) – 시, 그림, 글씨에 뛰어나 세종 때의 안견, 최경 등과 더불어 삼절(三絶)이라 불렸다. – 이 수용했던 절파(浙派) – 중국 명대(明代)에 발생한 회화상의 한 파이다. 회화(주로 산수화)는 거의 절파와 오파(吳派)로 대별된다. 절파의 절은 절강(浙江), 오파의 오는 강소성(江蘇省) 오현(吳縣)을 지칭한 것이다. – 화풍을 계승하여 새롭게 발전시킨 경향, 그리고 남종문인화(南宗文人畵) – 전문적인 화가가 아닌 시인, 학자 등 사대부 사람들이 여기(餘技)로 그린 그림을 말한다. 중국 명말(明末)의 대표적 문인인 동기창(董其昌)이 그의 『화지(畵旨)』에서 제시한 중국 문인화가의 계보에서는 당(唐)나라 때의 시인이며 그림에도 능했던 왕유(王維)를 첫손에 꼽는다. 그 후 동원(董源), 거연(巨然), 이성(李成), 범관(范寬), 이공린(李公麟), 왕선(王詵), 미불(米芾), 미우인(米友仁) 등을 열거하고, 다시 원말(元末)의 황공망(黃公望), 왕몽(王蒙), 예찬(倪瓚), 오진(吳鎭)과 명나라의 문징명(文徵明), 심주(沈周) 등을 들고 있다. 한국의 경우, 조선 전기 강희안 등의 문기(文氣) 넘치는 문인화가가 있었으나 남종화가 본격적으로 수용되고 유행하였던 17세기 이후부터 강세황(姜世晃), 이인상(李麟祥) 등의 남종문인화가 나왔고, 조선 후기에는 김정희(金正喜) 같은 대가(大家)가

나오기도 하였다. – 적인 경향 및 화조화(花鳥畵), 영모화(翎毛畵) – 새와 짐승 등을 소재로 그린 그림이다. 원래는 영모를 새깃의 뜻으로 풀이하여 새 그림만을 영모화라 불렀으나 현재는 화조화나 동물화도 모두 이에 포함시키고 있으며, 동양화에서는 산수·인물 다음으로 큰 비중을 차지하고 있다. 중국에서는 당(唐)에서 북송대(北宋代)에 이르는 사이 구륵전채법(鉤勒塡彩法)과 수묵몰골법(水墨沒骨法) 등의 표현기법이 완성됨에 따라 영모화의 전통이 확립되었다. – 등이 다양하게 전개되는 시기였으며 특히 절파 화풍이 김명국(金明國, ?~?)등에 의해 전개되어 크게 영향을 끼친 시기였다. 그런데 이 시기의 화가들은 대부분 여러 화풍을 수용해서 자신들의 개성적인 화풍을 만들었음을 보게 된다. 이들은 경우에 따라 특정 화풍에 더 많이 영향을 받기도 했고 주제설정의 폭도 넓었다.

그리고 영모나 화조화에 있어서 천진스러운 모습의 강아지들을 즐겨 그린 이암(李巖, 1499~?)에 이어 간단한 산수를 배경으로 음영(陰影)을 구사하여 독특한 경지의 소 그림을 그린 김식(金埴, 1579~1662)등이 한국 회화의 색다른 경지를 개척하였다. 이러한 조선 중기의 전통은 조선 후기로 이어져 변상벽(卞相璧, ?~?)의 고양이 그림들에서도 완연히 나타났다. 또한 묵죽(墨竹)의 이정(李霆, 1541~1622?), 묵매(墨梅)로 유명한 어몽룡(魚夢龍, 1564~?), 포도를 잘 그린 황집중(黃執中, 1533~?)의 세칭 삼절(三絶) – 일반적으로 시, 서, 화 3가지에 모두 뛰어난 사람을 일컫는 말이다. 당(唐)나라 송지문(宋之問)의 아버지 영문(令文)은 문사

(文辭)가 풍부하고 서(書)에 뛰어났으며 용력(勇力)이 절륜(絶倫)하였으므로 세간에서 그를 삼절이라 일컬었다. 또한, 당나라 정건(鄭虔)은 시, 서, 화에 뛰어나 현종(玄宗)도 그의 재능을 사랑하여 그의 시화(詩畵)의 말미에는 정건삼절(鄭虔三絶)이라 서명하였다. 조선시대에도 세종 때 안견, 세조 때 강희안, 성종 때 최경 모두 삼절이라 일컬었다. – 등이 시대에 활동하면서 역시 독특한 경지를 개척하였다. 즉, 이 시대에는 화가들이 어떠한 한 가지 분야에 전념하는 경향이 더욱 뚜렷해진 듯하다.

끝으로, 남종화(南宗畵)는 중국에서 조선 후기(약1700~약1850)에 처음으로 전래되었으며 이와 동시에 대유행을 하게 되었던 것으로 보는 것이 종래 학계의 통념이다. 그러나 17C초 이미 문징명의 글씨와 그림이 전래되는 등 조선 중기의 일부 화가들에게 영향을 미치기 시작하였다. 결국 이 전통이 조선 후기에 이르러 폭넓은 유행의 꽃을 피우게 된 것이다. 이렇듯 조선시대의 회화는 중국으로부터의 영향에도 불구하고 그것을 토대로 항상 독자적인 화풍을 형성했으며 끊임없이 변화해 왔음을 알 수 있다. 때로는 일본회화의 큰 자극과 영향을 끼치기도 하며 중국을 중심으로 한 국제미술 조류에 발맞추면서 중국이나 일본회화와는 완연히 구분되는 독창적인 회화의 세계를 펼쳐 왔던 것이다.

Ⅲ. 사임당(師任堂)의 소양(素養), 치유적(治癒的) 모본(模本)

1. 삶과 소양

신사임당은 강원도 강릉의 북평(北坪), 지금의 죽헌동(竹軒洞)에서 1504년(연산군 10) 10월 29일에 다섯 딸 중에 둘째딸로 태어났다. 이름은 인선(仁宣)이고 호는 사임당(師任堂), 임사재(任師齋)이다. 고려 태조 왕건의 충신이었던 장절공(壯節公) 신숭겸(申崇謙, ?~927)의 18대손이며, 이름이 명화(命和)인 아버지 평산(平山) 신씨(申氏)와 생원(生員) 이사온(李思溫)의 따님인 어머니 용인(龍仁) 이씨(李氏) 사이에서 빼어난 재주와 서화를 나타내며 자랐다.

아버지 명화는 사임당이 13세 때인 1516년(중종 11)에 진사가 되었으나 벼슬에는 나가지 않았다. 이로 인하여 기묘명현(己卯名賢)의 한 사람이었으나 1519년의 기묘사화(己卯士禍)의 참화는 면하였다. 어머니 이씨는 출가 후에도 계속 친정에 머물러 살게 되어 사임당도 외가(外家)에서 생활하면서 어머니에게 여범(女範)과 더불어 학문을 배워 부덕(婦德)과 교양을 갖춘 현부(賢婦)로 자라났다. 사임당은 서울에서 주로 생활하는 아버지와는 16년간 떨어져 살았기 때문에 아버지가 가끔 강릉에 들를 때만 만날 수 있었다.

그리고 사임당은 19세에 덕수(德水) 이씨(李氏) 원수(元秀)와 혼인하였는데, 그는 고려 중랑장(中郎將) 이돈수(李敦守)의 12대손으로 이름은 난수(蘭秀), 자(字)는 덕형(德亨)이었다. 그 후 사임당은 31세에 아버지의 삼년상(三年喪)을 마치고, 서울의 파주 율곡리에서 살았다. 아마도 이러한 이유로 셋째 아들 이이(李珥)의 호(號)를 율곡(栗谷)이라고 부르게 되었던 것 같다(이은상, 1999.). 율곡은 어머니 사임당을 기리며 「선비행장(先妣行狀)」에 다음처럼 기록하고 있다.

> 어렸을 때에 경전(經傳)을 통했고 글도 잘 지었으며 글씨도 잘 썼다. 또한 바느질도 잘하고 수놓기까지 정묘(精妙)하지 않은 것이 없었다. 게다가 천성도 온화하고 얌전하였으며 지조가 정결하고 거동이 조용하였으며 일을 처리하는데 안존하고 자상스러웠으며, 말이 적고 행실을 삼가고 또 겸손하였으므로 신공(申公)이 사랑하고 아꼈다("幼時, 通經傳, 能屬文, 善弄翰, 又工於針綫, 乃至刺繡, 無不得其精妙. 加以天資溫雅, 志操貞潔, 擧度閒靜, 處事安詳, 寡言愼行, 又自謙遜,, 以此申公愛且重之." 『CD-ROM 율곡전집』, 2004.).

사임당은 38세 때부터 서울에서 - 지금의 수송동(壽松洞)과 청진동(淸進洞)인 수진방(壽進坊)에서 살다가 48세에 삼청동으로 이사하였다 - 지내게 되었다. 그리고 48세 되던 해 여름, 남편이 수운판관(水運判官)이 되어 아들들과 함께 평안도에 갔을 때 세상을 떠났다(이은상, 1999.). 이러한 사임당의 삶은 효녀로서, 어진

아내로서, 그리고 현명한 어머니로서 뿐만 아니라 훌륭한 인격자이며 문학인, 시 · 서 · 화에 뛰어난 천재적 예술가(이은상, 1973.)로 칭송되고 있다.

율곡은 어머니 사임당을 「선비행장」에서 다음처럼 언급했다.

> 평소에 그림 솜씨가 비범하여 일곱 살 때부터 안견의 그림을 모방하여 드디어 산수화를 그렸으며 또 포도를 그렸으니, 모두 세상에서 견줄 만한 이가 없었다. 그 분이 그린 병풍과 족자가 세상에 많이 전해졌다("平日墨蹟異常, 自七歲時, 倣安堅所畵, 遂作山水圖, 又畵葡萄, 皆世無能擬者, 所模屛簇, 盛傳于世." 『CD-ROM 율곡전집』, 2004.).

사임당은 이미 7세 때부터 세종대왕 때의 화가인 안견의 그림으로 모방(模倣) 또는 사숙(私淑) – 존경하는 사람에게 직접 가르침을 받을 수는 없으나 사람의 도(道)나 학문을 본으로 삼고 배우는 것을 이르는 말이다. 여기서 사(私)는 절(竊), 즉 '남몰래 마음속으로'라는 뜻이고, 숙(淑)은 선(善)을 말한다. 『맹자(孟子)』 「이루편(離婁篇)」에 "孟子曰 予未得爲 孔子徒也 予私淑諸人"이라 한 데서 나온 말이다. – 하기 시작했고, 그것은 훗날 사임당이 회화에서 두각을 나타낼 수 있는 큰 힘이 되었을 것이다. 이러한 사실은 사임당의 유일한 산수화로 전칭(傳稱)되는 일명 〈월하고주도(月下孤舟圖)〉 (도판圖版 1.)를 보면 알 수 있는데, 이 그림의 구도나 공간 처리가 안견의 작품 세계와 매우 흡사하다. 즉, 사임당의 산수화는 필묵(筆墨)과 준법(皴法)에 있어서 절파의 영향을 가미한 절충형식으로 16세기 산수화단의 새로운 화풍을 대변해 주는 작품으로 평가 받고 있다(안휘준, 1990.).

〈도판 1.〉 전(傳) 사임당, 지본수묵담채(紙本水墨淡彩), 34.2㎝×62.2㎝ · 34.8㎝×63.3㎝, 국립중앙박물관 소장.

뿐만 아니라 사임당은 유학에 대한 조예가 깊어 사대부 여인이 갖추어야 할 교양과 그 인품이 출중했다는 것은 다 알고 있는 사실이다. 왜냐하면 사임당이 지향한 최고의 여성상은 태임(太任)이다. 이는 그녀를 본받는다는 뜻으로 당호(堂號)를 지었기 때문이다. 주(周)의 문왕(文王)은 어머니의 태임을 본받아 백성에게 덕을 베풀었으며, 중국의 역대 왕들 중에서 아주 뛰어난 왕이다. 현존하는 기록으로 볼 때 동양에서 최초로 태교(胎敎)를 시행한 사람은 “주나라 문왕의 어머니 태임으로, 남편은 계왕(季王)이고, 태임은 은(殷)라에서 온 사람이다. 태임은 어질고, 엄격하였으며, 의리에 밝고, 그리고 자비로웠다”고 기록되어 있다. 또한 크나큰

덕망과 어질고 명철한 머리를 지닌 현숙한 부인이며 그의 태교를 인류사에 교육의 효시로써 명기되어 있다. 태임의 태교 방법은 지금으로부터 2,800여년 전 중국『고대사기(古代史記)』에 의하면 옥판(玉版)에 새겨 금으로 만든 상장에 넣어 종묘(宗廟)에 보관하여 뒷날의 교육의 지침이 되도록 하였다고 한다. 그리고 배속에 있는 아기가 태어난 뒤 어진 사람이 되게 한다는 뜻에서 언제나 마음을 온화하고 바르게 가졌으며 좋은 소리와 좋은 것만 보며 늘 몸가짐을 단정히 했다고 한다. 그래서 태교라는 말이 비롯되었다. 즉, '사(師)'는 스승이니 본받는다는 뜻이며, '임(任)'은 중국의 주나라 문왕의 어머니인 '태임'을 말하는 것이다. 이는 태임을 본받는다는 뜻에서 '사임'이라고 지은 것이라고 볼 수 있다. 또한 1868년 강릉 부사였던 윤종의(尹宗儀, 1805~1886)가 사임당의 글씨를 판각(板刻)하여 오죽헌에 보관하면서 적은 발문에서 "…… 과연 그 필적에 이르러서는 정성 들여 그은 획이 그윽하고 고상하며 정결하고 고요하여 더욱 더 부인께서 저 옛날 문왕의 어머니 태임을 본뜬 것임을 알 수 있다. …… ." 라고 한 구절이 있다. 그러므로 사임당을 평한 사람들 중에는 그녀의 온화한 성품과 예술적 자질조차도 모두 태임의 덕을 배우고 본받기 위함이라고 하였다. 물론 그것은 대정치가(大政治家)이며 대학자(大學者)를 길러낸 훌륭한 어머니로서의 위치를 평가했던 이유도 함께 있기 때문이다.

그러나 예술인으로서 사임당은 어떠한가? 사임당은 완전한 예술인으로서의 생활 속에서 어머니와 아내의 역할을 성숙시켰다고 볼 수 있다. 이러한 점에서 볼 때 그녀는 조선왕조가 요구하는 유교적 여성상에 만족하지 않고, 독립된 인간으로서의 생활을 스스로 개척한 여성이라 할 수 있다. 사임당이 교양과 학문을 갖춘 예술인으로서 성장할 수 있었던 배경은 그의 천부적(天賦的)인 재능과 더불어 그 재능을 발휘할 수 있도록 북돋아준 좋은 환경이 있었다. 그렇다면 사임당으로 하여금 절묘(絶妙)한 경지의 예술세계에 머물게 한 중요한 동기, 철학치유적 관점에서 볼 수 있는 그 모본(模本)로 내세울 수 있는 환경은 무엇이었는가?

첫째는, 현명하고 자상한 어머니의 보살핌과 교육을 충분히 받을 수 있는 환경을 가졌다는 점을 들 수 있다. 사임당의 혼인 전 환경을 보면 예술과 학문에 깊은 영향을 준 외조부(外祖父)의 학문은 어머니를 통해서 전수(傳受)되었을 것이다. 사임당의 어머니는 무남독녀(無男獨女)로 부모의 깊은 사랑을 받으면서 학문을 배웠고, 출가(出家) 뒤에도 부모와 함께 친정(親庭)에서 살았기 때문에 일반 여성들이 겪는 시가(媤家)에서의 정신적 고통이나 육체적 분주함이 없었다. 따라서 비교적 자유롭게 소신껏 일상생활과 자녀교육을 행할 수 있었다. 이러한 어머니에게 교육을 받은 사임당은 천부적 재능을 마음껏 발휘할 수 있었다고 볼 수 있다. 당시의 유교적 규범은 여자가 출가한 뒤는 오직 시가만을 위하도록 요구하였는데도 그것을 알면서 친정을 그리워하고 친정에서 자주 생활한 것은 정형화된 규범보다는 순수한 인간본연의 정情과 사랑을 더 중요시한 때문일 것이다. 이는 사임당의 예술 속에서 바로 나타나듯이 거짓 없는 본연성(本然性)을 가장 정직하면서 순수하게 추구할 수 있었다고 볼 수 있다.

둘째는, 단편적이지만 완고(完固)하고 자기 주장적인 유교사회의 – 전형적인 남성 우위의 허세를 부리는 – 남편을 만나지 않았다는 점이다. 사임당의 남편은 아내의 예술적 재능을 인정해주고, 아내의 말에 귀를 기울이는 도량 넓은 남자였다는 점이다. 즉, 사임당의 예술성을 보다 북돋아준 것은 남편이라 할 수 있다. 사임당이 친정에서 많은 생활을 할 수 있었던 것은 남편과 시어머니의 도량 때문이라 할 수 있다. 남편은 아내의 그림을 친구들에게 자랑할 정도로 이해하고 또 그 재능을 인정하고 있었다. 또한 그는 아내와의 대화에도 인색하지 않아 대화에서 늘 배울 것은 배우고 받아들일 것은 받아들였다고 전한다.

2. 삼절(三絶)

한 시대의 예술은 필연적으로 그 시대, 그 나라의 전통문화를 반영하며, 다양한 예술형식도 필연적으로 관계를 맺고 있다. 그것들은 상호 의존적이기도 하며 영향을 미치기도 한다. 일반적으로 동양의 서화는 기본적인 재료와 도구가 같거나 유사하여 서로의 장점을 받아들여 발전시켜 나갔다. 필법(筆法) 역시 그러하다. 또한 끊임없이 문학, 음악 등 다양한 예술형식에서 나타나는 장점을 참고하거나 받아 들였다. 동시에 서와 화는 다른 예술형식에도 중요한 영향을 미쳤다. 그래서 고대부터 동양에서 서와 화는 기타 다양한 예술 가운데에서 오늘날 최고 형식의 독특한 예술로 형성되어 왔다. 그렇다면 문학의 한 형태인 시는 어떠한가? 시는 언어 예술로서 공간의 제한을 받지 않으며, 시각에 호소하는 것이 아니라 사유(思惟)에 호소한다. 시는 낭송과 상상이라는 매개(媒介)형식을 통하여 사람들에게 미감을 전하는 것으로 가장 의경미(意境美)가 뛰어나다고 할 수 있다. 그러나 서와 화는 시처럼 낭송할 수는 없지만 시의 다른 특징을 취하여 스스로를 풍부하게 했다. 예를 들면, 서와 화는 주로 시의 심미성(審美性)과 예술정신 및 미학범주 등에서 양(陽)과 강(剛)의 미, 음(陰)과 유(柔)의 미 등을 취한다는 것이다. 우리는 일반적으로 감상할 때는 시의 의경으로 서와 화의 의경을 비교하기도 한다. 서예가가 글씨를 쓸 때 그는 쓰고 있는 시에 따라 감정에 빠져들고 경지에 들어가기도 하기 때문에 쓰는 글자 가운데 시의(詩意)가 있게 되는 의미이다(동병종, 2005.). 즉, 앞서 보았던 사임당의 산수화와 그 한 편에 초서(草書) – 한자(漢字)의 전서(篆書), 예서(隸書) 등의 자획(字劃)을 생략하여 흘림글씨로 쓴 서체 – 로 쓴 〈당시오언(唐詩五言)〉 2편 – 앞의 제시(題詩)는 맹호연(孟浩然, 689~740)의 〈숙건덕강(宿建德江)〉 오언절구(五言絶句)이며, 뒤의 제시는 이백(李白, 705~762)의 〈송장사인지강동(送張舍人之江東)〉 오언율시(五言律詩)이다. 이는 해질녘의 쓸쓸한 가을 정경(情景)을 묘사했다는 점에서 시의도(詩意圖)라고 할 수 있다(『신사임당 가족의 詩書畵』, 2006.). – 을 보면 이러한 의미가 담겨 있다고 할 수 있다.

이주박연저 移舟泊烟渚 배 저어 안개 낀 물가에 대니

일모객수신 日暮客愁新 해질 녘 나그네 근심 새로워
야광천저수 野廣天底樹 들은 넓고 하늘은 나무에 닿았는데
강청월근인 江淸月近人 강물도 맑고 달도 가까워

천청일안원 天晴一雁遠 개인 하늘에 기러기 한 마리 멀리 날고
해활고범지 海闊孤帆遲 트인 바다에 외로운 돛단배 더디네
백일행욕모 白日行欲暮 훤한 해도 흘러가 저무려 하는데
창파묘난기 滄波杳難期 푸른 물결 아득하여 기약하기 어렵네

사임당은 학자의 집안에서 태어나 어려서부터 유교의 경전(經典)과 명현(名賢)들의 문집(文集)을 탐독하여 시와 문장(文章)에 능했으나 현재는 2편의 시문(詩文)과 1편의 낙구(落句)만이 남아 있다. 이는 적은 편 수에도 불구하고 사임당의 시는 통찰력과 판단력이 뛰어나고 예민한 감수성을 지녀 예술가로서의 특성을 지니고 있다. 특히 사임당이 거문고 타는 소리를 듣고 감회가 일어나 눈물을 지었다든지 또는 강릉의 친정어머니를 생각하며 눈물로 밤을 지새운 것 등은 그녀의 섬세한 감정이 남다르다는 것을 보여주고 있다. 그렇다면 사임당이 시가로 가면서 지은 〈유대관령망친정(踰大關嶺望親庭)〉과 어머니를 생각하면서 지은 〈사친(思親)〉을 살펴보자.

〈유대관령망친정 - 대관령을 넘으며 친정을 바라본다.〉
자친학발재림영 慈親鶴髮在臨瀛 늙으신 어머님을 고향에 두고
신향장안독거정 身向長安獨去情 외로이 서울로 가는 이 마음

회수북촌시일망 回首北村時一望 돌아보니 북촌은 아득도 한데
백운비하모산청 白雲飛下暮山青 흰 구름만 저문 산을 날아 내리네

〈사친 – 어머님 그리워〉

천리가산만리봉 千里家山萬里峰 산첩첩 내 고향 천리연마는
귀심장재몽혼중 歸心長在夢魂中 자나깨나 꿈속에도 돌아 가고파
한송정반고륜월 寒松亭畔孤輪月 한송정 가에는 외로이 뜬 달
경포대전일진풍 鏡浦臺前一陣風 경포대 앞에는 한줄기 바람
사상백구항취산 沙上白鷗恒聚散 갈매기는 모래톱에 헤락 모이락
해문어정임서동 海門漁艇任西東 고깃배들 바다 위로 오고 가리니
하시중답임영로 何時重踏臨瀛路 언제나 강릉길 다시 밟아가
갱착반의슬하봉 更着斑衣膝下縫 색동옷 입고 앉아 바느질 할꼬

위의 시를 보면 알 수 있듯이 사임당이 〈유대관령망친정〉을 지은 시기는 19세에 결혼했지만 38세(율곡 6세 때)에 강릉 친정으로 어머님을 뵙고 다시 서울로 가는 도중에 대관령을 넘으며 마루턱에 앉아 친정을 내려다보면서 지은 것임을 알 수 있다. 이 때는 친정 아버지가 별세한 지 20년 후였고, 62세의 늙은 어머니 이씨만이 친정에 계셨을 뿐만 아니라 아들이 없어 딸만 다섯을 낳아 모두 출가한 상황이었기 때문이다. 그러므로 사임당이 홀로 계시는 늙은 어머님을 생각함은 남다를 수밖에 없었다(이은상, 1994.). 그리고 〈사친〉을 지은 시기 역시 38세에 서울 수진방 시댁에서 살림살이를 시작한 이후이다. 사임당은 늘 고향에 계신 늙은 어머님을 그리워 했음을 알 수 있다. 이처럼 사임당의 어머

니를 향한 그리움과 정이 얼마나 깊었는가를 짐작하고 남으며 풍부한 감성과 정감이 어우러져 예술가의 심미체험, 심미태도의 근간을 이룬다고 볼 수 있다(이은상, 1994.).

일반적으로 서와 화는 모두 시각예술이며 동일한 미학사상과 심미적 관념의 기초에서 발전해 온 것이라고 할 수 있다. 서와 화는 모두 중도(中道)를 따르는 것으로서 이른바 '중화(中和)'의 미를 최고의 이상으로 삼는다. 이 중화의 미는 인간과 자연, 주체와 객체, 주관과 객관 등 대립적인 것의 화해(和諧)와 통일을 강조한다(동병종, 2005.). 따라서 사임당의 서를 먼저 살펴보면, 초서 6폭 - 사임당의 초서 6폭은 세로 44.5㎝, 가로 33.5㎝이며 강릉시 오죽헌 시립박물관에 소장중이고 강원도유형문화재 제41호이다 - 과 해서(楷書) - 일점일획(一點一畫)을 정확히 독립시켜 쓴 서체 - 1폭, 4자(四字)의 전서(篆書)가 남아 있을 뿐이다. 이 중에서 초서 6폭은 1868년(고종 5) 강릉부사로 간 윤종의가 사임당의 글씨를 영원히 후세에 남기고자 그 글씨를 판각하여 오죽헌(烏竹軒)에 보관하면서 발문(跋文)을 적었다. 그는 발문에서 사임당의 글씨를 "정성 들여 그은 획이 그윽하고, 고상하고, 정결하고, 고요하여 부인께서 더욱더 저 태임의 덕을 본뜬 것임을 알 수 있다."고 하였다. 이 〈초서병풍〉은 당시(唐詩) 오언절구를 쓴 것으로 그 내용(『신사임당 가족의 詩書畵』, 2006.)과 서체를 살펴보자.

제 1폭 대숙륜(戴叔倫)의 〈증이(당)산인(贈李(唐)山人)〉

비의정무사 比意靜無事　늙으신 어머님을 고향에 두고

폐문풍경지 閉門風景遲　외로이 서울로 가는 이 마음
유조장백발 柳條將白髮　돌아보니 북촌은 아득도 한데
상대공수사 相對共垂絲　흰 구름만 저문 산을 날아 내리네

제 2폭 사공서(司空曙)의 〈금릉회고(金陵懷古)〉
연로강풍암 輦路江楓暗　행차 길의 강변 단풍 짙고
궁호야초춘 宮湖野草春　궁정 도랑의 들풀도 봄이라
상심유개부 傷心庾開府　상심한 유개부는
노작북조신 老作北朝臣　늙어 북조의 신하가 되었지

제 3폭 유장경(劉長卿)의 〈송장십팔귀동로(送張十八歸桐廬)〉
귀인승야정 歸人乘野艇　돌아갈 사람 거룻배를 타고
대월과강촌 帶月過江村　달빛을 맞으며 강 마을을 지나네
정락한조수 正落寒潮水　막 찬 물결이 밀려나가니
상수야도문 相隨野到門　물 따라 밤이면 문 앞에 이르리

제 4폭 대숙륜의 〈희류고십일명부류별고명부(戱留顧十一明府留別顧明府)〉
강남우초헐 江南雨初歇　강남의 비 처음 그쳤건만
산암운유습 山暗雲猶濕　산 어둑하고 구름도 젖어있네
미가동귀요 未可動歸橈　아직 돌아가는 배 움직이지 않고
전계풍정급 前溪風正急　앞 시내 바람이 정말 거세네

제 5폭 이백(李白)의 〈별동림사승(別東林寺僧)〉
동림송객처 東林送客處　동림사 손님 보내는 곳에
월출백원제 月出白猿啼　달 뜨면 흰 잔나비 운다네

소별려산원 笑別廬山遠 웃으며 헤어지매 여산 멀어지니
하수과호계 何須過虎溪 어찌 꼭 호계를 지나리요

제 6폭 황보염(皇甫冉)의 〈송왕옹신환섬중구거(送王翁信還剡中舊居)〉
해안경잔설 海岸畊殘雪 바닷가에서 잔설 밭을 갈다가
계사조석양 溪沙釣夕陽 시냇가에서 해질 무렵 고기를 낚지
가빈하소유 家貧何所有 집이 가난하니 무엇이 있으리
춘초점간장 春草漸看長 봄풀만 점점 자라고 있네

이 병풍 말미의 2폭에는 강릉부사 이형규(李亨逵, 1733~1789)의 1744년 발문(跋文) – 1777년(정조 1) 강원도 관찰사로 재임 중 신사임당의 유필(遺筆)인 초서 6폭에 발문을 썼다 – 과 시인 이은상의 1971년 발문 등이 있다. 이중 이형규의 발문에 따르면, 사임당의 넷째 여동생의 아들인 권처균(權處均)이 초서 6폭을 얻었는데, 그의 딸이 최대해(崔大海)에게 출가하면서 이것을 시집으로 가져갔다고 한다. 그 뒤 영조 때 이웃고을 사람의 꼬임으로 넘어갔는데 부사가 그 사연을 듣고 후손에게 도로 찾아주었다고 한다. 근래까지 강릉시 두산동의 후손 최돈길(崔燉吉) 집에 전해오다가 1971년 강릉시가 양수(讓受)받아 율곡기념관에 보관하였다.

〈도판 2.〉 초서병풍.

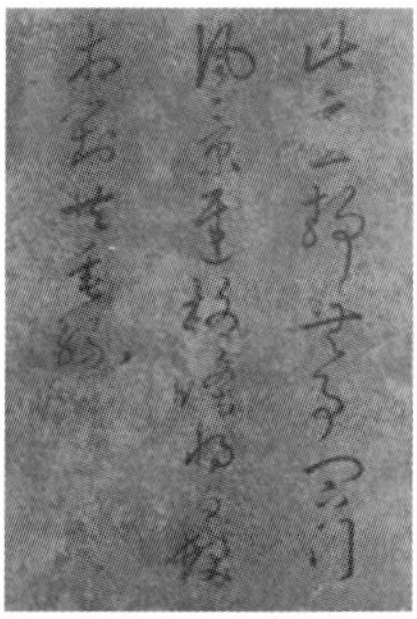

〈도판 3.〉 제 1폭.

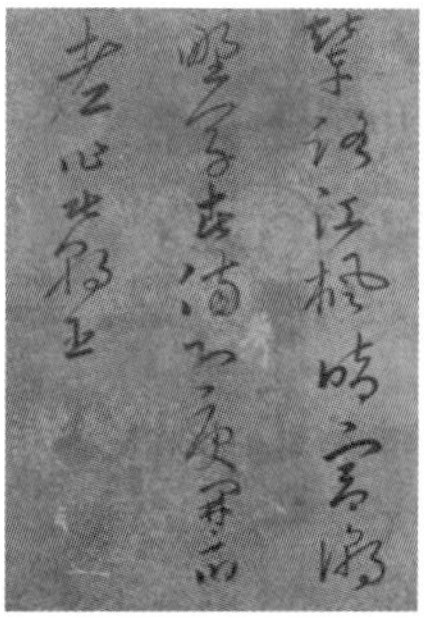

〈도판 4.〉 제 2폭.

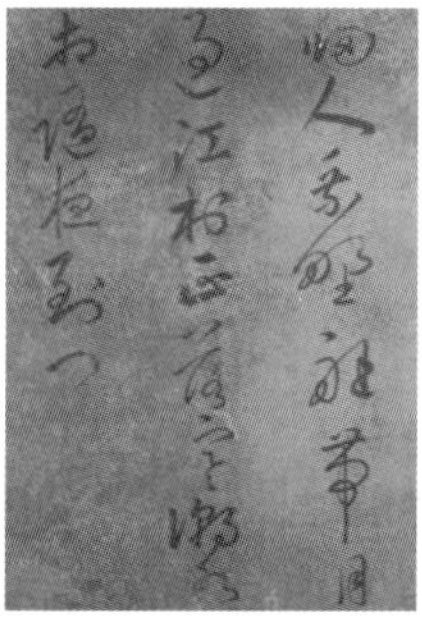

〈도판 5.〉 제 3폭.

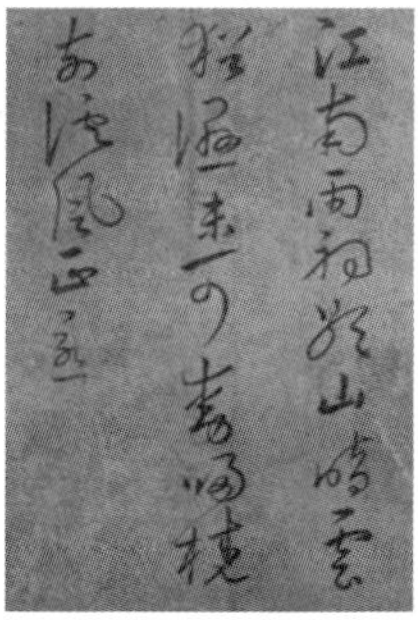

〈도판 6.〉 제 4폭.

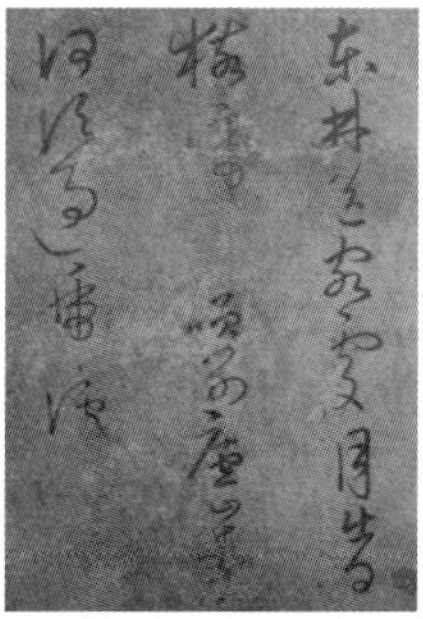

〈도판 7.〉 제 5폭.

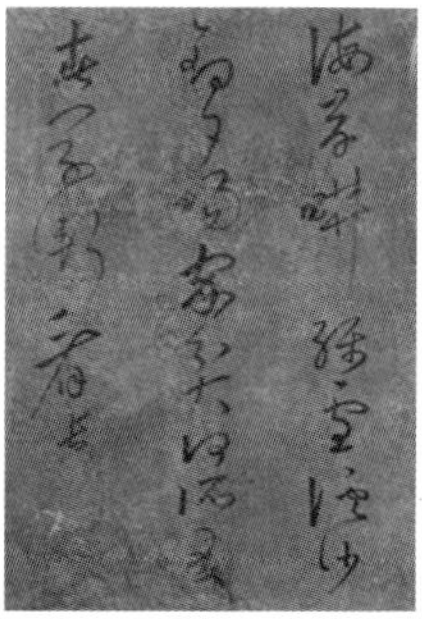

〈도판 8.〉 제 6폭.

이어서 사임당의 〈초충도병〉을 살펴보자. 명종(明宗, 1534~1567) 때의 어숙권(魚叔權, ?~?) – 최세진(崔世珍)의 문하에서 수학하고 한때 율곡을 가르치기도 하였다. 박학(博學)하고 문장에 뛰어나 시평(詩評), 시론(詩論)에 일가를 이룬 학자로서 이문(吏文)과 중국어에 능하여 1525년(중종 20) 이문학관(吏文學官)이 되었다. – 은 『패관잡기(稗官雜記)』에서 "사임당의 포도와 산수는 절묘(絶妙)하여 평하는 이들이 안견의 다음에 간다라고 한다. 어찌 부녀자의 그림이라 하여 경홀(輕忽)히 여길 것이며, 또 어찌 부녀자에게 합당한 일이 아니라고 나무랄 수 있을 것이랴." 라고 격찬(激讚)하였다. 사임당의 작품이 후대(後代)의 시인이나 학자들이 발문을 붙였는데 한결같이 절찬(絶讚)하기에 주저하지 않았다. 그리고 사임당의 채색화, 묵화(墨畵) 등 약 40폭 정도가 전해지고 있는데 아직 세상에 공개되지 않은 그림도 수십 점 – 초충도 22점, 포도 3점, 화조 2점, 화초어죽 4점, 매화14점, 자수 초충도 8점 등이 사임당의 전칭 작품으로 현존 – 있는 것으로 알려져 있다. 특히 사임당의 그림은 매우 섬세하고 아름다우며 풀벌레, 포도, 화조, 어죽(魚竹), 매화, 난초, 산수 등이 주된 화제(畵題) – 제찬(題贊)이라고도 한다. 그림으로 다 나타내지 못한 화의(畵意)와 창작 동기 등을 나타내기 위해서 또는 작품에 대한 감상 등을 문학적으로 표현하기 위하여 적은 것이다. 이는 글의 성격과 종류에 따라 화찬(畵贊), 화시(畵詩), 제시(題詩), 화기(畵記)라고도 한다. 우리나라에서는 고려 후기에 문인화가 소개되면서 쓰이기 시작하였고, 조선 후기에 가장 성행하였다. – 로 된 작품들이다. 이것은 마치 생동(生動)하는듯한 사실화(寫實畵)여서 풀벌레 그림을 마당에 내놓아 여름 볕에 말리려 하자, 닭이 와서 산 풀벌레인 줄 알고 쪼아 종이가 뚫어질 뻔하기도 하였다고 전한다. 따라서 사임당의 대표적인 초충도가 담긴 〈초충도병〉을 구체적으로 보기에 앞서 그 초충도의 의미를 살펴보아야 할 것이다.

일반적으로 초충도는 풀과 벌레를 소재로 한 그림이다. 여기서 '초충'의 의미는 풀, 꽃, 과일나무, 화과(花果), 벌, 나비, 여치, 잠자리 등 다양한 식물과 곤충을 포함한다. 초충이란 용어가 처음 등장한 것은 북송(北宋)의 황휴복(黃休復)이 쓴 『익주명화록(益州名畵錄)』이다. 이전에는 곤충의 개별적 이름을 사용하거나 화조에 포함되어 있었다. 동양화를 화제에 따라 여러 부문으로 분류, 질서 있게 정리한 북송의 『선화화보(宣和畵譜)』에서도 화조, 소과(小果) 등의 부문만 있을 뿐 곤충에 대한 언급은 없었다(김종태, 1994.). 그러나 청(淸)나라 초의 『개자원화전(芥子園畵傳)』에서는 「초충화훼보」라는 부문이 있어 풀벌레를 그리는 화초충법 및 나비, 사마귀 그리는 법 등 초충화에 대해 비교적 자세히 언급하고 있다(『完譯 芥子園畵展』, 1975.).

초충도는 섬세함을 요하는 그림이므로 일반적으로 사실적 묘사 기법에 뛰어난 화원(畵圓)들이 많이 그렸다. 대표적인 초충화가로는 중국 원(元)나라 때의 전선(錢選, ?~?), 명(明)나라 때의 심주(沈周, 1427~1509) 등이 있으며, 한국에서는 조선시대의 신사임당, 심사정(沈師正, 1707~1769), 남계우(南啓宇, 1811~1888) 등이 있다.

잘 알려진 예술가라 할지라도, 그가 지닌 특기는 한, 두 가지에 불과할 수 있지만 사임당의 경우는 시뿐만 아니라 글씨와 그림에도 능했다는 것(안휘준, 1990.)에는 이견(異見)이 없을 것이다. 사실상 조선시대의 모든 초충도는 신사임당의 작품으로 알려져 있을 정도로 그 분야의 절대적인 인물이었다. 그러나 논란의 여지가 없는 진작(眞作)보다는 사임당의 작품이라 추측되는 작품들이 많이 전해지기도 한다(김원룡, 1993.).

그 중에 전칭 또는 현존하는 신사임당의 초충도는 다양한 초충도와 8폭의 〈초충도병〉이 함께 전해지고 있다. 대표적인 초충도는 종이에 채색 작품으로 8폭 모두 같은 크기로 각 33.2 × 28.5cm인 작품이 국립 중앙박물관에 소장된 것이 있다. 〈초충도병〉이라는 이 병풍은 원래 율곡을 배향하고 있는 송담서원에 소장되었는데, 1804년 강릉에 큰 산불이 나서 송담서원까지 불이 번져 서원의 소장품들과 함께 분실되었다. 그 뒤 강릉의 민가에서 보관해오던 것을 율곡의 종인(宗人)인 이장희가 입수하였다가 율곡기념관이 건립되자 1965년에 기념관에 양여했다고 한다. 그리고 초충수병(草蟲繡屛) 4폭 형식의 것으로 자수병풍이 있다. 이는 중요민속자료 제60호로 1979년 1월 23일에 지정되어 숙명여자대학교 박물관에 소장된 것이 있다. 이 자수병충은 높이 54cm, 너비 30cm로 모두 생수 비단에 괴석에 꽃을 놓았는데 이는 민화에서 표현되는 화분화(花盆畵)와 유사한 양식이다. 예를 들면, 오른쪽 첫 번째 화폭은 장미꽃에 나비가 날아드는 것을 표현했고, 두 번째 폭은 괴석에 국화가 피어 있고 그 위로 벌이 날고 있는 것을 표현했고, 다음 폭은 괴석에 핀 나리꽃에 나비가 날아드는 것을 표현했다. 여기서 〈초충도병〉은 비슷한 구도의 초충이 그려진 여덟 폭의 병풍으로 현재는 열 폭으로 꾸며져 있다. 왜냐하면 그림이 아닌 나머지 두 폭에는 신경(申暻, 1696~?)과 오세창(吳世昌, 1864~1953)의 발문이 적혀 있기 때문이다. 8폭은 〈오이와 메뚜기〉, 〈물봉선화와 쇠똥벌레〉, 〈수박과 여치〉, 〈가지와 범의 땅개〉, 〈맨드라미와 개구리〉, 〈가선화와 풀거미〉, 〈봉선화와 잠자리〉, 〈원추리와 벌〉로 구성되어 있다.

〈도판 9.〉 오이와 메뚜기. 〈도판 10.〉 물봉선화와 쇠똥벌레.
〈도판 11.〉 수박과 여치. 〈도판 11.〉 가지와 범의 땅개.

〈도판 12.〉 맨드라미와 개구리. 〈도판 13.〉 가선화와 풀거미.
〈도판 14.〉 봉선화와 잠자리. 〈도판 15.〉 원추리와 벌.

위의 그림에서도 알 수 있듯이 사임당은 각 폭마다 화면의 중앙에 두 세 가지의 식물을 그린 다음에, 그 주변에 흔히 볼 수 있는 각종 풀벌레를 적당히 배치하여 좌우 균형과 변화를 꾀하였다. 이 〈초충도〉는 형태가 단순하고 간결하여 규방(閨房)의 여성들이 필수적으로 하던 자수(刺繡)를 위한 밑그림이 아닌 가도 생각된다. 여러 가지 청초(淸楚)한 식물과 풀벌레를 실물에 가깝게 정확하게 묘사하면서도, 섬세하고 선명한 필선(筆線)으로 묘사하여 여성 특유의 산뜻한 분위기가 돋보인다.

즉 사임당의 초충도는 안정된 구도, 섬세하고 부드러운 묘사가 빼어나며 한국적 미감 – 한국적 품위를 지닌 색채감각 등 –이 작품의 격(格)과 함께 잘 나타내고 있다. 특히, 여성적인 섬세한 대상의 관찰에 의한 온화하고 부드러우며 아름다운 채색 몰골법(沒骨法) – 골이란 회화성립의 한 요소인 구체적 필선을 가리키며, 몰골은 필선의 부정(否定)이라는 뜻이다. 윤곽선을 나타내지 않고 선염(渲染)을 사용하여 화면효과를 올리는 색채주의적인 화법으로 윤곽을 선묘(線描)로 마무리 짓는 구륵법(鉤勒法)과는 대조를 이룬다. 이 기법들은 모두 화조화에 사용 – 으로 한국회화의 미를 잘 나타내고 있다. 또한 초충도는 한결같이 단순한 주제, 간결한 구도, 섬세하고 여성적인 표현, 산뜻하면서도 한국적 품위를 지닌 색채감각 등이 특징이다. 따라서 조선시대의 모든 초충도는 신사임당의 작품으로 알려져 있을 정도로 그 분야에서 으뜸이다. 이는 한국적인 소재, 구도, 색채, 주제 등의 표현방법이 조선조의 전통적인 특성에서 볼 수 있는 형(形)과 색의 통일적인 구성에다가 균제성(均齊性)과 무계획성(無計劃性)을 시도하여 단아(單芽)한 조형미와 소박하면서도 섬세한 특색을 나타내 보이고 있다. 이것은 말하자면 평이(平易)의 미, 평범(平凡)의 미, 조작하지 않은 무위(無爲)의 미라고 할 수 있다. 즉 자연의 예지로 만든 미추(美醜) 판단 이전의 미라고 말할 수 있다. 그렇기 때문에 한국의 미는 보통 말하는 미의 범주 속에는 들어가지 않으며 한층 더 깊은 것이라고 할 수 있다(김원룡, 1978.). 그러므로 관념적인 중국의 화조화의 영향으로부터 탈피하고 있으며, 사생(寫生)이 아니고는 얻기 힘든 사실적인 표현으로 그려져 있다. 이는 조선초기 이후의 화훼화 화단에 사임당의 초충도가 하나의 표본이 될 만큼 중요한 위치를 확보하고 있는 것이다.

Ⅳ. 서화동원(書畵同源), 치유적(治癒的) 모본(模本)

1. 자연미(自然美), 소박미(素樸美)의 치유

동양적 조형관(造形觀)은 본질로서의 자연에 순응하는 의지를 불러일으킨 것이며, 자연과의 감정이입(感情移入)이 문학을 비롯한 예술양식에서 싹텄던 것이다. 이러한 조형관에 의해 동양의 서화는 근원적 정신작용 –객체로서의 자연물과 주체로서의 '나(我)'의 거리를 없애 버림으로써 '나'를 자연에 동화(同和), 화해(和諧) 시키려 –에 치중하고 있다고 해도 과언이 아닐 것이다.

산이나 달, 꽃과 나비 같이 자연계에 의해 형성 유지되는 자연만이 자연으로 받아들이는 것 즉, 문명의 소산(所産)을 기피하거나 회의(懷疑)하는 동양적 자연주의를 알 수 있고, 예술이란 고상하고 인간의 온전한 지적 작용에 의해 보다 좋은 먼 현실에의 꿈을 현실화 시켜주는 그 무엇이라는 관념이 동양의 지배적인 자연관이자 조형관이다.

인간도 자연물의 하나이고 산도 자연물의 한가지라는 총체성 속에서 볼 때 오히려 인간은 자생자화(自生自和)하는 산이나 물보다 열악한 자연물이 된다. 그러한 인간이 보다 우월하고 영속하는 가치로서의 산수자연을 조형에서라도 자의적(恣意的)으로 훼손하거나 다른 모습으로 바꿀 수 없다는 믿음이 강하게 자리 잡고 있다. 왜냐하면 자연은 인간의 위대한 모성(母性)과도 같은 것으로서 인간은 자연에서 나서 결국 그 품으로 되돌아가는 것이라는 사고가 지배하기 때문이다. 즉, 자연의 원리에 인간을 접목시키고 일체화시키려는 동양적 사고는 자연중심의 사고에서 비롯되어지는 것이다(김병종, 1993.). 자연에 인공(人工)이 끼여서는 자연이 아니다. 자연은 미추를 초월한, 미 이전의 세계이다. 사람의 꾀에서 생겨나는 인공의 미가 여기에는 있을 수 없다. 자연에는 오직 자연의 미가 있을 따름이며, 자연의 섭리에 입각한 만유존재(萬有存在)로써 그 자체의 미가 있을 뿐이다. 미추를 인식하기 이전, 미추의 세계를 완전 이탈한 미가 자연의 미라고 할 수 있는 것이다(최병식, 1993.).

특히 사임당의 그림은 인간의 주변에서 쉽게 볼 수 있는 미물

(微物)을 통해 자연의 아름다움과 그 질서를 표현하고 있는 그림이라 할 수 있다. 이처럼 사임당의 초충도는 하나 같이 이러한 자연에 대한 신비를 잘 드러내주고 있다. 풀과 어우러진 곤충들의 모습은 서정적이고 소박한 미적 감각을 유감없이 표현하고 있는 것이다. 또한 초충도에 나타난 사임당의 미적 형식은 남북송시대의 화조화풍인 선묘의 섬세함을 기초로 원대 화풍의 일종인 의경의 날카로운 필력을 잘 소화하고 있다. 이처럼 화조화법에서 많이 사용된 몰골법으로 그렸다는 점만이 일치할 뿐(김종태, 1993.) 그 구도나 동기를 보면 사임당의 특이한 묘법들이 등장하고 있다. 그것은 구도에 있어서 언제나 중앙부를 중심으로 잡는다는 점, 각종 초충을 중앙부의 상하좌우에 자유롭게 배치함으로써 화인(畵因)이 다채롭다는 점, 그러나 무작위(無作爲)로 초충을 배치한 듯 하면서도 좌우의 대칭을 엄격하게 지키려고 한다는 점이다(이동주, 1982.). 이것은 마치 고대 그리스 철학에서부터 근대 철학에 이르기까지 미학적 구도에서 좌우 대칭을 엄격하게 지키려고 한 것처럼, 이미 사임당은 자연의 구도가 엄격한 좌와 우, 음과 양 등의 질서가 있는 것으로 본 것이다.

동양의 서화에 나타나는 심미와 예술성은 대체적으로 유가와 도가가 상호 보충된 철학사상을 기초로 하고 있다. 동양에서는 사람과 하늘을 분리하여 대립시키지 않았으므로 '천인합일(天人合一)'의 관념은 고대 예술가들이 추구하는 예술관이 되었다. 따라서 그들은 사람이 생명을 가지고 있었을 뿐만 아니라 정감을 가지고 있고 모든 물상도 생명이 있고 정감이 있다고 여겼다. 이는 예술 창작에서 강조하는 서로 융합하는 정경교융(情景交融), 대상과 내가 서로를 잊는 물아양망(物我兩忘), 사물을 빌려 사람에 비유하는 차물유인(借物喩人) 등의 관념도 여기에서 비롯되었다는 인식 때문이었다. 그러므로 일체의 형상(形象)은 모두 인격화될 수 있다고 본 것이며, 대립과 통일이라는 관점에서 조화라는 관념이 형성되었다. 일반적으로 동양의 예술관은 이러한 사상을 미학에 운용하면 의(意)와 상(象), 형(形)과 신(神), 허(虛)와 실(實), 숨김(藏)과 드러남(露) 등의 대립통일을 형성한다. 이보다 한 걸음 더 나아가서 함축과 허구 등의 원칙을 형성하게 되었고 따라서 상외지상(象外之象) 등의 심미관념이 나타나게 되었다(동병종, 2005.).

사임당의 초충도 소재를 면밀히 분석해보면 주변에서 흔히 볼 수 있는 것들이다. 수박, 가지, 오이, 봉선화, 패랭이, 도마뱀, 쇠똥벌레, 쥐 등 소박하며 소탈하기 그지없는 소재들은 예술적 범주가 자연과 밀접하게 연결되어 있다는 점을 나타낸다. 이는 자연의 질서에 따를 때 그것이 아름다움이라는 것을 일치감치 깨우치고, 한낱 미물에 지나지 않는 곤충이나 잡초라도 인간에게 소중한 존재라는 것을 표현한 것이라 생각된다. 자연은 인간의 삶에 생명력을 갖게 한다. 또한 자연은 인간의 현실이다. 그런 점에서 본다면, 사임당은 삶을 관조(觀照)하고 사색(思索)한 인물로서 자신의 처한 현실을 단순하게 표현할 줄 알았던 것이다. 왜냐하면 관조(contemplation)는 대상을 논리적 사변(思辨)에 의하지 않고 직접 구체적으로 파악하는 일로 미적 체험에서 감동과 함께 근본적인 계기를 이루기 때문이다. 감동이 동적, 정의적, 주관적임에 대하여 관조는 정적, 지적, 객관적이다. 이와 같은 심리적 태도는 일반적으로 아름다움이나 예술을 감상하는 경우 어느 정도 필연적으로 수반되는 것이라고 할 수 있는데, 예술 제작의 경우 주도적인 입장을 차지하는 일이 가끔 있다. 이와 같은 뜻으로 '직관(直觀)'이라는 용어를 쓰는 사람도 있다. 이 개념은 또 미의식의 수동적인 측면의 뜻으로도 쓰이는 일이 있고, 이 경우는 창작에 대한 개념으로서 '향수'와 거의 같은 뜻이다. 원래 이 말은 시각적 대상에 대하여 사용된 말이지만, 오늘날에는 한층 더 광범위하게 적용된다고 볼 수 있다(『세계철학대사전』, 1983.). 일반적으로 미적 대상으로 여겨지는 것들이 아닌 것을 아름답게 조화를 이루는 회화로 연출했다는 것은 사임당이 얼마나 미적 감각이 남달랐는가를 보여주며, 자연을 사랑하고, 자연을 직관하였는가를 잘 알게 해준다. 이러한 점에서 사임당의 심성(心性)은 자연과 공존하고, 자연 앞에 겸손(謙遜)했다는 사실을 파악할 수 있고, 무엇보다도 자연 안에서 자신이 정신세계를 풍요롭게 할 수 있다는 점을 인식했다는 것이다. 즉 자연이 생명체로서 우리와 불가분리(不可分離)의 관계에 있음을 깨달았고 그것을 세심하게 자신의 화폭으로 그려냈던 것이다. 또한 사임당의 미의식은 일상을 보는 눈에서 싹텄다고 볼 수 있다. 그것도 자신이 여성이라는 점을 최대의 장점으로 알고, 일상을 섬세한 예술로 승화시켰다는 것이 사임당의 미적 의식이라 말할 수 있을 것이다. 더욱이 자연을 사랑하는 마음은 바로 유가철학에서 말하고 있는 '인(仁)의 실현'인 것이다. '인'

하는 마음이 자연스럽게 예술적 가치와 그 표현으로 나타난 것이고, 생명을 통하여 충서지도(忠恕之道)와 역지사지(易地思之)를 몸소 실현한 예술가라 할 수 있을 것이다(류태건, 2002.).

충서지도는 무엇이고, 역지사지는 무엇인가? 충서지도는 일이관지(一以貫之)에서 나온 말이다. 『논어(論語)』「위령공편(衛靈公篇)」과 「이인편(里仁篇)」에서 공자 스스로 언급하고 있다. 먼저 「위령공편」에 공자가 말하였다. "사(賜)야, 너는 내가 많이 배워서 그것을 모두 기억하는 줄로 아느냐?" 자공이 대답하기를, "그렇습니다. 아닌가요?" 공자가 "아니다. 나는 하나로 꿸 뿐이다." 라고 하였다("賜也, 女以予爲多學而識之者與?" 對曰, "然, 非與?" 曰, "非也, 予一以貫之."). 즉 이것이 흔히 말하는 일관지도(一貫之道)이다. 그러나 이 말을 명확하게 이해한 사람은 제자 가운데 증자(曾子)뿐이었다. 그것은 「이인편」에 자세히 나와 있다. 공자가 말하였다. "삼(參)아, 나의 도는 하나로써 꿰었느니라." 증자가 말하기를, "옳습니다." 공자가 나가자, 제자들이 물었다. "무엇을 이르신 것인가?" 증자가 "선생님의 도는 충(忠)과 서(恕)일 뿐이다." 라고 하였다(子曰, "參乎! 吾道一以貫之." 曾子曰, "唯." 子出, 門人問曰, "何謂也?" 曾子曰, "夫子之道, 忠恕而已矣."). 충은 중(中)과 심(心)의 합체어로서 글자의 모양에서 알 수 있듯이, 속에 있는 마음이라는 뜻이다. 이것은 인(仁)이며 성(性)인데, 남을 나처럼 사랑한다는 의미에서 인이라 하고 살려는 마음이라는 의미에서 성이라 한다. 그리고 서는 다른 사람의 마음을 자기의 마음과 같이 생각하는 일이다. 속에 있는 마음인 충이 밖으로 나타날 때는 서로 나타난다. 즉, 일이관지는 공자의 사상과 행동이 하나의 원리로 통일되어 있다는 뜻이다. 그것은 인이며, 증자가 충서로 해석한 것은 충성과 용서가 곧 인을 달성하는 길이었기 때문이다. 그러나 현대에 와서는 '처음부터 끝까지 변함없이'라는 뜻으로 쓰이기도 하고, '한번에 끝까지'라는 뜻으로 변형되어 쓰이기도 한다. 그 예로는 '초지일관(初志一貫)'이나 '일관(一貫)되다' 등이 있다.

또한 역지사지는 상대편의 처지나 입장에서 먼저 생각해보고 이해하라는 뜻이다. 『맹자(孟子)』「이루」에 나오는 '역지즉개연(易地則皆然)'에서 유래한 말이다. 역지즉개연은 처지나 경우를 바꾼다 해도 하는 것이 서로 같다는 말이다. 중국의 전설적인 성인(聖人)인 하우(夏禹)와 후직(后稷)은 태평한 세상에 자기 집 문 앞을 세 번씩 지나가도 들어가지 않아서 공자가 이들을 매우 훌륭하게 생각하였다. 공자의 제자 안회(顔回)는 어지러운 세상에 누추한 골목에서 물 한 바가지와 밥 한 그릇으로만 살았는데, 공자는 가난한 생활을 이겨내고 도를 즐긴 안회를 칭찬하였다. 맹자는 "하우와 후직과 안회는 같은 뜻을 가졌는데, 하우는 물에 빠진 백성이 있으면 자신이 치수(治水)를 잘못하여 그들을 빠지게 하였다고 여겼으며, 후직은 굶주리는 사람이 있으면 스스로 일을 잘못하여 백성을 굶주리게 하였다고 생각하였다. 하우와 후직과 안회는 처지를 바꾸어도 모두 그렇게 하였을 것이다(禹稷顔子易地則皆然)."라고 하였다. 맹자는 하우와 후직, 안회의 생활방식을 통하여 사람이 가야 할 길을 말하였다. 입장을 바꾸어 다른 사람의 처지에서 헤아려보라는 말이다.

2. 유도(儒道), 심미예술(審美藝術)의 치유

서화예술은 시각예술, 청각예술, 시간과 공간의 예술적 요소와 언어예술의 사상과 감정 등과 교융(交融)하여 하나가 됨으로서 글씨와 그림이 충분히 자기를 표현할 수 있는 자유를 갖게 하고, 독특한 심미적 가치를 갖게 한다. 이 때문에 서화에는 문화예술 전반의 아름다움이 총체적으로 드러나는 것이다. 시대가 변함에 따라 사람들의 정신 경계도 달라졌고 예술가의 작품도 자연히 달라졌다. 그러므로 서로 다른 시대의 서법과 회화는 서로 다른 시대 문화발전의 체현(體現)이라고 볼 수 있다. 서화는 함축(含蓄)과 화해를 중시하는 정신적 예술이다. 어떠한 예술작품도 서법 및 회화와 많건 적건 관계가 있다. 특히 서법은 각종 예술의 첫 번째에 놓여 있다. 서법은 형상의 속박을 철저하게 떨쳐 버렸기 때문에 더욱 자유롭게 형상의 본질을 표현할 수가 있었고 더더욱 작가 내면에서 동요하는 정감을 떨쳐낼 수 있었다. 이렇기 때문에 가장 집중적이고 두드러지게 중국예술의 특징을 나타내었다. 서법을 감상하는 지식 없이는 중국미학을 진정으로 이해할 수 없다(동병종, 2005.).

당시 문인사대부들의 사상은 유교적 관념 – 인격수양과 청빈, 깨끗한 마음가짐, 중용(中庸), 충절(忠節)의 표현 – 과 함께 수묵이나 수묵담채의 산수화와 문인화의 발전에 바탕을 이루었고 시서화 동원(同源) 또는 일치사상(一致思想)에 근거를 두고 있었다. 또한 수묵화가 대두되는 중국의 당대(唐代) 이후 송(宋), 원(元), 명(明), 청(淸)으로 계승 발전되었고, 고려시대 이후 조선시대의 회화에 많은 영향을 주었을 뿐만 아니라 기본적인 국가이념으로서 역할을 하였다. 이러한 점에서 유가적 심미의식을 살펴보자. 먼저 공자는 춘추전국시대에 활동한 사상가로서 인학(仁學)이 핵심을 이루는 윤리학적 미학을 전개하였다(李澤厚 外,1993.). 그가 회화에 대해 논한 것으로 '회사후소(繪事後素)'를 들 수 있다. 공자와 그의 제자 자하(子夏)와의 대화를 살펴보자.

> 자하(子夏)가 여쭈어 말하였다. "'교묘한 웃음에 보조개여, 아름다운 눈에 또렷한 눈동자여, 소박한 마음으로 화려한 무늬를 만들었구나' 하셨는데 무엇을 말하는 것입니까?" 공자께서 말씀하셨다. "그림 그리는 일은 흰 바탕이 있은 후이다." 자하가 말하였다. "예(禮)는 나중입니까?" 공자께서 말씀하셨다. "나를 일으키는 자는 그대로다. 비로소 함께 시(詩)를 말할 수 있게 되었구나."(『論語』「八佾」, "子夏問曰 巧笑倩兮 美目盼兮 素以爲絢兮 何謂也 子曰 繪事後素 曰 禮後乎 子曰 起予者商也始可與言詩已矣.")

위의 인용문에 대해 정사농(鄭司農)은 "회화란 화문(畵紋)인데 모든 회화는 먼저 구도를 잡고 난 다음 채색을 하며 그 후에 소(素)로써 그 사이를 분포하여 문을 이루는 것이고 이를 미녀에게 비유하건대 비록 미인이 간드러지게 어여쁜 아름다움이 있다 할지라도 반드시 뒤에 예절을 갖추어야 하는 것이다"라고 해석하였다. 송대의 주희는 "소란 회화의 질(質)이고, 회(繪)란 회화의 장식(아름다움)"이라 하였다(김종태, 1984.). 또한 갈로(葛路)는 '회사후소'란 문과 질의 문제로써 소는 질, 회는 문으로 사물의 본질과 그를 표현하는 형식으로 보았다. 청대의 혜사기(惠士奇)는 황(黃), 흑(黑), 소(素), 적(赤), 창(蒼)의 오색(五色)에서 소는 4가지색들을 어울리게 하는 보이지 않는 요소로 중개 역할을 하고 인(仁), 의(義), 예(禮), 지(智), 신(信)의 오덕(五德)에서는 예가 그 역할을 한다고 보았다. 그리고 공자는 "질이 문보다 앞서면 야(野)해지고 문이 질보다 앞서면 겉치레가 된다. 문과 질이 다 같이 함께 조화를 이루고 난 후에 군자(君子)라고 할 수 있다."(『論語』「雍也」, "子曰 質勝文則野 文勝質則史 文質彬彬 然後君子.")고 하였다. 이를 김종태는 "질은 회화의 질이며, 문은 색채로 파악하여 그들의 조화를 중용으로 보고 유교회화사상은 중용사상"이라고 했다(김종태, 1984.).

우리는 여기서 사임당의 초충도를 통해 유가적 심미예술성을 유추해 볼 수 있으며 도가적 표현으로 그 소박한 소재와 자연적 의미도 짐작할 수 있을 것이다. 도가철학을 대표하는 노자(老子)와 장자(莊子)의 견해를 먼저 살펴보자. 노자는 '박(樸)'에 대해서 "있는 그대로를 드러내고 질박함을 품고, 사사로움을 적게 하고 욕망을 줄여라."(『老子』 19章, "見素抱樸, 少私寡欲."), "소박한 상태로 되돌아간다."(『老子』 28章, "復歸於樸."), "박이 분산되어기器가 된다."(『老子』 28章, "樸散則爲器."), "이름 지을 수 없는 박이다."(『老子』 37章, "無名之樸".)라고 했다. 즉 '박'은 인위(人爲)의 질서를 위한 금기(禁忌)와 편리하고 이로운 문명과 삶의 모든 인위적인 기교와 자유로운 삶을 제약하는 규범·규칙 등을 거부한 삶 그 자체의 모습인 '견소포박(見素抱樸)'을 말하고 있다. 이는 외부적이고 인위적인 강제가 사라지고 '스스로 그러하다'는 '자연(自然)'의 의미를 더욱 강조한 것이다. 따라서 노자는 '견소포박'을 통한 자연의 도를 강조하여 인간 본성의 회복과 절대적 자유의 추구하였다. 그 후 장자는 이 박에 대하여 미의식을 부여하여 천연(天然) 그대로의 소박은 무위가 기초가 되는 것으로서 천하의 어느 것도 대적할 수 없는 최고의 미임을 말하였다.

> 고요하면 성(聖)이 되고, 움직이면 왕(王)이 되고, 무위(無爲)하면 존(尊)해지고, 소박(素樸)하면 천하에 아무도 그와 더불어 미(美)를 다툴 이가 없을 것이다(『莊子』「天道」, "靜而聖, 動而王, 无爲也而尊, 樸素而天下莫能與之爭美.").

또한 노자가 언급한 '박산위기'에서 알 수 있듯이 본래의 순박함이 흩어지면 기가 되므로 기교(技巧)가 어느 경지에 도달하느냐에 따라 작품의 가치가 설정될 수 있다는 예술창작의 의미를 유추해 볼 수 있다. 이 '박산위기'가 이른바 '대교약졸(大巧若拙)'이다. 대교란 '무위이무불위(無爲而無不爲)'하는 도의 작용이라고 할 수 있고, 자연을 본받는 기교로서 단순히 세속에 그치는 기교가 아니다. 이것은 곧 자연을 모방한 기교라는 의식마저 없는 자연스러운 기교, 즉 자연과 완전히 합치될 수 있는 것이 최고의 예술창작이 된다고 볼 수 있다. 이는 '무상지상(無狀之狀), 무물지상(無物之象)'과도 같은 맥락으로 볼 수 있다.

> 보려고 해도 보이지 않느니 이(夷)라 하고, 들으려 해도 들리지 않으니 희(希)라 하며, 만져보려 해도 만져지지 않으니 미(微)라 한다. 이 세 가지는 헤아릴 수 없으므로 섞여서(혼混) 하나가 된다. 위로 분명하지도 않고 아래로 모호하지도 않으면서 끊임없이 계속 이어지지만 무엇이라고 이름을 붙일 수는 없다. 그러면서 다시 아무것도 없는 상태로 돌아가니, 이것을 무상지상(無狀之狀)이라 하고, 무물지상(無物之象)이라고 하며 이것을 일러 홀황(惚恍)이라 한다(『老子』 14章, "視之不見, 名曰夷; 聽之不聞, 名曰希; 搏之不得, 名曰微. 此三者不可致詰, 故混而爲一. 其上不皦, 其下不昧, 繩繩不可名, 復歸於無物. 是謂無狀之狀, 無物之象, 是謂惚恍.").

위의 인용문은 도의 항상성에 대한 한 예이다. 도는 비록 형상은 갖추지 않았다 하더라도 결국은 형상의 근원이 된다는 말과도 통한다. 예술가는 이러한 도를 터득하게 되면 형상의 표현은 자연적으로 이루어진다는 것이다. 그래서 장자는 "형(形)이 온전한 사람은 신(神)이 온전하며, 신이 온전한 것이 성인(聖人)의 도이다"(『莊子』「天地」, "形全者神全, 神全者, 聖人之道也.")라고 했다. 그러나 이러한 '형'과 '신'을 심미적 관점에서 볼 때 모든 예술작품의 창작활동은 인간의 의식이 외부의 사물에 감응함으로써 시작된다고 볼 수 있다. 또한 외부의 사물에 감응한다는 것은 겉으로 드러난 형상에 감응하는 것이라고 할 수 있다. 이들의 관점을 요약해 보면, 동양회화에서 중요시되는 것은 인격의 중요성 – 본질 추출의 방법으로서 내적인 정신성의 표출을 위한 기본적인 자세 – 과 기운(氣韻)의 요소 – 화면 내의 조형요소들의 조합을 이루는 보이지 않는 에너지 – 의 조화와 화합을 통한 유도의 심미예술성을 찾아 볼 수 있을 것이다.

조선시대 사대부들은 숭유중도(崇儒重道)의 시각에서 서화의 존재를 도와의 예속적(隷屬的) 관계에서 설정하고, 천기(賤技)로 인식하기도 했지만 이러한 관점은 그림 자체를 부정했던 것이 아니라 도의 중요성과 함께 상대적 가치를 강조하기 위한 것이었다. 즉 사대부들은 서화의 존재가치를 공리적(公利的)이고 수기적(修己的)인 측면에서 높이 평가했으며, 서화를 통해 자각(自覺)하며 자기완성(自己完成)의 과제를 실현(홍선표, 1996)하고자 했다. 서론에서도 언급했듯이 예술방면에서 한 가지 이상 특출한 재능을 보인 인물은 드물었다. 특히 허난설헌(許蘭雪軒) 등은 시, 문에는 능했지만 다른 방면에서는 두각을 나타내지 못했다고 볼 수 있지만, 사임당은 시, 서, 화뿐만 아니라 심지어 자수(刺繡)에까지도 그녀의 재능을 유감없이 드러냈다. 이처럼 초충도를 비롯한 사임당의 시・서・화에 대한 예술적 감각은 특유의 여성다움과 섬세함으로 모든 초충들이 움직이는 것처럼 묘사하고 있다. 그것은 마치 초충을 먼저, 하나 하나 뎃상을 해놓은 다음, 여성적 심성을 가지고 잘 배치한 사생과 구성의 미가 엿보인다. 이것은 앞에서도 서술했듯이, 안견의 영향을 받았고, 또한 중국의 영향을 받은 흔적들이 있지만 사임당의 고유의 미의식을 전개해 나간 것으로 여겨진다. 즉, 사임당은 자신만이 가진 고유한 색채의 감각과 필력을 가지고 한국의 미를 고스란히 정착시키는 데 일조(一助)를 한 것이다.

조선시대의 여성은 개별적 인간으로서의 마땅한 권리를 가진 삶의 주체로서 인정되기보다는 억압하고 통제해야 하는 존재로 인식되었다고 할 수 있다. 조선은 건국과 함께 이상적인 유교 사회의 건설을 목표로 삼았는데, 같은 유교를 국가 이념으로 삼은 중국의 국가들에 비하여 여성들의 지위 및 생활에 대하여 특히 엄격한 제한을 가하는 윤리관을 확립하였다. 이 당시의 여인들은 개체로서 인정되지 못하고 가문이나 어떤 계층에 종속된 반절(半切)의 인간으로 인정되었다고 볼 수 있을 것이다. 심지어 여성들은 이름으로 기억되지 않고 성씨(性氏) 만으로 불려 질 정도로 사회적 위치는 매우 보잘 것 없었다. 이러한 시대적 상황에 비추어 보면 사임당은 자신이 사대부의 부인으로서, 그리고 신분 있는 여성으로서의 단아한 자태(姿態)나 고풍(高風)보다는 마치 서민적(庶民的)이면서도 사물을 직관하는 예리한 관찰력을 토대로 그려진 작품들 속에 탁월한 미적 태도와 미적경험 - 미적 체험(Esthetisches Erlebnis)이라고도 한다. 일반적으로 미의식과 거의 같은 의미이나 철학적 미학에서는 미의식이라는 말이 심리학적 미학에서 말하는 미적 태도에서의 의식과정과 혼동되지 않도록 미적 체험이라는 말을 사용하는 경우가 많다. 이 경우, 미적 체험이란 미적 가치체험을 뜻한다. 미적 체험은 다른 체험과 마찬가지로 객관적인 측면과 주관적인 측면이 있으며 본질적 계기로서는 미적 직관과 미적 감정으로 이루어진다고 한다. 따라서 미적 체험에 대한 고찰은 이 양면에서 고찰되어야 하나 입장에 따라 상대적으로 어느 한 계기에 치우치는 것을 인정하게 된다. 바움가르텐, 헤겔, 셸링 등은 객관적 주지주의적(主知主義적) 미학의 입장이고 흄, 립스, 코엔 등은 주관적 주정적(主情的) 미학의 입장에 있다. 여하튼 미적 체험에서는 인식적 계기나 실천적 계기는 배경으로 물러나고 직감적 정감적(靜感的) 계기는 전면에 나타난다(『세계철학대사전』, 1983.). - 들이 있었다고 본다. 사임당은 바로 이러한 미적 태도와 미적 경험을 토대로 자신만의 예술 세계를 구축했던 것이다.

그래서 사임당의 예술 세계는 자신의 작품 세계가 근원적인 생활 세계, 즉 자연으로 돌아가려는 의지를 엿볼 수 있다(조관성, 1998). 직접적인 인식을 통하여 전개되는 자신의 생활 세계를 고스란히 화폭에다 그려 넣는 그녀의 정신세계는 자연을 통한 문화적 표현으로 나타난 것이다. 그런데 마르쿠제(H. Marcuse, 1898~1979)는 미학에 대해서 정당한 평가를 제시한다. 즉, 미는 하나의 질서라는 것이다. 그 질서는 도덕적인 질서를 일컫는 것으로, 현실 생활에서는 화해되지 않고, 옳지 않고, 무의미한 것으로 남아 있는 것을 정화하고 해결해준다는 의미에서 카타르시스(katharsis) - 아리스토텔레스의 『시학(詩學)』 제6장 비극의 정의(定義) 가운데에 나오는 용어이다. '정화'라는 종교적 의미로 사용되는 한편, 몸 안의 불순물을 '배설한다'는 의학적 술어로도 쓰인다. 아리스토텔레스의 진의에 대해서는 이 구절의 표현이 불명료하기 때문에 예로부터 이설(異說)이 분분한 채 오늘에 이르고 있다. 비극이 그리는 주인공의 비참한 운명에 의해서 관중의 마음에 '두려움'과 '연민'의 감정이 격렬하게 유발되고, 그 과정에서 이들 인간적 정념이 어떠한 형태론가 순화된다고 하는 일종의 정신적 승화작용(昇華作用)으로 해석할 수 있다. 한편 정신분석에서는 무의식 속에 잠겨 있는 마음의 상처나 콤플렉스를 말, 행위, 감정으로써 밖으로 발산시켜 노이로제를 치료하려는 정신요법의 일종으로, 정화법(淨化法), 제반응(除反應)이라고도 한다(『세계철학대사전』, 1983.). - 라는 것이다. 그런 의미에서 모든 예술 작품은 휴식(休息)과 평온(平穩), 화해 등을 통해서 완성된다고 말한다(H. Marcuse, 1989,). 그리고 사임당의 예술 작품은 보는 이들로 하여금 해방감을 가져오게 한다. 또한 자신과의 해방과 화해를 가져온다. 당시 사대부 부인들의 삶의 애환(哀歡)들 - 작품이 주변에서 볼 수 있는 한정된 범주라는 사실을 감안할 때 - 이 녹아든 작품을 사임당은 그린 것이다. 사임당의 작품은 현실 세계와의 화해를 모색하면서 자연을 소재로 그 모든 것들을 표현하고 있는 것이다. 또한 작품의 각 구도가 동그라미, 삼각형, 사각형을 하고 있는 점이 일종의 기하학적 미학의 표현이라 할 수 있다. 보는 이로 하여금 안정된 느낌과 감각을 느끼게 하며, 그 작품 세계를 통해 평온과 화해를 연출하는 여류 예술가 사임당의 숨결을 느낄 수 있는 것이다. 왜냐하면 앞서 살펴보았듯이 사임당의 초충도는 인간이 자연을 바라보는 방식이 어떠해야 하는가를 일깨워 주고 있기 때문이다. 자연은 그것이 인간에게 아름다움, 위안, 평화, 행복을 가져다주는 목적적 가치, 심미적 가치를 지닌다. 더 나아가서 자연은 그 자체로 내재적(內在的) 가치를 지니고 있다. 사임당의 예술은 자연을 수단으로 대할 것이 아니라, 목적으로 대해야 한다는 것을 알게 해준다. 주변의 만물과 대화하며 그것을 예술로 승화(昇華)시켰다는 것은 자연이 인간에게 목적이 되는 것과 일치한다.

결국 사임당의 작품 속에 나타나는 심미 예술성은 만물과 상호주체성을 가지고 대화할 때만이 가질 수 있는 것이다. 대화는 이성을 매개로 하고, 예술은 감성을 매개로 한다고 말할 수 있을 것이다. 그러나 자연에 대한 미적 태도를 읽어 들이는 판단력은 이성의 산물이다. 이성은 감성적 활동을 가능하게 하는 힘이다. 사임당은 자연을 통해서 그러한 것을 알았다. 인간이 자연의 순리에 따라 살아야 하고, 자연에게서 느끼는 정서가 인간을 풍요롭게 한다는 사실 말이다. 결국 이러한 사임당의 미적 활동이 철학치유의 한 표현으로도 손색이 없을 것이다.

Ⅴ. 화해(和諧)의 치유

신사임당이 48세라는 짧은 생애를 살다가기는 했지만 그녀가 남긴 작품과 섬세한 인품, 재능들은 예술적 삶을 살다가 갔다고 할 정도로 매우 뛰어났다. 사임당이 그린 그림과 탁월한 글재주들은 조선시대 예술사의 한 획을 그었다고 해도 과언은 아닐 것이다. 특히 사임당의 회화는 조선조 회화사에 있어서 미친 영향은 참으로 지대하였고, 당시 화훼화에 많은 영향을 주어 조선조 후기의 심사정 이전까지는 사임당의 초충도를 능가할 만한 작품이 없었다고 해도 과언이 아닌 것이다(유복렬, 1973.).

사임당의 예술은 사대부의 성격을 띠고 있지 않다. 그녀는 여류 예술가로써 다재다능(多才多能)한 미적 감각과 예술성을 가지고 자연의 소박한 소재를 가지고 독특한 초충도를 그려냈다. 또한 이전의 어떠한 화풍과도 구별되는 소재와 필선을 가지고 표현하고 있다는 점에서 한국의 미, 조선시대의 미, 자연의 미를 대표한다고 볼 수 있다. 꾸미지 않은 듯한 수수한 소박미와 그 배열이 자연스러운 정감을 느끼게 해 주는 자연미를 갖고 있기 때문이다. 물론 사임당의 예술이 순수하게 한국적이냐 하는 데에 이견을 제기할 수도 있다. 예컨대 그녀의 화풍이 마치 노장(老莊)의 철학적 깊이가 묻어나는 것을 볼 때, 유유자적(悠悠自適)한 삶과 자연 예찬(禮讚), 자연으로의 회귀(回歸), 자연과의 일치된 모습 등은 사상적 배경이 전제되지 않고서는 이루어질 수 없을 것이다. 하지만 그렇다 하더라도 어떠한 문헌(文獻)에서도 사임당이 노장의 사상에 영향을 받았다고 하는 근거가 나타나 있지 않기 때문에 단정지을 수는 없다. 다만 사임당이 당대의 유학에 대한 조예(造詣)가 깊었던 것으로 보아 그녀의 예술적 토대는 유학의 토대 위에 노장으로 대표되는 도가의 심미 예술성에서 찾아야할 것이다. 그런 의미에서 사임당의 예술 작품은 자신의 수양이 외재화(外在化)된 표현(射仲明, 1998.)이라고 볼 수가 있다. 예컨대, 사임당의 화풍은 진리를 깨우치는 여인처럼 겸손하며 소박하다.

예술의 미적 표현이 진리를 드러내는 것이라면, 사임당의 예술세계에는 삶을 관조하는 미적 진리가 들어있다. 삶을 관조하는 것이야말로 우리가 사물을 직접 보며, 편견을 제거하고 우리의 주변세계를 볼 수 있는 것이다. 다시 말해서, 유가의 사상이 삶을 초월할 것을 강요하지 않고, 오히려 삶에 일정한 거리를 두면서 삶에 관여하는 탄력적인 현세(現世) 철학적, 철학치유적인 성격이 강하다고 본다면, 사임당의 예술은 삶의 직접적인 봄을 통한 초월을 이야기하고 있지만, 그렇다고 삶의 세계를 완전히 떠난 것이 아니다. 삶을 보고 삶에 참여하고 있는 것이다. 그러나 삶에 참여하되, 삶을 비판하는 모습 또한 견지(堅持)하고 있다. 이것이 사임당이 가지고 있는 예술세계의 일면(一面)이라 말할 수 있겠다.

이상으로 철학치유와 사임당을 철학치유적 관점에서 정리해 보면, 크게 3가지로 볼 수 있겠다. 우선 빼 놓을 수 없는 그녀의 예술세계인 시, 서, 화 그 중에서도 회화 〈초충도〉를 통해 잘 알려져 있듯이 자연을 소재로 했다는 점이다. 하나 같이 풀과 벌레들을 배치해 그린 그림들은 우리가 자연에서 흔히 볼 수 있는 것들로 자연미학적(自然美學的) 양식을 가지고 있는 것이다. 이는 바로 자연과의 화해를 위한 하나의 표현일 수 있을 것이다. 두 번째로는, 유학의 사상적 기반에 다 둔 작품성을 지닌다는 점이다. 물론 사임당이 주로 자연적 소재로 그림을 그려서 그 내용과 정서가 노장적(老莊的) 경향이 엿보이는 것은 사실이지만, 탈현세적(脫現世的)이지 않고 오히려 삶을 관조하며 삶에 개입하는 현실적인 느낌을 표현하고 있음을 알 수 있다. 이는 삶에의 적극적인 동행(同行)이라고 할 수 있을 것이다. 마지막으로, 조선시대 여류 예술가로서 작품을 통해 삶과의 화해를 모색했다는 점이다. 사대부 여인으로서 남성 중심 사회의 폐쇄성을 극복하면서도 절제된 순수한 표현으로 자신의 삶과 화해하고 평온을 찾는 모습을 볼 수 있다는 점이다. 사임당은 여인이다. 당시 조선조 초기의 사회적 불평등을 이겨내고 당당한 여류 예술가로서 등장하였던 것은 신분의 이점(利點)도 있었겠지만 사임당만의 예술적 미의식과 사상적 배경이 큰 역할을 하였다고 생각한다. 그리하여 예술가인 동시에 높은 덕과 인격을 쌓은 어진 부인으로, 또 훌륭한 어머니로서 오늘날에도 여성의 모범이 되어 존경을 받고 있다고 할 수 있다.

동양의 서화예술은 사회 변화에 따라 발전해 온 것이다. 이는 서로 다른 시대배경, 정치적 지위, 경제생활, 생활환경 등 많은 요인들이 예술가의 작품이 다른 풍격을 갖추도록 하였다. 따라서 서화나 예술가, 그리고 작품을 일정하게 축적된 역사와 발전과정에 놓고 분석해 볼 필요가 있다. 그렇지 않으면 작품의 경우, 우열을 분명히 가릴 수 없어서 좋은 작품을 홀대할 수도 있다. 우리는 어떤 예술 작품을 감상하기 전에 예술가가 처했던 시대와 사회를 이해할 수 있다면 예술가의 정감과 작품형식, 풍격의 관계를 이해하기 쉽고 또 심미적 판단을 더욱 쉽게 내릴 수 있다(동병종,

2005.) 이것은 한 여인을, 한 예술가를 그리고 예술작품을 감상하거나 평가하고자 하는 사람의 시대정신과 역사정신이 매우 중요하다는 것을 의미한다. 달리 보는 사람만이 달리 표현할 수 있고, 그것은 곧 예술로써 말해질 수 있을 가능성을 가지게 된다고 할 수 있다. 하나의 미물(微物)에 지나지 않는 풀과 벌레의 움직임이 예술이 될 수 있는 것도 그와 같을 것이다. 나아가 이를 오늘에 견주어 반복학습에 의한 의미 부여보다는 재탐구, 재조명하는 것도 의미있을 것이다. 물론 지금까지 인성교육과 미술치료 차원의 프로그램적 감상교육 등 다양한 교육적 프로그램과 행사가 이루어지고 있고, 남다른 성과를 거두고 있는 점은 부인할 수 없을 것이다. 이제는 새로운 관점, 철학치유적 관점에서 앞서 간 이의 삶과 모습, 영향 등을 다시금 살펴 볼 필요가 있을 것이다. 10여 년 전 새로운 붐을 일으킨 인문학 열풍과 함께 인문치료(유)와 철학치료(유)는 그 이론적, 실천적 방법론의 모색에 있어서도 성과가 있어 왔다. 서구적 시각, 정신의학, 심리학, 상담학 등 여러 제반 학문 들과의 상호 충돌과 협력 속에서도 이어지고 있는 것도 지금의 현실이다. 그럼에도 불구하고 이 글은 구체적 방법론을 제시하는 것이 아니다. 유사 방법론을 적용하거나 새롭게 창출하기에 앞서서 지난 역사를 통해서도 손쉽게 알 수 있는 우리의 모본이 될 수 있는 그들을 새로운 시각 또는 관점에서 살펴보는 것, 비록 서구적 방법론, 타 학문의 방법론을 차용(借用)해서 보다 면밀한 성과를 이룰 수 있다면 이 글은 그 시작점에 있다고 볼 수 있다. 그렇다면 오늘날 현대 사회가 안고 있는 정신적 위기 및 정

체성의 상실 등 이른바 '정신과 마음의 병'을 인문학의 도움으로 치료할 수 있는가? 나아가 철학의 임상적 실천이 요구되는 현대의 상황에서 단지 이론철학이나 순수철학의 틀을 벗어나 임상적 현장에 적용될 수 있는 임상철학의 가능성을 모색하는 하나의 대안도 구축할 수 있는 것인가?

이제 우리는 현대를 살아가는 우리들의 정신이라는 것이 소위 경제성과 현실에 다가서기 위해서 얼마나 철학으로부터 멀리 떨어져버렸는가를 생각해 볼 필요가 있을 것이다. 즉 이제는 좀 더 인간을 인간으로서, 즉 물질적 풍요와 필요성에 의해서만이 아니라 자연 속에 살아 있는 존재로서 존중해야 할 필요가 있는 것이다. 우리는 몸이 아프거나 다치면 약을 먹거나 치료를 한다. 그러나 정신이나 마음이 아프면 이렇게 하지 못한다. 설령 앞선 치료를 받더라도 부작용을 염두에 둔다. 이는 현대인들의 정신적인 문제를 물질적 치료로 해결하려는 경향이 강한 탓도 있다. 특히 오늘날 다양한 정신적 질병이나 문제에 관해서 이처럼 의료적 행위로 모두 해결할 수 있을까? 현대사회의 불안한 상황 속에서 물질적 약물치료(유) 또는 제도적 장치로 인한 치료(유)만이 모든 것을 해결해 줄 순 없을 것이다.

참고문헌

『論語』

『孟子』

『老子』

『莊子』

『淮南子』

『세계철학대사전』, 학원출판공사, 1983.

유복렬, 『韓國繪畵大觀』, 통문관, 1969.

, 『韓國繪畵大觀』, 삼정출판사, 1973.

유종예, 『朝鮮의 藝術』, 일신서적, 1993.

김병종, 『美術講義』, 통나무, 1993.

안휘준, 『韓國繪畵史』, 일지사, 1990.

이은상, 『사임당과 율곡』, 성문각, 1976.

, 『申師任堂의 生涯와 藝術』, 성문각, 1989.

김종태, 『東洋繪畵思想』, 일지사, 1984.

, 『東洋畵論』, 일지사, 1994.

김원룡, 『韓國美의 探究』, 열화당, 1978.

外, 『韓國美術史』, 서울대출판부, 1993.

최병식, 『東洋美術史學』, 예서원, 1993.

이동주, 『韓國繪畵小史』, 서문당, 1982.

류태건, 『儒教의 自然과 人間』, 세종출판사, 2002.

손인수, 『申師任堂의 生涯와 教育』, 박영사, 1976.

李澤厚 外, 『中國美學史』, 권덕주 外 譯, 대한교과서주식회사, 1993.

홍선표, 『朝鮮時代 繪畵史論』, 문예출판사, 1996.

『完譯 芥子園畵展』, 이원섭 外 譯, 능성출판사, 1975.

董秉琮, 『書法과 繪畫』, 김연주 譯, 미술문화, 2005.

H.Marcuse, 『Marcuse 美學思想』, 김문환 編譯, 문예출판사, 1989.

射仲明, 『儒學과 現代世界』, 김기현 譯, 서광사, 1998.
葛路 著, 『中國繪畵理論史』, 강관식 譯, 미진사, 1993.
朝聞道 外, 『中國哲學史』, 송하경 外 譯, 일지사, 1984.
강릉시・관동대학교 영동문화연구소, 『신사임당 가족의 詩書畵』, 강원도민일보사, 2006.
조관성, 『自然의 現象學』「自然과 文化의 만남-生活 世界 槪念의 解釋과 再構成」, 한국현상학회 편, 철학과 현실사, 1998.

※ 본 글은 『모현록(慕顯錄)』(2010)에 수록된 본인의 논고를 수정하고 보완하였다. 또한 글에서 인용과 출처를 밝혔으나, 손쉽게 인터넷 검색 사이트를 이용할 수 있는 일반적 내용에 대해서는 생략하였다.

찾 / 아 / 보 / 기

ㄹ

ㅁ

ㅂ

ㅅ

인문치료의 이론적 전개

저 자 : 김익진, 엄찬호, 신성열, 유건상
윤일수, 이민용, 이영의, 정락길
펴낸이 : 신승호(辛承昊)
강원대학교 출판부
펴낸곳 : 200-701 춘천시 강원대학길1(효자2동 192-1)
☎ (033) 250-7171 / FAX (033) 259-5716
등 록 : 춘천시 제28호
발행일 : 2015년 6 월 25 일 초판

ISBN 978-89-7157-351-8 정가 12,000원